蘇格拉底對話錄

蘇格拉底對話錄

色諾芬（又譯克舍挪方） 著

鄺健行 譯

香港中文大學出版社

《蘇格拉底對話錄》

色諾芬（又譯克舍挪方）著
鄺健行 譯

© 香港中文大學 2023

本書版權為香港中文大學所有。除獲香港中文大學
書面允許外，不得在任何地區，以任何方式，任何
文字翻印、仿製或轉載本書文字或圖表。

國際統一書號 (ISBN)：978-988-237-285-6

2023 年第一版
2023 年第二次印刷

出版：香港中文大學出版社
　　　香港 新界 沙田・香港中文大學
　　　傳真：+852 2603 7355
　　　電郵：cup@cuhk.edu.hk
　　　網址：cup.cuhk.edu.hk

Conversations of Socrates (in Chinese)
By Xenophon
Translated by Kwong Kin Hung

© The Chinese University of Hong Kong 2023
All Rights Reserved.

ISBN: 978-988-237-285-6

First edition　　2023
Second printing　2023

Published by The Chinese University of Hong Kong Press
The Chinese University of Hong Kong
Sha Tin, N.T., Hong Kong
Fax: +852 2603 7355
Email: cup@cuhk.edu.hk
Website: cup.cuhk.edu.hk

Printed in Hong Kong

《蘇格拉底之死》(*La Mort de Socrate*)，
雅克—路易・大衛 (Jacques-Louis David) 繪，1787，
現藏紐約大都會藝術博物館。

色諾芬像，1807。

鄺健行，留學時期攝於希臘。

左：遠處是斯巴達國王列奧尼達一世（Leonidas I）雕像。

右：騎驢是當年希臘愛琴海諸島上的常見出行方式。

目錄

序　言

　　色諾芬（又譯克舍挪方），希臘雅典人，公元前444–425年間出生，與柏拉圖同時。平生著作十多種，其中四種對話錄以蘇格拉底為主角：《追思錄》、《治家之道》、《會飲》、《蘇格拉底辯詞》。本書收入全部四種對話錄，題為《蘇格拉底對話錄》。

　　色諾芬的《蘇格拉底對話錄》向無完整中譯。事實上我們可以通過他的著作接觸到柏拉圖對話錄以外的一個頗不相同的蘇格拉底，從而增加我們對這位述而不作的古代哲人的認識。四種對話錄的學術重要價值，不言而喻。1987年我譯出《追思錄》，交香港中文大學出版社出版。通過中大出版社的聯繫，台灣聯經出版公司1989年發行《追思錄》台灣版。我當時打算：計劃在較短時間內譯出餘下三種面世。可惜人事變幻，總有意料之外的事情發生，計劃未能實現，打算落空了。直到1995年左右我才重新執筆開譯，進度還是慢得很，要到上世紀末《會飲》和《蘇格拉底辯詞》初譯稿才完成。過了兩年，譯完《治家之道》。最後是整體審視、修改潤色，大半年左右，算是完成定稿。三種書譯文連註文不超過九萬字，竟然用上七八年時間。不管用人事紛紜或教學繁忙諸般辯解，蝸牛速度之嘲哪能避免？我甘心接受這樣的嘲弄。

　　譯文一直放在書架多年，有時翻翻，有時改改，希望儘量減少譯筆錯誤。現在四種對話錄合併出版面世，香港中文大學出版社又一次支持，心願得償，十分感激。

　　四種對話錄據希臘文原文譯出，以牛津古典叢書 (Oxford Classical Texts) 為底本，各書先後排序同樣遵依牛津本。關於專有名詞譯音問題，我在《追思錄·前言》寫道：「人名地名的中文音譯，照近代希臘語發音。一些專有名詞 (如『荷馬』、『柏拉圖』) 譯音雖不準確，但通行已久，保留不變。」

　　《治家之道》等三書照此原則處理。中文音譯有時候和流行譯法或他書譯法不同，讀者難免困擾。書後有〈附錄一：專有名詞中希英文對照表〉，三種文字並列，讀者尋源比對，當能減少迷誤。

鄺健行

2021年9月

1 追思錄

前　言

　　色諾芬，埃爾希亞區人。埃爾希亞區在雅典以東約20公里。有關他的出生年份，説法紛紜，最早的為公元前444年，最晚的為公元前425年，比較流行的見解則是公元前431年或稍後。根據他的《遠征記》（又譯《長征記》），公元前401年他跟隨波斯王子居魯士出兵爭帝位時，自稱年紀還不怎麼大（3.1），然而他在書中的言行，卻又相當成熟。估計當時該是30歲或距離30歲不遠。這麼上推，便是公元前431年或稍後了。

　　他父親名格里羅，相當富裕。他在鄉間或雅典出生，雖不可知；不過他從童年起便住在雅典，或無可疑。因為公元前431年，雅典和斯巴達之間的貝羅坡尼梭戰爭爆發後，斯巴達軍隊不時侵掠雅典近郊，郊區居民不少逃入城裏避難的。

　　作為一個富裕公民的兒子，可以想像，從小便接受希臘的傳統教育：體育、音樂和語文；14、15歲後再跟名師學習更高深的知識。不過他從成人到離開雅典這段時期內的種種活動，由於資料不足，無法作詳盡的説明。

　　他似乎相當早便結識了蘇格拉底。公元三世紀時的第鄂湮尼·拉耳底奧寫了《著名哲學家生平和學説》一書，其中有一篇〈色諾芬傳〉，記載了這麼一段故事：蘇格拉底在路上碰見他，攔住他去路，問他各種供應品的發售處，他一一回答了。然後蘇格拉底再問人們在哪裏會變得美好，他不禁愕然。蘇格拉底於是説：「那麼來學習吧。」就這樣他成為了蘇

格拉底的聽講者。

公元前401年，他離開雅典到波斯的沙爾地，投靠波斯王子居魯士。居魯士是波斯王的親弟，管治小亞細亞一帶。居魯士懷有爭奪帝位之心，整軍經武，還大量招募希臘人當僱傭兵。色諾芬有一個朋友在居魯士手下，這時寫信叫他去沙爾地。他拿信給蘇格拉底看，蘇格拉底最初吩咐他到得歐斐請教神諭。他去了，可不是問他該不該去，而是問為了順利登途和安全無恙，該向哪位神祇犧牲和禱告，蘇格拉底雖然怪責他，畢竟還是同意他前往；那是那年初春的事。

同年春天，居魯士率領本土軍隊和色諾芬在內的13,000名希臘僱傭兵向東進發。到了古拿克薩，波斯王軍隊迎擊，居魯士陣亡，軍隊潰散。希臘人集結一起，計劃返回本土。可是五名希臘將領稍後為波斯人陰謀殺害，希臘人於是再選出五名新將領，色諾芬是其中之一。在他和其他人的指揮下，軍隊取道西北方直趨黑海，再沿黑海西行，歷盡艱險，終於在公元前399年渡過博茲普魯斯海峽，不久再渡海峽回到小亞細亞。最後色諾芬在貝爾卡摩把軍隊交給斯巴達王提窩倫率領。

色諾芬沒有退役，他仍舊在提窩倫帳下效力，以後又受接替提窩倫的阿伊西拉奧指揮。公元前394年，他跟阿伊西拉奧返回希臘本土。同年，阿伊西拉奧在哥羅尼亞和雅典軍隊作戰。由於他和阿伊西拉奧一道，雅典人認為他投敵叛變，宣布放逐他，不准回去。他跟阿伊西拉奧去了斯巴達。

斯巴達人對色諾芬不錯，在伊里區的西基露劃出一大片土地給他。他和妻子及兒子在西基露過了二十多年的田園生活。他大概在小亞細亞時結了婚，有兩個兒子。在這二十多年間，他寫了不少書。至於日常生活，除了農事打獵以外，大概還接待了一些來自希臘各地的人。西基露離奧林匹亞很近，到奧林匹亞去的人要順道探

訪，不會太困難。

公元前371年，斯巴達軍隊被提維人在列夫克特拉擊敗，斯巴達的不可戰勝的神話破滅了。伊里人乘機起來，驅逐一切在伊里境內跟斯巴達有關係的人物。色諾芬全家被迫離開伊里，遷居哥林多。

公元前369年，希臘本土的政治形勢又生變化：雅典人和斯巴達人結成同盟，共同對付提維人。雅典取消了色諾芬的放逐令。我們不知道色諾芬是否回去過雅典，不過他的兩個兒子則返回雅典，在軍中服役。其中的一個兒子格里羅（孫襲祖名）在公元前362年作戰陣亡。據第鄂湼尼·拉耳底奧記載，凶訊傳來時，色諾芬頭戴花環，正在犧牲祭祀。他即時拿下花環。及後報信人說他兒子勇敢地倒下，他重新戴上花環，沒有流淚，只是說：「我知道他不朽的。」

他在幾年以後逝世，但無法明確指出哪一年。他著作中提及的最後年份是公元前355年，所以學者們通常定他死在公元前354年或稍後。

他著述豐富。據第鄂湼尼·拉耳底奧所載，有以下十四種：《遠征記》、《居魯士的教育》、《希臘史》、《追思錄》、《會飲》、《治家之道》、《論騎術》、《狩獵》、《蘇格拉底辯詞》、《論收入》、《伊埃隆或僭主》、《阿伊西拉奧》、《雅典人政體》、《斯巴達人政體》。

《追思錄》追思的人物是蘇格拉底。

蘇格拉底，雅典阿羅白基區人，屬安堤渥熙族，公元前470年生。父親名梭弗羅尼士哥，母親名費拿萊蒂。父親據說是雕塑匠。蘇格拉底年輕時可能幹父親的行業。

波斯戰爭後，雅典成為希臘文化思想中心，伊昂尼亞哲學家和新

起的智士都在這裏活動。蘇格拉底在這種環境下，培育出對學術的濃厚興趣。不過他沒有成為任何人的學生，他大抵通過閱讀和聽講去學習和了解各種學説的。

他最初對自然科學有興趣，可是不久興趣轉變。從25歲以後的十年間，逐漸放棄自然科學而轉向道德，也就是從宇宙轉到人生。他熱烈地討論個人和社會道德的種種問題。他認為道德是一種知識，可以學習獲致。人們言行所以錯謬，主要因為無知。一個人真的知道明白，無疑不會失德犯錯的，而且也不會故意失德犯錯的。

在施教方法上，他不採取習用的灌輸法而採取問答法。他喜歡引譬最平凡最親切的日常事物作為開端，然後不斷進行答問，層層歸納，達到最大的深度。使用這種方法，常常能揭露出一些人的真正底蘊。譬如説很多人自以為識見不凡，可是結論證明了這些人其實一無所知。他的細緻而技巧的發問，使人感到有興味，再加上他為人隨和，所以當時雅典許多青年人都願意跟他交遊，聽他談話和討論。無形之中，漸漸出現了一個以蘇格拉底為中心的圈子。圈子中的成員也採用蘇格拉底的方法，對好些人物或説法進行考驗。

作為城邦公民，他參加軍隊在外地打過三次仗：公元前432至430年波迪迭亞之役，公元前424年第利安之役和公元前422年安姆非波利之役。在戰爭中，他表現出無比的耐力和勇敢。

儘管蘇格拉底不熱衷政治，還是參與過短暫時期的政治活動。這期間所作所為，實實在在顯示出他對原則和正義的堅執。試看下面二例：公元前406年，雅典人要求開市民大會審判九名（數目據本書）失職的海軍將領。那天他恰巧擔任執政團的主席，認為要求於法不合，拒絕召開。公元前404年，三十人執政團命令他和另外四人到沙拉美島解送當地人列昂到雅典來處決。他認為不應該這麼做，便不理

會命令，冒著性命不保的危險，離開四人，逕自回家。

公元前399年，他被梅利多、安尼多和黎剛三名雅典公民控告。控詞指責他不信奉城邦所信奉的神祇，而引進其他新的神靈；又指責他帶壞了青年。審訊的結果，他被判死刑。雅典法律，死刑規定在判罪的當天日落後執行。只是蘇格拉底判刑前一天，舉行過裝飾準備前往第羅島祭阿波羅的船的儀式，這表示祭祀經已開始，城中應保持淨潔，不許有刑殺事情，因此死刑緩期執行。他在獄中住了30天左右，船回來後才服藥畢命，享年70歲。

他在獄期間，得到朋友多方照顧，有些人還安排好一切，叫他逃獄。他堅決不肯，理由是法律對他的恩惠極深，逃獄是破壞法律的行動，這便是以怨報德。況且他一輩子的作為，處處表示喜愛城邦法律，這意味答允城邦做一名守法公民。一旦逃獄，等於撕毀了平日的承諾。此外，逃獄即使成功，在外地的日子也不會好過，對孩子也沒有好處。

蘇格拉底結婚似乎比較遲，和妻子的年歲距離也許較大。因為他70歲去世時，還有一個由妻子帶著的小兒子。他有三個兒子，名字依次是藍波羅克里、梭弗羅尼士哥、緬湼克舍諾。妻子名克山堤邑比，據說相當潑悍。不過從他教訓長子要尊敬母親（本書2.2）和克山堤邑比在丈夫最後的日子裏探監時所表現的悲痛（柏拉圖《費頓》60A），似乎夫妻間的感情不錯，克山堤邑比也不像傳說中的那麼難惹。

〰〰〰〰〰〰〰〰〰〰〰

蘇格拉底死後不久，他的一些忠誠崇拜者，像辛蒙、安堤西典尼、埃斯軒尼、柏拉圖等，或者出於懷念之心，或者抱著闡明觀點希

望洗刷罪名之意，紛紛執筆寫以蘇格拉底為主角的作品，作品主要採用對話的形式。只是與此同時，也出現了負面的反響：有人寫攻擊蘇格拉底的文字，好像伊梭格拉底（《烏西里》5）和第鄂涅尼·拉耳底奧 (2.5.39) 提到公元前394–393年間，智士波里格拉底的一篇採用安尼多起訴書形式的文章就是例證。色諾芬寫《追思錄》，一方面要再次肯定梅利多等人的讒謗，另一方面也意在非斥波里格拉底。

《追思錄》雖然沒有點出波里格拉底的名字，據學者們（像柯別特）研究，本書一開始提及「寫狀告發蘇格拉底的人」時，用的是多數，顯然指梅利多、安尼多和黎剛等一夥。下文 (1.2.9) 作者另有「控告人說」一句話，「控告人」一字是單數。控告人對蘇格拉底作出四點指責：一、教唆同遊者輕視現行的法律；二、教出克里底亞和阿奧基維阿第這兩個給城邦帶來禍害的人；三、教人賤待父親；四、教同遊者為非作歹和獨斷專橫。這四點和本書開始時梅利多等人提出的幾點不同，可見後文的「控告人」不是前面的「寫狀告發蘇格拉底的人」。控告人是誰？就是波里格拉底。色諾芬在書中非斥控告人，其實就是非斥波里格拉底。波里格拉底的著作沒有保存下來，誠然難作對證。不過上面的推論，我認為還是相當可取的。

本書的內容，以記述蘇格拉底的言行和品性為主。這裏隨即引出一個問題：書中記述的真實程度究竟有多大？因為蘇格拉底原來的為人和學說到底怎樣，一直給西方學者帶來極大的困擾。如果從人物真實性這一點給本書下論定，可以這麼說：不全準確，有偏離現象。書中的蘇格拉底，可能和歷史上的蘇格拉底有某種程度的距離。

我們不妨這麼看：年輕時的色諾芬恐怕不是蘇格拉底最親密的追隨者——我有意避用「學生」一詞，因為蘇格拉底不承認教學收學生——之一。他本人的著作固然沒有直接或間接透露過此意，柏拉

圖及其圈子中人也從未提到他（雖則他在本書3.6.1倒提到柏拉圖一次），所以他接近和了解蘇格拉底多少，是一個問題。書中素材的來源，一方面憑藉記憶，一方面根據他人轉述，也許還加上若干傳聞和別人作品中的東西。他記憶從前身歷其境的種種見聞，按理不會有錯，只是他年輕時在雅典，不見得有日後寫書的打算，於是先行輯錄資料，以備日後使用。本書的撰寫，應該在他離開雅典十年以後，事過境遷，許多場景和談話，不一定能夠像書中那樣明確細緻的記憶起來。至於別人的轉述，即使實有其事，其間內容語氣，已不可能全部保留原來的樣子；何況古人在轉述他人的話時，本來就不反對適當地以己意增減的。嚴謹如修昔底德，也給講者口中加進自己認為適當的字限，色諾芬態度比修昔底德隨便，更是不用說了。書中的一些章節，不管根據轉述或傳聞寫成，讀者有理由推測可能經過補綴和加工。好像蘇格拉底教訓大兒子要尊敬母親一事（2.2）、蘇格拉底勸說赫列克拉底停止跟兄弟爭吵一事（2.3），都具有濃厚的私人性質，談話時外人不一定在場，色諾芬怎能記得那麼詳細？

色諾芬從公元前401年離開雅典之後，直到老死，始終沒有回過去。中年定居西基露，雖說地近通衢，容易接觸過往人士。但從古代的交通實際情況看，所謂容易，只能相對而言。他人居外地，要進一步獲得蘇格拉底原原本本的資料，到底存在著困難的。

古人記述人物時，客觀寫實的意識比較薄弱，很多時候不作如實描述，卻借對方之口表自己的心意。柏拉圖的以蘇格拉底為主角的作品，人們認為就是這樣。色諾芬的作品無疑也存在這種傾向。《治家之道》和《居魯士的教育》是兩個明顯例子。《治家之道》中的蘇格拉底跟朋友談論農耕和鄉間生活。如所周知，蘇格拉底一輩子很少離開雅典，是一個標準「城市人」。鄉間生活和農作，他不見得有興趣；色

諾芬對此倒是十分熟悉和感興趣的。所以與其說蘇格拉底口中講自己的話，毋寧說講色諾芬的話。《居魯士的教育》書中的居魯士，指公元前六世紀中葉波斯帝國的建立者。色諾芬對古代波斯教育，不可能有深入了解。書中所寫，不是波斯的實際教育情形，而是他在接觸了許多著名人物以後，參與了許多軍事政治活動以後，形成了他對培養將領和政治人物的見解，包括理想和方法。他只是藉居魯士這位英主，作為體現他的教育理想和方法的人物吧了。

通過以上的分析，我們可以維持先前的說法：書中的蘇格拉底，跟歷史上的蘇格拉底有距離。

上面的結論，絲毫無損於《追思錄》的價值。事實上古代作品中，沒有哪一部被認為寫出了一個「真」蘇格拉底來的。蘇格拉底沒有留下甚麼文字著述（第鄂澠尼‧拉耳底奧《著名哲學家生平和學說》中的《蘇格拉底傳》42節錄下四行詩歌，說那是柏拉圖《費頓》61B提到蘇格拉底寫的頌神歌和改寫伊索寓言的作品。即使不偽，也只有四行而已），後人研究他時，缺乏第一手資料的憑藉。跟他同時或稍後，寫下與他有關的最具權威性和最有價值的資料的作家，主要有三個。色諾芬是其中之一，其他是喜劇家阿里士多芬尼和哲學家柏拉圖。阿里士多芬尼在公元前423年蘇格拉底還在世時，寫成《雲》劇。劇中的蘇格拉底是一個崇奉異神、研究星象的人物；是一個不管事情是否正義，只要收到金錢，便教繳費者以口舌取勝的人物。阿里士多芬尼把蘇格拉底當作智士一類人看待，加以嘲弄。這樣的蘇格拉底，沒有人認為形象符合真實。柏拉圖著作中主角蘇格拉底的為人和言論，混合

柏拉圖心目中的理想人格和柏拉圖本人的哲學觀點，已是眾所承認的
事實。非歐特說：「我們可以肯定：就柏拉圖來說，辯護和紀念蘇格
拉底最好的方式，應該是勸導別人像他那樣想和做。這似乎比費氣力
塑造一個在各方面都絕對地符合歷史的準確性的形象更有價值。」
(《柏拉圖及其同時代的人》，倫敦，Methuen 出版社，1967年，頁52)
非歐特的話，用意在推究柏拉圖的用心，其實也承認了柏拉圖書中
蘇格拉底形象的不全準確。所以《追思錄》的未盡符合歷史，和別的
作品排在一起，也不致相形見絀，仍然具有供後人比較研究的文獻
價值。

色諾芬和柏拉圖筆下的蘇格拉底，有某些相同或相近之處，譬如
在批評智士的態度上、在追求道德人生的目標上就是。不過也毋庸否
認，就形象的整體而言，歧異之處還是相當大的。柏拉圖的蘇格拉
底，超群邁眾，淵博睿智，思想精深；色諾芬的蘇格拉底則像一位平
實可接近的道德教師，討論的偏於生活日用上的問題，不作高深的哲
學上抽象思索。按說兩人同時（柏拉圖：公元前 427–347），年輕時都
親炙過蘇格拉底，聞見基本相同，可是筆下差異這麼大，實在使人
驚異。

一般人比較傾向柏拉圖的蘇格拉底，因為這個形象偉大而光輝，
跟人們心目中哲人的形象吻合。反觀色諾芬的蘇格拉底，未免平
凡，很難獲得人們最大的好感。可是也不妨這麼想：色諾芬關於蘇格
拉底的著述，在資料上仍可補柏拉圖的不足。其次，色諾芬的才氣遠
比不上柏拉圖，創造能力較差，要他把書中的人物脫胎換骨，另呈新
面目，也許辦不到。事實上有部分學者正是沿著這樣的觀點作推
證，認為色諾芬的蘇格拉底比起柏拉圖的蘇格拉底來，可能比較近
真。從哲學的角度看，柏拉圖的作品比色諾芬的作品重要。從蘇格
拉底這個人的「歷史性真實」與否的角度看，從追尋蘇格拉底的原來

為人及思想的立場看，《追思錄》所起的作用，不應看成遜於柏拉圖的作品。

ꙮꙮꙮꙮꙮꙮꙮꙮ

阿歷山德里亞的學者分本書為四卷，每卷又分若干章，全書共39章。由於書中存在若干文體不統一、敍述不連貫及同一論題重見互出的現象，有些學者懷疑已經竄亂改動，不是原來面目。不管怎樣，以下仍就現存本的內容作一綜述。至於每章的具體內容，在每章之下說明。

第一卷最初兩章，性質和其他各章不同，主要指證梅利多等人對蘇格拉底的控告不符事實。第一卷第三章以下，記錄了蘇格拉底和別人的談話，從而見出他的教導和性格。具體說來，第一卷第三章到第二卷第一章，論及虔誠和克制等德行。第二卷第二章到第十章，論及對親人、朋友的感恩、情誼和責任。第三卷記錄蘇格拉底就各個人不同的身份、工作和能力，像將領畫家之類，作針對性的談話；或者討論日常生活中某種情況下的正確行為。第四卷主要記載蘇格拉底通過各種方法，端正別人的思想，提高別人的識見，從而使人向上進步；只有第四章跟智士邑比亞的談話例外。本卷最後一章，則概括性地說明蘇格拉底的為人。

第一卷最初兩章明顯為蘇格拉底申辯，其他各卷各章，大體也沒有離開這個目的，只是比較間接而已。譬如談論神祇時，蘇格拉底推揚神功，要人請教神諭、感激神恩；又譬如談論日常生活行動時，他要人尊親愛友，克制謙遜，守法公正；凡此都是對控訴的否定。本書章節很多，驟觀似乎雜亂。從這個角度看，主題脈絡，還可以說集中不亂的。

本書據古希臘原文譯出，以牛津古典叢書為底本。人名地名的中文音譯，照近代希臘語的發音。一些專有名詞(如「荷馬」、「柏拉圖」)譯音雖不準確，但通行已久，保留不變。

1986年6月

香港中文大學第三苑

第一卷

〔一〕

本章大意　蘇格拉底被控兩項罪名：一、不信奉城邦所信奉的神祇，而引進其他新的神靈；二、帶壞青年。作者先為第一項罪名申辯，指出蘇格拉底經常向神獻祭；他的所謂新神靈並不新；他鼓勵別人求神指點；他不說也不做不莊敬或褻瀆神靈的話和事；重視道德的追求；相信神無所不知，就所有人事問題對人類作出啟示。

很多時候我覺得奇怪，寫狀控告蘇格拉底的人[1]究竟用甚麼理由說服了雅典人[2]：蘇格拉底該受城邦處死。控詞大概是這樣：蘇格拉底作為不當，他不信奉城邦所信奉的神祇，而引進其他新的神靈；另外他帶壞了青年，也是作為不當的。

首先，說他不信奉城邦所信奉的神祇，他們提出了甚麼證據？誰都知道他不時在家裏獻祭，也不時在城邦公共祭壇獻祭；他使用占卜，也不是祕密。不錯，眾口相傳蘇格拉底說神靈向他作提示。他

1　控告蘇格拉底的人有三個：梅利多、安尼多和黎剛。

2　指聆訊和判決案情的雅典公民。

3　被控引進新的神靈，我看就是為了這個。事實上他不比其他人引進的
　　更新。其他人相信占卜，使用鳥兒、回應、碰見的東西以及犧牲作手
　　段。這些人曉得不是鳥兒或碰見的東西知道甚麼會對占問者有好
4　處，只是神衹通過這些提示好處罷了；而他就是這樣相信的。大多數
　　人說他們受鳥兒和碰見的東西所制止或鼓勵，蘇格拉底也直言所知，
　　說神靈向他提示。由於神靈提示，他向許多同遊者先行指出要幹哪些
5　和不要幹哪些。聽他話的人獲益，不聽他話的人懊悔。真的，他不
　　想在同遊者跟前顯得愚昧和狂妄，這一點誰會否認？不過要是他作為
　　神衹降示先行指點而到頭來證實是謊言的話，倒像是愚昧和狂妄了。
　　明顯得很，如果他不信一切真確，便不會先行說出。誰會不相信神衹
　　而相信其他東西呢？他既然相信神，怎能不相信神的存在？

6　　他還這樣對待親近的朋友：有肯定結果的事，他勸說他們用自認
　　為會做得最好的方法去做；事情發展不明朗的，他送他們去請教神
7　諭，看看該不該做。凡是準備將來管好家庭和城邦的人，他說更需要
　　神諭。要成為木匠、五金匠、農夫、民眾領袖或者有能力考查諸如此
　　類工作的人，要成為善於算計的、善於管家的或是善於帶兵的，所有
8　這些他認為是學習之事，憑藉人類的心智而掌握。可是上述事項中最
　　重要的部分，他說神衹們為了自己而保留起來，絲毫不向世人洩露。
　　因為種地種得好的人不清楚誰會收成，建房子建得好的人不清楚誰會
　　入住，善於帶兵的不清楚帶兵是否有利，政治家也不清楚領導城邦是
　　否有利，一個為了快樂而娶美麗妻子的人不清楚會不會由於她而招致
　　煩惱，一個在城邦裏聯結顯赫權勢的親姻的人也不清楚是否會為了他
9　們被放逐離城。認為上述各項無一和神靈有關而全是人類心智之內的
　　事，他說那是心意失常的表現。還有，一些神衹允許人們通過學習後
　　作出判斷的事情——好像某人想問找一個懂得駕馬車或者不懂得駕

馬車的人做車夫好些，懂得管理船隻或者不懂得管理船隻的人做船長好些之類——，或者在算過、數過、稱過以後能夠知道結果的事情，人們還要就此徵詢神意，也是心意失常的表現。據他看來，人們向神打聽這些事，舉措未免褻瀆了。他説一些事神允許人們通過學習後去做，那人們必須學習；至於對人類有所掩飾的事，人們便得透過神諭，嘗試向神領教，神會對他們喜愛的人提示的。

還有，蘇格拉底常常在公共場所出現。早上他到柱廊[3]和運動場；市場人滿時[4]又在那兒露面；每天的其他時刻，總在會遇見最多人的地方。他大多數時候在講話，願意聽的人都可以聽。可是從沒有人見過他做過不莊敬或褻瀆神靈的事，聽過他説過不莊敬或褻瀆神靈的話。他不像其他大多數的人談論宇宙的本質，探究智士口中所稱的世界怎樣生成和天上各種物象在甚麼必然的規律安排下出現；相反，他指出關注這類問題的人愚昧幼稚。關於他們，他首先這麼考慮：他們是否覺得已經充分認識了人事，於是進一步探究這些問題；抑或棄略人事，思索神功，認為這是盡責的做法。這些問題人類本來沒有能力探究的，他奇怪他們怎麼會不清楚。大抵自負談論這些問題的人，意見大家不同，而是像瘋子一般彼此相向。瘋子之中，一些全不畏懼可畏懼的東西，一些又怕不可怕的東西；一些認為在大眾面前隨便說隨便幹不覺羞慚，一些認為不必到人群中間去；一些全不尊敬神殿、祭壇和其他神聖事物，一些則崇奉石頭、湊巧碰見的木塊以及野獸。探索宇宙本質的人也是這樣：有些人認為存在是一，有些人認為數目無限；有些人認為萬物恆動，有些人認為沒有事物是動的；有

10

11

12

13

14

3　建有上蓋的長廊，供人們散步或休憩。
4　約為正午前一兩個小時內。

15　些人認為萬物有生有滅，有些人認為沒有事物可生可滅。關於他們，他還這麼考慮：是否像學習人事的人認為會為自己本身或心目中的任何人創製學習過的東西；探索神功的人也這樣看。就是說：他們既然明白了各種物象在甚麼必然的規律下形成，那麼要是他們願意，他們會創造風、水、季節和其他如此之類有需要的事物；或者他們全不希望這些，只要知道各種物象怎樣形成，便已足夠。

16　　　對於從事這些方面的人，他說了這番話。他常常跟人談論人事問題，探究甚麼是虔誠，甚麼是不虔誠，甚麼是美，甚麼是醜，甚麼是公正，甚麼是不公正，甚麼是意念正確，甚麼是狂悖，甚麼是勇敢，甚麼是怯懦，甚麼是城邦，甚麼是政治人物，甚麼是政府，甚麼是領袖。他還跟人談論別的東西，這些東西他認為人們認識了，就是內外美好[5]；而一無所知，便該稱作像奴隸一般的人[6]。

17　　　一些事蘇格拉底沒有明顯表示看法，審判人在這些事上對他作出錯誤的判決，不足為奇；至於那些為大家所了解的審判人全不在意，

18　不是很奇怪嗎？舉例說，有一回他當選議員[7]宣讀議會誓辭，誓辭中說明要根據法律履行議員責任。他另外當上了群眾大會主席。那時群眾不顧法律，要求一次過投票通過處死跟帖拉士羅和埃拉西尼第一起的所有人[8]〔九名將領〕。蘇格拉底不想進行投票。雖然群眾生他的

氣，許多有力量的人作出恐嚇，可是他認為恪守誓言要比不顧正義而賣人情給群眾重要，也比防範恐嚇者重要。因為他覺得神照顧人類的方式，不是多數人所認為的那樣。多數人認為一些事情神知道，一些神不知道；蘇格拉底則相信神知道所有一切——説話、作為和靜默的心意——，無所不在，同時就所有人事問題對人類作出啟示。

我奇怪雅典人怎麼會聽信蘇格拉底對神祇意識不正確的話。他從來沒有說過也沒有做過甚麼對神不虔敬。他對神祇的言行這樣子，一個人要是照說照做，會被看成絕頂虔敬的。

〔二〕

本章大意　為上章提到的第二項罪名申辯。蘇格拉底沒有帶壞青年，相反，他遏抑同遊者的欲望，激發他們渴望德行之心。還有，他沒有教唆青年人輕視法律。至於對城邦幹了許多壞事的克里底亞和阿奧基維阿第，雖是他的同遊者，但兩人後來的所作所為，跟他全無關係。此外說他教人賤待父親，教同遊者為非作歹、獨斷專橫，通通不正確。

一些人聽信蘇格拉底帶壞青年的說法，我也感到奇怪。除了說過的以外，首先，對於食和色，他在所有人中最有節制。還有，對於冷熱和所有痛苦，他最能忍受。此外他是這般的訓練自己趨向適量的要求，以致即使佔有微量的財物，也很容易滿足。他是個這樣子的人，怎麼會令別人不虔敬、違法、貪吃無厭、放縱情慾或者工作懶散？相反，他令許多人渴望德行，賦予他們要是修己便可以成為內外美好的人的希望，從而遏止了諸般壞處。他從來沒有承認過他是這方

面[9]的教師，不過由於他顯得是這樣的人[10]，這便使得追隨者模仿他，希望成為像他那個樣子。

4　　還有，他不忽視身體，也不讚許忽視的人。他不贊成吃得過飽的
5　人過量勞作；他可贊成強度勞作以消化胃口舒服地容納的分量。他說這習慣相當衛生，也不妨礙對心靈的照拂。說到衣著、鞋子和其他生活方式，他既不扮飾，也不浮誇。還有，他不讓同遊者成為貪財的人。他遏止了他們的其他欲望，也不向希望跟隨他的人收取金錢。
6　他規避這個，認為保有了自由。他稱收學費的人為本身的奴隸，因為
7　他們非要跟收了費的人談論不可。他覺得奇怪：一個宣稱教導德行的人竟然收取金錢，而不認為最大的收穫可能是得到一個好朋友；並且還害怕一個成為內外美好的人會對最大的施惠者不表示最深的感激。
8　蘇格拉底從來不對任何人這樣宣稱的，不過他相信同遊者之中接納他所肯定的看法的人會一輩子成為他的好朋友，他們彼此也成為好朋友。一個這樣的人怎會帶壞青年？除非關心德行就是帶壞了。

9　　控告人說：「可是他教唆同遊者輕視現行的法律呀。他說用豆子選出[11]城邦官員是愚蠢的事；沒有人願意任用由豆子選出來的舵工、木匠、笛師和幹其他同類的出了錯所引起的危害要比城邦政事出了錯所引起的危害小得多的工作的人。」控告人說就是這種話唆擺青年輕
10　視現行政體和使青年成為暴力者。不過我看一些從事理智訓練和認為有能力指導同胞利益所在的人，極少會成為暴力者的；他們明白敵意和危險引向暴力，而通過勸說則可以安全和友善地獲得同樣的結果。

9　指德行。
10　有德行的人。
11　雅典人有時拿黑色和白色的豆子作為選舉官員之用。

因為受暴力侵襲的人覺得好像給搶走了甚麼，心懷憎恨；被勸說的人覺得好像接受了好處，心懷友善。所以使用暴力不是從事理智訓練的人的特點，這樣幹只是有氣力而缺乏思想的人的特點。此外，一個膽敢使用暴力的人需要不少黨羽，一個有能力進行勸說的人不需一人；因為後者單人匹馬，仍然認為可以進行勸說的。這些人很少遭殺身之禍，因為誰想殺害一個人而不讓他活在世上進行勸說？ 11

可是控告人說克里底亞和阿奧基維阿第[12]做了蘇格拉底的學生，對城邦幹了無數壞事。克里底亞是寡頭政權所有人物中最貪婪和最殘暴的一個，阿奧基維阿第則是民主政權所有人物中最放蕩和最狂妄的一個。這兩個人要是對城邦幹了甚麼壞事，我不準備申辯；我要說明的是他們怎樣跟蘇格拉底親近結伴。如所周知，這兩人本性最具野心，比所有雅典人的都大。他們希望負責所有事務，從而成為名氣比所有人都高的人。他們知道蘇格拉底用極少的金錢過著十分自足的生活，戒絕一切逸樂，同時在討論中要怎樣就怎樣去支配所有跟他交談的人。他們看到這些，同時他們又是剛才所說的那樣的人；那麼說他們企求蘇格拉底的教導，因為渴望蘇格拉底的生活和蘇格拉底所具有的正確意念呢；還是因為他們認為如果受教了，便成為最善於言辭和最能幹的人？我本人會這樣看：神如果給他們選擇：要麼整輩子過著他們看到的蘇格拉底那樣的生活，要麼死亡；他們寧願要死亡的。他 12 13 14 15 16

---

12 克里底亞（公元前460–403）年青時追隨過蘇格拉底。貝羅坡尼梭戰爭結束後（公元前404），他從外地返回雅典，成為三十人執政團的領袖人物。公元前403年，被擁護民主制的軍隊所殺。阿奧基維阿第（公元前450–404）是蘇格拉底的緊密同遊者，從事政治活動，後來逃亡到斯巴達去，反過來替斯巴達人籌劃攻擊雅典。公元前407年返回雅典，稍後又逃亡到小亞細亞，為波斯人所殺。

們的所作所為明顯表示出這一點；因為當他們覺得勝過其他的朋侶時，立刻抽身離開蘇格拉底，從事政治。就是為了政治，他們才追求蘇格拉底的教導的。

也許有人會就這些方面講話，認為蘇格拉底不應該先向同遊者教政治，應該先教正確意念。這點我不反對。我看到所有的教師向學生顯示自己怎樣實踐所教的東西，同時通過講論加以引導。我知道蘇格拉底也向跟他同遊的人顯示自己是個內外美好和最善於跟人談論有關德行和其他人事問題的人。我也知道他們兩人跟蘇格拉底結伴期間表現出意念正確；他們不是害怕會給蘇格拉底罰錢或者鞭打，而是當時認為這樣做最好。

也許很多自稱從事哲學的人會說一個正直的人永不會變得不正直，一個意念正確的人永不會變得放蕩，一些可學的東西，學到的人也不會變得對此一無所知。這些說法我不以為然。我看到：正如沒有鍛鍊身體的人幹不了體力的工作一樣，沒有鍛鍊心靈的人也幹不了心靈的工作；因為他們不能夠做必須做的事，也不能夠避開必須避開的事。為了這個緣故，儘管兒子意念正確，做父親的還是把兒子跟壞人隔開，因為跟好人作伴是德行的鍛鍊，跟壞人作伴是德行的消滅。詩人中有一位證明這一點，說：

> 你會從好人那裏學好，要是跟壞人
> 混在一起，你會失掉自己的心智。[13]

13　帖鄂尼（公元前六世紀後期–五世紀前期詩人）存詩35至36行。

另一位說：

> 可是一個好人有時壞有時好。[14]

　　我同意他們的話。因為我見到：正如沒有研習帶節奏的敘事詩的　　21
人會忘記詩行一樣，忽視教誨的人也會忘記教言的。一個人忘記了別
人的勸誡時，也就忘記了中有所感而渴求正確意念的心意。連這都忘
記了，那麼忘記正確意念，也就不足為奇。我看到傾向喝酒和耽於情　　22
慾的人在關注必須做的事和避開不須做的事兩方面能力比較差。許多
人沒有情愛之意時，可以節省金錢；一旦心有所愛，再也不能夠了。
既然揮霍金錢，便不再排拒往日認為是可恥的而加以排拒的利潤。所　　23
以一個人先前意念正確，後來意念不正確；先前能夠做合理的事，後
來不能夠；又有甚麼不可以？我認為所有美和善的事物通過鍛鍊而獲
得，正確意念更是這樣；因為欲望跟靈魂一起根植在同一軀體之內，
欲望勸靈魂不要意念正確，要靈魂盡快娛悅二者本身和肉體的。

　　克里底亞和阿奧基維阿第在跟蘇格拉底交遊的一段期間內，有了　　24
蘇格拉底作盟友，能夠克制壞想頭。後來他們離開他。克里底亞逃
亡到帖塔利亞去，在那裏和一批無視法紀多於守正不阿的人混在一
起。至於阿奧基維阿第，一方面由於他外貌俊美，受到許多尊貴婦女
的追逐；一方面由於他在城邦和同盟中的權勢，受到許多有力之士的
頌揚和群眾的尊重，於是很容易出人頭地。好像在體育競賽中的運動
員，如果容易出人頭地，便會忽略鍛鍊；同樣阿奧基維阿第也忽略了
自己。他們兩人際遇如此，同時由於家世而崖岸自高，由於財富而目　　25
空一切，由於權力而揚揚自得，再受到許多人頌揚；另外，他們已經

14　作者不詳。

26　墮落，還長期離開蘇格拉底；那麼他們變得傲慢，有甚麼出奇？再
　　說，要是他們做錯了甚麼，控告人便要就這回事怪責蘇格拉底嗎？當
　　他們年青時、處於理所當然地最缺乏思考和克制的年齡時，蘇格拉底
　　使他們成為有正確意念的人；這一點控告人認為完全不值得稱許麼？

27　其他事情卻不是這樣評定的。因為那一位笛子教師、豎琴教師、或者
　　教其他東西的教師叫學生學懂了以後，學生又跑到別的教師那裏去學
　　糟了，於是要負這個責？再説，要是兒子最初跟一個意念正確的人交
　　遊，後來接近別一個人變壞了，哪一個父親會責怪兒子先前的朋友；
　　可不是因為兒子跟後來的朋友變壞了，稱許先前的多些？一般而言，
　　父親本人跟兒子一起生活，兒子做錯事，倘若父親為人意念正確，那

28　麼便不要負責。這樣去評定[15]蘇格拉底才算合理。如果幹過甚麼壞
　　事，自然可以把他看成壞人；倘使他經常規行矩步，怎能依據公道對
　　不存在他身上的壞處負責？

29　　或者他本身雖然不做壞事，但在看見他們做壞事時加以讚揚，那
　　麼他也該受譴責。有一回，他察覺克里底亞對埃夫提第摩[16]有愛意，
　　並且企圖像那些要享受肉慾的人那樣對他，於是加以勸阻，指出一個
　　內外美好的人希望在愛侶跟前顯得超卓可取，要是向對方求索，像乞
　　丐一樣哀懇和要求施捨東西，特別是毫無可取的東西，便是鄙野和不

30　當。由於克里底亞既不聽勸告，又不改變主意，據説蘇格拉底便在許
　　多人和埃夫提第摩的面前説他覺得克里底亞有著豬的感受：渴望往埃

31　夫提第摩那兒摩擦，就像豬隻希望往石頭上面摩擦一樣。因為這個緣
　　故，克里底亞憎厭蘇格拉底。所以當他成為三十人執政團成員之

15　像評定教師或父親那樣。

16　本書四卷二章一節説埃夫提第摩漂亮、年紀輕。

一，並且和哈鋭克里任立法委員時，記起了蘇格拉底，於是在法律中寫明不准教授語言藝術。他要給蘇格拉底麻煩，可是無從著手，只好把多數人公開對哲學家的指責移到蘇格拉底身上，並且對大眾誹謗蘇格拉底。我本人向來沒有從蘇格拉底那裏聽過這回事[17]，也向來不知道有人說他聽過。事實顯然[18]，因為當三十人執政團處死許多市民——而且不是庸劣的市民——和煽動許多人為非作歹時，蘇格拉底在某處說過：一個身為牧養牛群的人，如果令到牛隻數目減少、情況變壞，還不承認自己是個低能的牧牛人，他會覺得奇怪；而一個身為城邦領袖的人，如果令到公民數目減少、情況變壞，還不覺羞恥，也不認為自己是個低能的城邦領袖，他會覺得更加奇怪。有人把這番話報告給克里底亞和哈鋭克里，這兩人把蘇格拉底叫來，向他指出法律條文，同時禁止他跟年青人交談。蘇格拉底問他們，要是對剛才宣稱的有甚麼不了解的地方，是否可以問個明白，他們說可以。

他說：「我是準備服從法律的，可是為了避免由於不了解而無意中做出違法的事，我想向兩位請教清楚：兩位命令我放棄語言藝術，那是因為兩位認為語言藝術跟說話正確有關呢，還是跟說話正確無關？如果跟說話正確有關，顯然一個人必須避免說得正確；如果跟說話不正確有關，顯然一個人必須嘗試說得正確。」

哈鋭克里生他的氣了，說：「蘇格拉底，你既然弄不清楚，我們現在向你宣布比較容易了解的指令：完全不要跟青年人交談。」

他說：「為了不致含糊不清〔做了別的而不是剛才宣稱的〕，請給我界定：人們到了甚麼年齡要算作青年人？」

17　教授語言藝術（辯論、演講技巧之類）的事。

18　含意未伸，有「事實顯然針對蘇格拉底」之意。

哈銳克里說：「那些由於心態不夠成熟、不准參加議會的人的年齡。你別跟30歲以下的人交談好了。」

36　　　他說：「要是我買東西，賣貨的在30歲以下，我也不要問他價錢麼？」

　　　哈銳克里說：「這些當然可以；可是事實上你習慣問你知道得相當清楚的問題，這些問題你別問。」

　　　他說：「如果一個青年人問我，譬如說，哈銳克里住在哪兒或者克里底亞在甚麼地方，儘管我知道，也不要回答麼？」

　　　哈銳克里說：「這些當然可以。」

37　　　克里底亞接著說：「蘇格拉底，你必須避開鞋匠、木匠和五金匠，因為我認為他們給你經常提起，已經提膩了。」

　　　他說：「我也必須避開引向公正、虔誠和其他諸如此類的話題麼？」

　　　哈銳克里說：「正是。還有牧牛的人。否則要注意別使牛數減
38　低。」[19] 這番話明顯表示出有人向他們報告關於牛群的話，他們生蘇格拉底的氣。

39　　　以上說過了克里底亞跟蘇格拉底的交遊以及兩人怎樣相互對待。我可以說沒有人能夠從一個自己不喜歡的人那裏接受教育。克里底亞和阿奧基維阿第跟蘇格拉底交遊，整段時期中，不是喜歡他，而是從一開始強烈希望領導城邦。當他們還跟蘇格拉底交遊時，他們不試圖
40　跟別的人，而只跟那些主要從事政治活動的人交談。據說阿奧基維阿

19　上文蘇格拉底把牛群比作市民。這句話可能有這樣的暗示：他們可以處死蘇格拉底的。人死了，牛數也就減少了。

第在還不到20歲時，跟他的監護人和城邦領袖貝利克里[20]這樣談論法律。他說：「貝利克里，告訴我，甚麼是法律，你可以指教我嗎？」

41

貝利克里說：「當然可以。」

阿奧基維阿第說：「請指教。因為我聽到一些人被稱許為守法的人，我認為一個人不了解甚麼是法律，不該得到這樣的稱許的。」

貝利克里說：「阿奧基維阿第，你想知道甚麼是法律，你渴望的

42

不是難事。凡是群眾集會、加以肯定而寫定下來、指稱那些必須做那些不要做的所有條文，就是法律。」

「群眾認為必須做好事還是壞事？」

貝利克里說：「孩子，當然是好事，不是壞事。」

「要是像在有寡頭政治的地方那樣，少數人而不是群眾集會，寫

43

定應該做甚麼的條文，這些算是甚麼？」

貝利克里說：「所有城邦統治當局考慮該做的事，寫定下來，稱為法律。」

「就算僭主統治城邦，寫定公民該做的事，這些條文也是法律？」

貝利克里說：「僭主既然統治，寫下來的也稱為法律。」

阿奧基維阿第說：「貝利克里，甚麼是暴力和無法紀？可不就是

44

一個比較強有力的人不是通過勸說，而是使用壓力強迫一個力量較弱的人做自己喜歡的東西？」

貝利克里說：「起碼我認為是這樣。」

「凡是僭主不作勸說，寫定條文強迫公民去做，就是無法紀？」

20　貝利克里（公元前五世紀初–429），雅典卓越政治家。雅典在他統治時期，文治武功都有輝煌成就，後人稱為貝利克里時代。貝利克里和阿奧基維阿第有親戚關係，阿奧基維阿第是貝利克里的遠支外甥。

貝利克里說：「我認為是的。我取消凡是僭主不作勸說便寫定的條文也是法律的說法。」

45　　「凡是少數人由於當權，沒有向多數人勸說便寫定條文，我們說這是暴力還是不說？」

貝利克里說：「我認為：凡是一個人不作勸說而強迫別人做事，不管寫定條文沒有，都算是暴力，不是法律。」

「那麼全體群眾統治有財富的人，凡是不作勸說而寫定條文，這算是暴力還是法律？」

46　　貝利克里說：「阿奧基維阿第，真的，我們在你這樣的年齡，也很有能力討論這些的。因為我覺得你現在研究的，正是從前我們研究和騁思巧說的東西。」

阿奧基維阿第說：「貝利克里，我真希望當你能力最強時，能夠跟你在一起。」

47　　一到他們認為勝過從政的人士時，再也不接近蘇格拉底。除了他們不喜歡他，還有如果接近他，他們便會因為犯錯受責難，感到難
48　　受。他們從事政治，正是為了政治而接近蘇格拉底。克里頓是蘇格拉底的追隨者，赫列方、赫列克拉底、埃爾摩演尼、辛米亞、克維、費頓達[21]和其他的人也是。這些人和他交遊，不是為了成為政治演說家或訟師，而是為了成為一個內外美好的人後，能夠對家庭、奴僕、

_____

21　克里頓，雅典富人，和蘇格拉底同區同年，兩人從小就是朋友。赫列方和赫列克拉底，雅典人，兩人是兄弟，赫列方居長。埃爾摩演尼，雅典人，父親邑波尼哥是財主，但財富全給兄弟繼承了，因而被迫過著貧困的生活。辛米亞、克維、費頓達都是提維人，他們雖然沒有長期追隨蘇格拉底，而且所學是另一套學問，但對蘇格拉底十分佩服。蘇格拉底坐牢時，辛米亞帶了大量金錢來雅典準備營救。蘇格拉底死前，三人前往探監，並跟蘇格拉底討論靈魂的問題。

親戚、朋友、城邦、公民有良好的表現。這些人當中，不論長幼，沒有人幹壞事，也沒有人被指責幹壞事。

控告人說：「可是蘇格拉底教人賤待父親，一方面他令同遊者相信他會使他們比父親還有智慧，另一方面說兒子在法庭上指證出父親神智失常，法律便允許甚至囚禁父親。他拿這個做證明，證明比較有智慧的人囚禁比較無知的人是合法的。」實則蘇格拉底認為以無知為理由去囚禁他人的人，應該被別的知其所不知的人囚禁才是。由於這樣的看法，許多時候他思考無知和瘋癲有甚麼分別。他覺得瘋癲的人要囚禁起來，這是為了他們本身和朋友好；至於不懂得必須要懂的東西的人，也應該向懂得的人學習。

控告人說：「可是蘇格拉底不但使跟他結伴的人不尊重父親，同時也不尊重其他親戚；他說親戚對生病的人或被訟的人沒有好處，對前者有好處的是醫生，對後者有好處的是訟師。」

控告人又說蘇格拉底談到朋友，認為朋友如果沒有能力帶來好處，光是好心腸是沒用的；蘇格拉底還談到只有知道甚麼屬於必須、同時又能解釋的人才值得尊重。他令青年相信他是最有智慧的人，最能培養別人成為智者，從而在同遊者心中形成其他人跟他完全不能相比的印象。

關於父親、其他親戚和朋友，我知道他說過這些話。此外，他還說當靈魂──智力只存在這裏面──離開時，人們立刻把最親近的人的肉體移走埋葬。他常常說每個人活著的時候，會自己或讓別人除去他比一切都愛護的身體上的任何無用和無益的東西。人們自己剪去指甲毛髮，割去雞眼，並且忍受皮肉的痛苦和心底的難受，讓醫生割切和燒灼；同時還認為應該為此對醫生表示感激，付給費用。又人們從口中吐痰盡可能吐得遠遠的，因為痰涎在口中對他們沒有益處，相

55　反，害處很多。他說這些話，不是教人活埋父親和割切自己身體，而是在指出缺乏理性就是不值得重視的同時，促請人們照管自己盡可能成為一個最具理性和最有用處的人。正如一個人希望得到父親、兄弟和別人的尊重，不要倚仗自己是親人而有所忽視；要嘗試向希望獲得他們尊重的人表現出自己對他們有用。

56　　控告人又說他挑選最著名詩人的最壞作品，拿來作為證明，教導同遊者成為為非什夕和獨斷專橫的人。伊西歐鐸的詩句：

> 沒有一種工作是羞恥的，怠惰才是。[22]

　　控告人指稱他解說為詩人囑咐人們不要逃避任何工作，包括不正
57　當和可恥的工作；做工作為了賺取利益。蘇格拉底誠然承認從事工作的人對人有益，本身又是好人；而不工作的人對人有害，本身又是壞人；也承認工作是好事，怠惰是壞事。不過他說做好事的人才是在工作，才是好工人；至於玩骰子或者做出其他不對頭和有害的事情的人，他稱作懶人。這樣看來，「沒有一種工作是羞的，怠惰才是」之句正確無誤。

58　　控告人說他很多時候引述荷馬一段話，說奧第謝夫

> 無論遇見哪一個君主或者卓越的人物，便站在他面前，用溫文的
> 話阻留他：
> 閣下，你嚇得像傻子一般，那是不合適的，
> 請坐下，請吩咐其他人坐下。
> 人群之中，無論他見到誰，發覺誰喧鬧，
> 便用杖打他，用話嚇他：

22　伊西歐鐸，公元前八世紀詩人。引詩見《工作和日子》311行。

閣下，安靜些，聽別人的話，

他們比你強；你不堪作戰，是個軟骨頭，

在戰爭中，在議會上，永不會數到你的。[23]

　　控告人說他把上述詩行闡釋為詩人主張鞭打平民和窮人。然而他 59
沒有說過這些話。因為如此一來，他等於認為自己必須受鞭打了。
他只說過那些不能透過言語和工作顯示自己是個有用的人，那些在需
要的時候卻沒有能力幫助軍隊、城邦和民眾本身的人，特別是那些除
此之外還是傲慢狂妄的人，必須用種種方法加以防範抑制；哪怕是極
富有的人，也不例外。蘇格拉底與此相反，他顯示自己是個親近大眾 60
和熱愛人類的人。雖然他接納了許多心中有所期求的人──包括本
地人和外地人──，他可從來沒有向任何人收取過同遊的費用，只
是無限量地向全體分送自己的所有。其中有些人從他那裏免費獲得一
點皮毛，拿來重價向人出售[24]。這些人不像他那樣親近大眾了，因為
這些人不願意跟付不出錢的人交談。不過其他人看來，蘇格拉底給城 61
邦帶來的榮耀，遠比黎哈給斯巴達帶來的為大。黎哈因此而名噪一
時，因為他供應在裸孩節節日裏居留在斯巴達的外地人的飲食[25]，不
過蘇格拉底卻整輩子付他最重要的東西，造福希望受益的人。他把
追隨者培育得更好，才遣送他們走。

23　前四行，《伊利亞特》第 2 卷 188–191 行。後五行，同書同卷 198–202 行。奧
　　第謝夫，詩中的英雄。
24　指像阿里士底邑波之類的人。阿里士底邑波，基令尼人，主張人生追求的目
　　標是肉體的快樂。阿里士底邑波跟過蘇格拉底，可是教學收費。
25　裸孩節是斯巴達人為了紀念公元前六世紀中葉斯巴達在提列亞一役的陣亡戰
　　士。節日中，斯巴達青年在神像前脫光衣服跳舞節日名稱由此而來。希臘各
　　地前來參觀的人很多，黎哈則以招待來斯巴達的外地人週到而名噪一時。

62 既然蘇格拉底是這樣的人，我認為他值得受到城邦尊崇多過處死。一個人要是根據法律衡量，會得出這樣的結論的。根據法律，一個人明顯地盜竊、偷衣物、割荷包、穿鑿牆壁、販賣自由人為奴隸或者偷取廟宇器物，這類罪狀的刑罰是處死；可是上述各項，蘇格拉

63 底比所有人避開得都遠。城邦中帶來壞結果的戰爭、動亂、叛變或別的壞事情，他從來不要負責。在私人活動中，他從沒有奪取過任何人財產，也沒有拖任何人捲入麻煩之中。上面所說的任何一樁事，他從來不要負責任。

64 就告狀看，他怎能有罪？告狀上寫他不信神祇，實則他明明白白比其他人都崇敬神祇。寫狀人指責他帶壞青年，實則他明明白白抑止了同遊者當中一些懷有非分之想的人的念頭，激勵他們冀求足以妥善地治理城邦和家庭的最美好和最超卓的德行。他做這些事，怎不值得城邦大大的尊崇？

〔三〕

本章大意　記述蘇格拉底對崇敬神祇、祈求神祇、奉獻神祇的看法。還記述他在食物和情慾方面的克制和勸誡。

我怎樣認為他一方面通過行動表現出他的為人，一方面從事談論從而給同遊者帶來好處；有關這些，我會把能夠記憶到的都寫下來。

對於神祇，他做的和說的顯然跟比堤亞[26]回答詢問者問題——在

---

26 比堤亞是得歐斐阿波羅廟女祝的名稱。得歐斐神壇是希臘極著名和極權威的神諭所。

犧牲、崇敬祖先和其他相類的事情上該怎樣做——的話相符。因為
比堤亞傳達神諭，說人們遵照城邦習俗去做，就是虔誠的表現，而他
本人正是這樣做，也勉勵其他人這樣做；不這樣做的人，他認為過分
和虛矯。

他只祈求神祇賜給好東西，他認為神祇了解最清楚甚麼才是好 2
的。祈求金塊、銀塊、至高權力和別的相類東西的人，他看來跟祈求
擲骰子、戰鬥或者其他結果顯然不肯定的事情的人沒有分別。

他財力薄弱，奉獻神祇祭品微薄。不過他不認為這會跟財力富厚 3
的人奉獻神祇豐盛祭品相形見絀。他說如果神祇喜歡豐盛的祭獻多過
微薄的祭獻，那是不適當的；因為壞人的祭獻許多時候會比好人的祭
獻更令神祇喜悅。要是壞人的祭獻比好人的祭獻更令神祇喜悅，對人
類來說，生存便無價值可言。不過他認為神祇最喜歡絕頂虔誠的人的
敬意。他推許這樣的詩句：

　　向永恆的神祇量力奉獻祭品。[27]

他說對朋友、對外地人、或者在其他生活行為中，量力奉獻總是
好原則。如果他認為某樁事情獲得神的啟示，那他除了遵照啟示去 4
做，很難再聽別樣的勸說；比起聽一個人勸他找一個瞎子和不認識路
的人做嚮導，而不必找一個看得見並且認識路的人做嚮導還要難。一
些人企圖避免人們的非議，不遵照神的啟示做事，他指責這些人愚不
可及。跟神的勸諭相比，他輕視所有人類的意見。

他從生活方式中鍛鍊靈魂和肉體。一個人使用這種方式，要是神 5
不阻撓，會帶著勇氣和安全感過活，同時不會缺少這麼一點點的開

27　伊西歐鐸《工作和日子》336行。

支。他這麼儉樸，我還不曉得是否有人可以工作得那麼少，以致賺不到對他足夠的收入。因為他拿食物，能夠舒舒服服吃多少便多少。這麼準備以後，向食物走過去，食慾就是他的肴膳。各種飲料都叫他高興，因為如果不口渴，他是不喝的。倘使有時受到邀請出席晚宴，他很容易不讓肚子填得過飽；這一點對大多數人最困難。他勸告辦不到這點的人不餓不渴時，拒絕引人吃喝東西；因為他說這些傷害胃部、頭部和心靈的。他經常開每笑說他相信基爾姬拿這麼多束西款宴人們，使人變成了豬；又說奧第謝夫由於埃爾米的勸告，又由於他是個能夠自制的人，避免沾嘗這些東西過了量，因此沒有變成豬[28]。

就是這樣子，在這些論題上，他既開玩笑，同時又很正經。

說到情慾，他極力勸說避開漂亮的人，因為他說跟這類人接觸的人，不容易自持的。有一回他獲悉克里頓的兒子克里多戶羅吻了阿奧基維阿第的兒子 —— 一個漂亮的人 —— 一下，便當著克里多戶羅面前問色諾芬：「色諾芬，告訴我，你不是認為克里多戶羅的為人，屬於冷靜一類多於衝動一類，屬於小心謹慎一類多於缺乏頭腦和冒險胡為一類嗎？」

色諾芬說：「肯定是。」

「現在你可以看成他是一個最不顧一切、最任性胡為的人；他甚至可以在劍陣中翻滾，可以跳進火裏去。」

色諾芬說：「你對他評價這麼壞，你見他幹了甚麼了？」

他說：「他不是膽敢吻阿奧基維阿第的兒子，那個最漂亮最富青春的人嗎？」

---

28 基爾姬是個住在島嶼中的仙子。她把奧第謝夫同伴變成豬的故事，見荷馬《奧德賽》10卷229行以下。埃爾米，神名。

色諾芬説：「如果這是一種冒險胡為之舉，我看自己也會犯這個險的。」

他説：「魯莽的人！你認為接吻有甚麼好感受？你不認為自己立刻成為奴隸，再也不是自由人了？你不認為花費大量金錢在有害的逸樂上，缺少時間關懷美好的物，被迫做一些瘋子也不會做的事情？」 11

色諾芬説：「啊！伊拉克里[29]！你説得接吻的力量多麼可怕。」 12

他説：「這個你覺得驚奇麼？你不曉得有一種毒蜘蛛，還沒有半個奧窩羅[30]大，只要用口沾一下，便引起人們痛楚，失去理智？」

色諾芬説：「啊！曉得的，因為毒蜘蛛咬人時注進一些東西。」

他説：「獃子，你不認為漂亮的人接吻時注進一些你看不見的東西？你不認為這種人們稱為漂亮青春的獸類是這般的比毒蜘蛛還可怕；那些[31]接觸人體，這個[32]不接觸；一個人要是看見了這個，牠會老遠給注進這麼些東西，使他瘋狂？〔漂亮的人能從遠處傷人，也許為了這個原因，愛神被稱作弓箭手。〕色諾芬，看到一個漂亮的人時，我勸你離開，不要掉頭。至於你，克里多戶羅，我提議你出外一年，因為可能在這段期間內，你會〔從咬傷中〕康復的。」 13

同樣，他認為不能拋離情慾的人必須這樣過情慾生活；肉體沒有強烈需求，靈魂不迎納；有了需求，也不要帶來不良後果。他在情慾上顯然抱這樣宗旨，所以容易避開最漂亮和最富青春的人，比其他人避開最醜陋和最少風采的人還容易。 14

29　伊拉克里，古代英雄名，受到後人像神一般的崇敬。
　　希臘人表達強烈的感情時，往往先喚英雄或神祇的名字，像伊拉克里、宙斯、伊拉之類。
30　希臘錢幣名。希臘幣制如下：一打蘭頓值60摩那，一摩那值100得勒米，一得勒米值六奧窩羅。
31　指蜘蛛。
32　指漂亮青春的獸類。

15   他對於食物、飲料和情慾抱這樣的宗旨。他認為得到的愉快不會比在這些事情上花費許多氣力的人少;而懊惱則十分罕有。

〔四〕

> **本章大意** 蘇格拉底和阿里士多第摩談論神靈的問題,主要談到以下兩點:一、世間事物安排合適、條理井然,由於有一最高主宰操運之故。二、人類高出其他生物,由於神靈在各方面的特別關懷照顧。

     如果有人認為蘇格拉底——正如一些人憑藉推測去寫他和講他那樣——雖然最善於激勵人們趨向德行,但是缺乏指引人們趨向德行的能力;那麼讓他們不獨考慮他基於改正的用意,通過詢問自以為知道一切的人而作出考驗這一點,還考慮他跟夥伴過日常生活時所說的話;然後判斷他是否有能力使同遊者變得好些。

2   我首先敘述有一回我聽到他跟號稱「小子」的阿里士多第摩[33]的關於神靈的交談。他獲悉阿里士多第摩既不向神奉獻犧牲,也不理會神諭,而是嘲笑做這些事的人。他說:「阿里士多第摩,告訴我,有沒有一些人,由於他們的智慧而令你欽佩的?」

     阿里士多第摩說:「有。」

3   他說:「告訴我們這些人的名字。」

     「在敘事詩方面我最欽佩荷馬;在第提蘭姆窩方面蔑蘭尼皮第[34];

---

33 除本書資料外,阿里士多第摩其他事跡不詳。

34 第提蘭姆窩是一種樂曲,最初跟神祇第昂尼梭的奉祀有關。蔑蘭尼皮第,米羅島人,活動時期約在公元前五世紀中後期。

在悲劇方面梭孚克里[35]；在雕像方面波里克黎多[36]，在繪畫方面塞夫克息[37]。」

「哪種人你認為更值得欽佩：製造沒有意識和不會動作的形象的人，還是製造具有意識和能夠活動的生物的人？」　4

「自然是製造生物的人，如果生物不是偶然而是著意給製造出來的話。」

「一些存在目的含混不明的事物，一些明顯有用的事物，你說哪些是偶然的產品？哪些是著意的產品？」

「有用的事物一定是著意的產品。」

「你不覺得最初的人類創造者從用途著眼，加賜人類感受每種事　5
物的器官：眼睛見到可見的，耳朵聽到可聽的？要是鼻子不加上去，氣味對我們有甚麼用？要是不製造舌頭判別眾味，那麼甚麼感受是甜是苦、或是口中的各種美味？此外，你不覺得以下種種好像是先行考　6
慮過的事項？首先，由於眼睛很柔弱，便用眼瞼像門一般給眼睛關防；還有為了不讓風傷害眼睛，長起睫毛當濾幕；眼睛之上的部位冒出眉毛，使得頭上的汗水不會帶來壞處。其次，聽覺器官接納所有聲音，永遠不會塞滿。其次，所有生物的門齒適合咬斷東西，臼齒則接納門齒送過來的加以嚼碎。其次是生物從中送進喜歡的東西的口部，靠近眼睛和鼻子。又由於排洩使人不快，便轉換〔和移離〕管道，盡可能跟感覺器官拉遠。這些如此斟酌的安排，你懷疑是偶然的或是著意的工作？」

35　梭孚克里（公元前496–406），雅典人，希臘著名悲劇作家。

36　波里克黎多，西基安人，雕塑家，生卒年份不詳，活動時期約在公元前五世紀中後期。

37　塞夫克息，伊拉克里亞人，畫家，生卒年份不詳，活動時期約在公元前五世紀後期。

7　　　阿里士多第摩説:「啊,不。不過對一個這樣去觀察的人來説,這些極其像是某個有智慧和喜愛生物的創造者的製成品。」

「還賦予喜愛生孩子的本性,賦予做母親的喜愛撫養孩子、賦予被撫養的孩子最企求生存最害怕死亡的本性?」

「這些無疑像是一個決定生物存在者的發明品。」

8　　　「你認為自己有點智慧麼?」

「你問我好啦,我答覆。」

「你認為別的地方再不存有智慧了麼?特別是你知道了自己體內有數量本來很大的土的一小部分時;有數量本來很大的水的一小部分時;自己形體組合,是在其他各種數量很大的元素裏每種取出一小部分時?你是否認為幸運地攫住了別處不存在的獨一的心靈,還認為這些形體極大、數量無盡的組合顯得秩序井然,由於某種非理性的作用?」

9　　　「自然,因為舉見不到主宰,不像我見到這裏地上事物的創製者那樣。」

「你也見不到作為你身體主宰的靈魂呀。這麼説來,你也可以説你做所有的事情,不是著意去做,而是偶然去做。」

10　　　阿里士多第摩説:「蘇格拉底,我當然不輕視神靈,只是我認為神靈尊高偉大,不需要我的崇敬。」

蘇格拉底説:「認為值得照顧你的人越是尊高偉大,你越是要尊敬他。」

11　　　阿里士多第摩説:「你放心。要是我相信神祇對人類有所關心,我不會忽視他們的。」

「那麼你不認為神祇關心麼?首先,在生物當中,神祇只讓人類直立;直立能使人向前看得遠,觀察上面清楚,眼睛、耳朵和口部受

損機會少些。然後神祇賜給其他生物只是作為走路之用的腳，對人類則加上一雙手。這雙手能做許多工作；由於工作，我們比其他生物幸福。還有，所有生物有舌頭，神祇只令人類的舌頭在不同時間內接觸口腔的不同部位，發出聲音，表達我們希望表達的一切。說到性交的快樂，神祇不是在一年的特定季節中才賜給其他生物，但繼續供給我們，直到老大？　12

「神覺得光照顧肉體還不夠；最重要的，還賦予人類最完善的靈魂。因為那種生物的靈魂首先意識到井然安排極廣大極美好事物的神祇的存在？除了人類，還有別的甚麼崇奉神祇？說到抵禦飢渴冷熱、照料疾病、鍛鍊氣力、刻苦學習，或者記憶聽過的、見過的、學過的東西的能力，哪一種靈魂比人類的靈魂強？由於人類在肉體和靈魂方面天生優勝，他們跟其他生物比起來像神那般生活；這，你難道不徹底清楚嗎？一個人有牛的形體，人的心智，不能做他想做的事；而有手沒有頭腦，也佔不到便宜。你很幸運，得到這兩樁最貴重的事物[38]，卻不認為神祇關心你嗎？你認為他們做出甚麼來才算照顧你？」　13

　14

「向我傳示，就像你所說的他們向你傳示一樣；勸導我該做甚麼，不該做甚麼。」　15

蘇格拉底說：「神祇通過示諭向徵詢問題的雅典人解答時，你不覺得神也在向你解答嗎？是否他們對希臘人或所有人類顯示變異作為先兆時，只把你排除於外，置之不理？你相不相信：如果人類沒有做好事或做壞事的能力，神卻會賦予人類能夠做好事或壞事的信念；而人類永久受騙，從來感覺不到？你沒見到人類年代最久、智慧最高的組織——城邦和國家——最是敬畏神的嗎？而心智最成熟的年歲對神最專意的嗎？」　16

38　心和身。

17 他繼續說：「朋友，了解清楚你那個在身體裏面的心隨意指揮身體；同樣，你得相信宇宙中的心靈也隨喜好而指揮萬物。這樣看來，別以為你的目力能達到許多西他第昂[39]的距離，而神祇的眼睛卻不能夠同時看到所有的事物；別以為你的心靈能關注到這裏或者埃及

18 或者西西里的事情；而神祇的心靈卻不能夠同時照顧一切。正如你侍候別人，你會知道心想回報侍候的人；你提供好處，你會知道心想回報好處的人；你請求指點，你會打聽明白頭腦清晰的人；同樣，你奉祀神祇，試試神祇是否願意勸告你一些人們不明晰的事，你會發覺神性是這般偉大有力：同時看到一切、聽到一切、到處出現、同時關注所有事物。」

19 我覺得他說這些話，不但令到同遊者在人們注目之下避免褻瀆、不義和可恥的行為，就是個人獨處時也不例外，因為他們相信：沒有一樁作為逃得過神祇的注意的。

---

39 西他第昂，奧林匹亞跑道的長度，約為今制190公尺。

〔五〕

本章大意　蘇格拉底談克制，認為缺乏克制的人對己無益，也得不到別人的信任和喜愛，並且不能學習好事。另一方面，蘇格拉底是個在言行方面都能克制的人。

如果克制真是一個人完美無疵的內蘊，那麼讓我們考察一下蘇格拉底說大概這樣的話，是否對此作出甚麼指引：「各位，要是戰爭降臨我們身上，我們立意選一個人，使得我們在他的領導下保存性命，並且降服敵人；不過如果我們知道這個人是口腹、酒、色慾、辛勞或者睡眠的奴隸，我們會選他麼？我們怎能想像這樣的人會拯救我們或者戰勝敵人？如果我們到達生命終點時，我們想託付一個人，要他教育兒子、防護閨女、保存錢財，我們會認為缺乏克制的人是個值得信託這些事項的人麼？我們會把牲畜、庫藏，或者工作管理託付一個缺乏克制的奴隸麼？即使不要花錢，我們願意收容一個這樣的管家或購物的奴僕麼？進一步說，倘使我們連缺乏克制的奴隸也不接納，那麼一個人避免成為這樣子的人，怎麼不值得？因為缺乏克制的人不會對別人有害，對自己有益，一如貪婪的人那樣掠奪別人錢財，以為自己可以致富；而是一方面損害別人，另方面更嚴重地損害自己──如果最嚴重的損害是指不僅毀滅了自己的家庭，還毀滅了身體和靈魂。大家一起時，有人喜歡肴膳和酒的程度勝過喜歡朋友，鍾愛娼婦的程度勝過鍾愛同伴，誰在知道了以後，還會喜歡這樣的人？所有相信克制是德行的基礎的人，可不是必須首先在靈魂裏培育克制嗎？因為哪個缺乏克制的人能夠學習好事或者習練得當？或者哪一個成為逸樂的奴隸的人在身體和靈魂方面不處於可恥的情況？我覺得一個自由人應

2

3

4

5

該祈求不要成為這樣的奴隸;而成為了這些逸樂的奴隸,便該向神求懇,希望碰見好主人;因為只有這樣,他這樣的人才得救。」

6　他説這番話的同時,顯示出他自己本人在行為上比言論上更能克制。因為他不但抑制了肉體引致的快樂,還抑制了金錢引致的快樂。他認為一個人向隨便甚麼人收取金錢,會使付錢者成為這個人的主子,受到的奴役比任何的奴役都可恥。

〔六〕

> **本章大意**　智士安堤方嘲笑蘇格拉底貧窮,生活不快樂;又指出蘇格拉底向同伴談話而不收費,顯示他的智慧沒有價值;最後又懷疑蘇格拉底是否真的懂政治;蘇格拉底一一辯解。

他跟智士安堤方[40]的談話也不容遺漏。安堤方有一回意圖拉走他

2　的同遊者,便到他那裏,當著眾人這麼説:「蘇格拉底,我以為研究哲學的人必須比較快樂;可是我覺得你從哲學中享用了相反的一面。真的,你這樣子過活,即使一名在主人之下生活的奴隸也忍受不了。你的食物和飲料糟透了;你穿的外袍不僅差,而且夏天和冬天總是同

3　樣一件;你向來不穿鞋子和中衣[41]。此外,你不收取金錢;金錢令擁有者感到快樂,並且使擁有者生活得比較自由和安適的。要是像其他行業的教師那樣指示學生模仿他們,你對同遊者也這樣做,你該曉得自己是不幸的教師。」

40　安堤方,雅典人,生平資料今存極少。

41　古人穿衣服,大抵是內衣、中衣,另加外袍。外袍一般是一塊布,由一肩斜披過去,露出另一肩。這裏説蘇格拉底只穿內衣和外袍。

蘇格拉底回答這番話説：「安堤方，你似乎心裏想著我活得這麼 4
可悲。這使我相信：你寧願死也不要像我這麼活著。來，讓我們看
看在我的生活中你覺得有甚麼苦處。受人錢財的人，是不是必須完成 5
那種他們接受了薪酬的工作；而我沒有接受錢財，倒沒有責任跟我不
喜歡的人談話？或者你鄙視我的生活方式，認為我吃的比你吃的不那
麼有益健康、增加力量？或者我的生活用品比較稀有、比較值錢，比
你的得來困難？或者你給自己準備的比我給自己準備的甜美？你難道
不曉得胃口好吃得香的人需要少些下飯的菜，而飲得暢快的人不那麼
渴求不在眼前的飲品？你知道人們因為寒冷或炎熱而更換衣服，為了 6
不要使兩腳痛楚妨礙步行而穿鞋子。直至現在，你可曾留意到我因為
寒冷比別人多留在家裏，因為炎熱跟別人爭奪陰影，因為兩腳痛楚不
能步行到要去的地方？你難道不曉得身體本質最弱的人要是進行鍛 7
鍊，會在鍛鍊的事項上和在輕易忍受這些事項方面，比最強而有力可
是忽視鍛鍊的人優勝？你不認為我進行鍛鍊，經常忍受加於身體上的
一切，所以我比你這個不鍛鍊的人容易忍受各種事情？至於我沒有成 8
為口腹、睡眠和淫樂的奴隸，你認為我除了有其他比這些更快樂的事
情——其他事情不但在享用時使我愉悦，還帶給我經常對我有好處
的希望——以外，還有別的更大的原因嗎？你當然明白：認為事情
幹不好的人不會快樂，而相信在農耕、操船或者其他經手的工作等方
面推展得順利的人覺得幹得好，於是快樂。你認為由所有這些引致的 9
快樂，會像自己曉得本身變得美好和結識好朋友那樣的快樂麼？我倒
是常常抱著這樣的意見的[42]。又假如朋友或者城邦需要幫助，誰會有
更多的時間照顧二者：是一個好像我目前這樣的人，還是一個像你稱

42　指本身變得美好和結識好朋友快樂些。

頌的那樣生活的人？還有，一個沒有奢華物質便不能生活的人和一個
隨分滿足的人，哪一個比較容易當軍？受敵人包圍時，一個需要獲得
最難得之物的人和一個對使用最容易到手的東西便覺足夠的人，哪一
10　個會快些投降？安堤方，你似乎認為快樂就是奢華和鋪張，我則認為
絕無需求是神聖的，極少需求十分接近神聖；神聖表示完美，十分接
近神聖表示十分接近完美。」

11　　　安堤方另外一回跟蘇格拉底談話，說：「蘇格拉底，我無疑認為
你是個公道的人，可絕不是有智慧的人；我想你自己也承認這點。起
碼你不收取同遊費。你的衣服、房子或其他屬於你的東西，你知道都
值錢，你不單不會白送給任何人，而且也不會收取低於價值的數目。
12　事情很清楚，要是你認為你的結伴有點價值，你不會收取低於結伴價
值的費用。你是個公道的人，因為你不心懷貪念而進行欺騙；你可不
是有智慧的人，因為你懂得的毫無價值。」

13　　　蘇格拉底回答道：「安堤方，我們這裏認為展售美貌和智慧，同
樣有好有壞。一個人要是為了金錢出賣美貌給想買的人，人們稱他做
男妓；一個人要是把他認識的朋友培育成外在和內在美好的愛侶，我
們認為他睿智。同樣，人們稱那些為了金錢出賣智慧給想買的人做智
士〔就像叫做男妓一樣〕。至於一個人知道對方本質良好，把自己所
有的長處相授，跟對方交上了朋友，我們認為這個人做人符合一個內
14　外美好的公民所做的事情。安堤方，像別人喜愛好的馬、狗或鳥兒那
樣，我更喜愛好朋友。要是我有那些可取的地方，我會教他們。一
些我認為在德行方面會對他們有所幫助的人，我還會介紹給他們。古
代智者寫在書上留下來的財富，我常常跟朋友一起翻閱。看到某些有
意義的，我們加以取用。我們認為如果彼此成為朋友，那是大大的收
穫。」

聽了他的話，我覺得他本人是個幸福的人，他並且指引聽眾趨向內外美好。

另外一回，安堤方問他怎樣看別人的説法：他培養別人成為政治人物，自己卻不從事政治；他是否真的懂政治了。他説：「安堤方，我從事 —— 如果只是一個人從事 —— 政治，或者我關心盡可能最多人有能力從政；這兩樣哪一樣好些？」

15

〔七〕

> **本章大意**
> 蘇格拉底談論吹噓炫耀的問題，指出這類人最後一無得益，徒然惹人笑話，還給城邦帶來不幸。

讓我們觀察他可是在勸阻同遊者吹噓炫耀之餘，勉勵他們關心德行。他常常説通向榮耀的路，除了那條一個人通過它在這方面變得完好、同時希望在這方面為人所稱的路外，再沒有更好的了。他這樣指出他的話正確不誤。他説：「我們想一想，如果一個人笛子吹不好，卻希望顯得像個好笛師，該怎樣做。不是在外在表現上必須模仿好笛師嗎？首先，笛師有漂亮的袍服，帶領大批追隨者到處轉，他也必須這樣做；其次，笛師受到許多人稱頌，他也必須安排一大群稱頌的人。自然，他無論如何不可演奏，否則立刻鬧出不僅是個低能的笛師，還是個吹牛皮的人的笑話。這樣大量花費，一無得益，此外還聲名狼藉，生活怎不過得乏累、空無所得和可笑？同樣，一個人希望別人把他看成好將領和好船長，其實不是，我們想想甚麼事會發生在他身上。他渴望別人把他看成有能力幹這些事情的人，可是無法使人相

2

3

信，這不是很苦惱麼？要是使人相信了，不是更糟糕麼？因為情況清清楚楚：一個不在行的人被任命管船和帶兵，會毀滅掉那些他十分不想毀滅的人，他本人也會帶著羞恥和不幸而下場的。」

4　　同樣他指出一個人看起來像是富有、勇敢或者強而有力，而事實上不是，也不見得有利。因為超出能力負擔的事情往往加到這類人身

5　上，倘使似乎有能力而實際不能完成，別人不會諒解的。一個人通過勸説取去別人金錢或家具用物，實行佔奪，他稱作大騙子；至於一個人毫無可取，居心欺騙，勸人相信自己有能力治理城邦，他稱作更大的騙子。

　　我覺得他是通過這樣的談話勸阻同遊者吹噓炫耀的。

第二卷

〔一〕

本章大意：一、阿里士底邑波縱情逸樂，蘇格拉底指出對逸樂有克制力的人才有統治能力。二、阿里士底邑波表示不願統治人，也不願受統治，也不置身於任何政治個體之內；蘇格拉底認為這既不可能，又有危險。三、阿里士底邑波覺得犯不著為了統治而吃苦頭，蘇格拉底解說自願和非自願吃苦頭有所不同。四、蘇格拉底舉伊拉克里的故事來說明問題。

我覺得他通過下面的一番話勉勵同遊者練習對食物、飲料、逸樂、睡眠、寒冷、炎熱和勞苦等諸般企求的克制。有一回他獲悉一個同遊者對上述各項放縱無節，說：「阿里士底邑波，告訴我，如果你帶兩個年青人，一定要教育他們；一個教出有統治才能，一個教出永不追求統治；你怎樣教育每一個？要不要我們先從食物著手考慮，就像學生先從字母著手一樣？」

阿里士底邑波說：「我看食物肯定是個起點。人要是沒得吃，也就活不成了。」

2　　「那麼時間到了，進食的念頭自然出現在他們兩人身上了？」

阿里士底邑波說：「自然。」

「我們習慣認為他們之中的哪一個喜歡多幹緊急事情而不貪圖口腹之快的？」

阿里士底邑波說：「噢，當然是接受統治教育的人，這樣在他統治之下，城邦政務不致停頓不舉。」

蘇格拉底說：「那麼當他們都想喝東西時，我們必須對同樣的人加上忍受乾渴的能耐麼？」

阿里士底邑波說：「當然。」

「說到克制睡眠，做到遲睡早起，同時在需要的時候保持不睡，這一點我們加給他們之中哪一個人？」

阿里士底邑波說：「這點加給同一個人。」

3　　蘇格拉底說：「克制性慾，使得必要時不致因為這個而妨礙辦事，這怎麼樣？」

阿里士底邑波說：「這點加給同一個人。」

「不避困苦，而且甘願忍受，又怎麼樣？我們加給他們之中哪一個？」

阿里士底邑波說：「這點加給接受統治教育的人。」

「要是有某種合適的知識，便進行學習，以便擊敗對手，這怎樣？我們必須加給他們之中的哪一個？」

阿里士底邑波說：「大部分加給接受統治教育的人，因為欠缺這些知識，其他各點都不會帶來好處。」

「你可是認為一個接受這樣教育的人被對手擒捕的機會，會比其 4
他生物小得多？大家知道，生物之中，一些由於貪吃給捉住了；一些
儘管十分膽小畏縮，還是切望食物，向引餌跑過去，被捕了；一些則
由於飲水跌下陷阱。」

阿里士底邑波說：「很對。」

「是不是有一些，好像鵪鶉和鷓鴣，由於慾念的緣故，向雌性的
聲音飛過去，心想交配，於是忘記了對危險作再三的考慮，陷入網羅
之中？」

阿里士底邑波同意這種說法。

「你可覺得一個人感受到的和牲畜最不理性的一方面相同是一回 5
可恥的事？好像姦夫進入婦人內室一樣。姦夫明知姦淫者會身受法律
威嚇、圈套安排和被捕以後備受虐待的危險；儘管姦淫者會碰到這麼
大的禍事和羞恥，而事實上又有許多安全解除慾念的方法，可是還引
身進入危險之中，這難道不是百分之百的瘋子麼？」

阿里士底邑波說：「我看是的。」

「人類要做的事，像戰爭、耕作和許多別的，大多數在戶外進 6
行。許多人對抵冷抗熱缺乏鍛鍊，你不覺得是大大的疏忽麼？」

阿里士底邑波同意這一點。

「那麼你認為未來的統治者一定要鍛鍊，並且輕易忍受這些？」

阿里士底邑波說：「當然。」

「那麼我們把對所有這些有克制力的人列入有統治能力一級，而 7
把無法做到的人列入不追求統治的一級？」

阿里士底邑波同意這點。

「既然你明白每種人的級別，你可曾考慮過你把自己恰當地列入
兩級之中的哪一級？」

8　　　　阿里士底邑波說：「有的。我絕不把自己列入企圖統治那一級。事實上我認為：一個人千辛萬苦為自己取得所需的東西，那本來已經不足夠，還加上去供應其他市民必需品，這個人未免愚昧。一方面缺少許多他想要的東西，一方面統治城邦，而沒有完成城邦的所有要

9　求，便會因此受檢控；這怎麼不是十分愚昧？還有，城邦認為有權支使統治人物，好像我支使奴隸一樣。我可以要求奴僕給我準備大量必需品，這些東西他們全不能染指；城邦也認為統治人物應該向城邦提供大量好處，他們則要避開這些好處。總之，那些喜歡自尋煩惱和給別人煩惱的人，我會這樣子教育他們，同時把他們列入有統治能力的一級。至於我自己，我列入希望盡可能生活得舒適和愉快的一級。」

10　　　　蘇格拉底說：「統治者和被統治的人，誰生活得愉快些？你願意我們探討這個嗎？」

阿里士底邑波說：「當然。」

「首先我們認識的民族：在亞細亞，波斯人統治，敘利亞人[1]、非里賅亞人[2]和黎第亞人[3]被統治；在歐羅巴，西基堤亞人[4]統治，蔑奧底人[5]被統治；在黎微以[6]，加爾希頓人[7]統治，黎微以人被統治。他們之中你認為誰生活得愉快些？或者在希臘人——你本人是其中一個——當中，你覺得操縱者和受操縱的人，誰活得愉快些？」

1　敘利亞人指今天敘利亞、黎巴嫩、約旦、以色列和西奈等地區的居民。
2　小亞細亞中部和南部的居民。
3　小亞細亞西部的居民。
4　泛指黑海以北的遊牧民族。
5　阿速海附近的民族。
6　今日的非洲，那裏的居民則稱黎微以人。
7　加爾希頓人本是腓尼基人，後來殖民到加爾希頓，即今北非突尼西亞。他們建立了強大的海上力量。

阿里士底邑波説：「我自然不把自己列入奴隸一級。我覺得其間還有一條我嘗試踏足的中間道路，既不通過統治，也不通過奴役，而是通過自由，而自由正能引向幸福。」

蘇格拉底説：「這條路既不通過統治也不通過奴役，如果也不通過人群，你的話也許有點意義。倘使你身處人群之中，既不想統治，也不想受統治，又不甘願奉事統治者，我相信你看到強者曉得在迫弱者嚙著淚水成為奴隸之後，在公開或私下場合之中，把弱者當成奴隸使用。或者你沒有注意到一些人割取別人播種的穀物，砍伐別人種植的樹木，同時用盡辦法圍困力量較弱而又不想奉事自己的人，直至迫使這些人願意接受奴役而不向強者作戰為止？再說在私人生活中，你難道不曉得勇敢的和強有力的人強制怯弱的和力量小的人為奴隸，剝削他們？」

阿里士底邑波説：「正因這樣，為了不沾上這些麻煩，我不把自己關閉在一個政治個體之內，在所有地方我都是外地人。」

蘇格拉底説：「你現在所説的真是聰明的策略。因為自從辛尼、西基隆和波羅古魯斯底死後[8]，沒有人再侵害外地人了。只是今天在家邦內具有公民身份的人，為了不受侵害，制定法律；同時除了稱為親戚的之外，還找到其他人做助手；又建城堡圍護城邦；又取得武器抵禦侵害者；此外還聯結外頭盟友。他們儘管獲得所有這些，到頭來還是遭受侵害的。這些你可全沒有；你在許多人遭受侵害的路上長期生活。你無論到哪個城邦，地位都比所有的公民低下；你成為侵害他人的人主要攻擊的對象之一。這樣你竟認為因為你是外地人的緣故，不會遭受侵害？或者你來來去去，各城邦宣稱保證你的安全，你因此心

11

12

13

14

15

8　這三人是傳説中的土匪，先後被英雄提謝弗殺掉。

無所懼？又或者因為你認為自己是這麼一個對任何主人都沒有好處的奴隸？誰希望家裏有一個不願勞苦、只喜歡豪奢絕頂的生活方式的人？

16　　「讓我們研究一下做主人的怎樣對付這樣的奴隸。他們不是用飢餓去制服奴隸的貪婪嗎？他們不是不讓奴隸接近可以從中拿走東西的地方、防止盜竊嗎？他們不是把奴隸綑綁起來，防止逃跑嗎？他們不是用鞭撻強迫奴隸不敢怠惰嗎？或者你發現了你的其中一個奴隸是這樣的人，你怎麼辦？」

17　　阿里士底邑波說：「我向他施加各樣懲罰，直至迫使他屈服。蘇格拉底，説到接受統治藝能——我覺得你認為這種藝能是可喜的事——教育的人，如果要自願挨餓、忍渴、忍受寒冷、不睡眠和吃其他一切的苦頭，那麼跟被迫受苦的人有甚麼分別？我本人看不出同樣的皮膚自願或非自願接受鞭打有甚麼不同；或者總的來説，同樣的身體自願或非自願受上述各項纏繞有甚麼不同；除了加上給願意吃苦頭的人是傻瓜這一點。」

18　　蘇格拉底説：「阿里士底邑波，你不覺得這些苦頭之中，自願吃的跟非自願吃的有所分別：自願挨餓的人想吃東西，可以吃；自願忍渴的人想喝東西，可以喝；其他情況也是這樣；被迫吃苦頭的人想停止受苦，卻是不行。其次，一個自願吃苦的人憧憬美好的希望，心中

19　　愉快；好像獵人抱著捕捉的希望，累得高高興興的。誠然這般痛苦的酬報極小，可是當人們為了爭取好朋友、削弱敵人，或者為了在身體和心靈上變得強而有力、成功管理自己的家務、給朋友幹好事情、給邦國帶來好處而苦，你怎麼不應該認為他們愉快地為這些而受苦？你怎麼不應該認為他們在喜愛自己和受到其他人的稱頌跟妒忌之餘，愉

20　　快地過活？還有，正如體育專家所説，輕鬆的工作和霎時的逸樂絕不

能夠給身體帶來活力，也不能夠給心靈注入絲毫有價值的知識恰如品德高尚的人說，勞苦的安排使人完成美好的工作。伊西歐鐸在那裏說過[9]：

> 邪惡容易大量獲得；
>
> 路途平坦，她[10]住在附近。
>
> 在德行前面，不朽的神祇放置汗水；
>
> 起先，通向她[11]的路又長又陡
>
> 又崎嶇；到達了頂點，
>
> 雖然有困難，及後卻容易。

埃比哈爾摩[12]在下面的詩句中證明這點：

> 神祇用辛勞作代價向我們出售所有的好東西。

在別的〔地方〕他又說：

> 壞蛋，別追求柔軟，否則得到粗硬。

「智者波羅迪柯[13]在他向許多人宣讀過的關於伊拉克里[14]的作品中

21

9　《工作和日子》287行以下。

10　「她」指邪惡。「邪惡」一字在希臘文中屬陰性。

11　「她」指德行。「德行」一字在希臘文中屬陰性。

12　埃比哈爾摩（約公元前540–450），原籍歌島，後來在西西里定居。寫了很多喜劇，受到時人好評，但作品湮滅殆盡。

13　波羅迪柯，生於公元前470–460年間，基奧人，著名智士，卒年不詳。他擅長教人在談話或演說中正確用字，尤其是同義詞的辨別。不過下文講及的關於伊拉克里的故事，則涉及道德的討論。

14　伊拉克里的父親是天神宙斯。宙斯生伊拉克里，主要讓他掃除人間一切邪惡。他集合了勇敢和其他所有德行於一身，成為人類的救星。

對德行也表示同樣的觀點。我記得這樣說的：伊拉克里從孩子期轉入青年期時——在青年期中，青年人已有自主能力，看清楚在生命中要步向德行的道路還是邪惡的道路——，走到一處安靜的地方坐下，拿

22　不定主意要轉到那條路上去。一時覺得有兩個修長的婦人走過來，一個容貌美好，自然高雅，身上妝飾純淨，眼神謙遜，儀態端莊，身穿白袍。另一個奉養得肌體豐盈而柔軟，臉上塗塗抹抹，顏色顯得比實在的膚色要白些和紅些，身形也覺得比實際的挺直，眼睛睜大，穿著最足以令青春光采煥發的袍子。她常常仔細打量自己，留心別人是否注視她，許多時候還顧影自憐。

23　　「她們比較走近伊拉克里時，剛才提到的第一個步履照常，第二個想搶先一步，便向伊拉克里衝過去說：『伊拉克里，我看見你拿不定主意在生命中要轉到那條路上。你要是接納我做朋友，我會引導你走一條最快樂最容易的道路，不會有一項逸樂品嚐不到，並且過著不用經歷

24　困難的生活。首先，你不必操心戰爭和煩惱事，只是這樣過日子：考慮能夠找到怎樣的可口食物和飲料；能夠怎樣盡視聽之樂；嗅到甚麼和接觸到甚麼，或者跟怎樣的愛侶在一起最是悅樂；怎樣睡眠最舒暢；怎

25　樣最不勞苦而獲得所有這些。如果有時心有所疑，好像缺乏求取這些享受的方法，你不必害怕我會讓你在肉體上和精神上痛苦和困擾，然後帶引你取得這些。你可享用別人勞作的成果，不必規避任何可以從中獲得好處的東西，因為我授權跟隨我的人在任何地方自私自利。』

26　　「伊拉克里聽了這番話，說：『婦人，你叫甚麼名字？』

　　「她說：『朋友們叫我做幸福，討厭我的人詆譭我，叫我做邪惡。』

27　　「這時另外一個婦人走過來說：『伊拉克里，我來你這裏，我知道你的雙親，從你的教養中深刻觀察了你的本性。我希望如果你沿著朝

向我的道路前進，你會成為美好和高尚工作的十分出色從事者；而由於你的出色表現，我顯得更值得尊重、更有光采。我不會拿逸樂的浮詞欺騙你，只會如實說明事情的真相，一如神祇安排的那樣。各項完 28
善和美好的事物，沒有一項神祇不藉勞苦和用心賜給人類的。你想神眷顧你，一定要祭祀；你想朋友喜歡你，一定要加惠朋友；你切望受城邦尊重，一定要給城邦帶來利益；你爭取全希臘讚美你的德行，一定要嘗試對希臘做好事；你想土地長出豐盛的收成，一定要照料土地；你認為必須從牲畜致富，一定要照管牲畜；你急於要通過戰爭擴展力量，同時希望能夠解放朋友和挫敗敵人，一定要向名家學習戰爭技藝，同時實習應該怎樣使用；你想軀體強壯，一定要習慣使軀體服從心靈，還要連同勞苦和汗水從事鍛鍊。』

「根據波羅迪柯敘述，邪惡這時插嘴說：『伊拉克里，這個婦人對 29
你解說的通向逸樂的道路多麼困難和長遠，你看到了沒有？我帶引你通向幸福的道路既容易又短。』

「於是德行說：『壞東西，你有甚麼好？你懂得甚麼快樂，你不想 30
為這個去做任何事情。你甚至對快樂的期望也不等待。在期望之前，你已經拿一切去填滿自己：還沒有餓，你吃了；還沒有渴，你喝了；為了吃得舒服，你講究烹調技藝；為了飲得舒服，你弄來上價美酒，夏天時四處奔跑尋找冰塊；為了睡得舒服，你不但鋪設了柔軟的墊褥，還安裝了牀和牀腳；你想睡覺，不是因為乏累，而是因為沒有甚麼事情可做；還沒有肉慾的需求，便強行挑起，使用各種手段，把男人像婦人般看待。因為你這樣子訓練你的朋友：晚上挑撥他們，白 31
天最有用的時刻讓他們睡覺。你雖然不死，可是受眾神所鄙棄，受好人所輕視。你聽不到最美好的聲音──別人對你的讚頌──也看不見最美好的景象，因為你從來見不到一件自己幹的好事情。你說話誰

會相信？你有需求誰會支助？或者哪個有頭腦的人膽敢成為你圈子裏的一員？你圈子裏的人年輕時身體屢弱，年老時心智糊塗。年輕時不任勞作，充塞脂膏，老來辛苦度日，乾瘦污穢，對過去所作所為感到羞恥，對目前的工作覺得沉重；因為年輕時代享樂過日，困難都積存到年老時期來。

32　　「『我則跟神祇和好人結在一起。任何美好的工作，不管是神祇的或人類的，沒有我就不能完成。我受到神祇和適宜推尊我的人類所特別推重。對於藝人我是可親的合作者，對於屋主我是忠心的守護者，對於奴隸我是好心腸的伴侶。我是和平工作的參與者，自然也是戰事中的盟友和友誼的最好聯繫人。我的朋友會覺得愉快，同時安然

33　　享受食物和飲料；因為他們忍耐，直至對這個有所需求。睡眠對他們比對遊手好閒的人更見甜美；不過放棄睡眠，也不覺得可惜；也不會為了睡眠便拋下必須要做的事。青年人受老年人讚許而歡喜；老年人受青年人尊重而開心。他們愉快地記憶起往日的作為，高興目前的工作做得好。通過了我，他們得到神祇的好感、朋友的愛戴和邦國的尊重。到了注定的終點時，他們不會寂然躺下，遭人遺忘，而是受人記憶歌頌，永久流芳。

　　「『伊拉克里，你這高貴父母的兒子，如果這樣子刻苦從事，便能夠獲得最可祝賀的幸福了。』

34　　「波羅迪柯大概這樣子敘述伊拉克里受德行的指導，不過比我現在用上更多華美的詞藻來修飾他的意見。阿里士底邑波，記住了這些，不妨嘗試關注日後生活中的各項事情。」

〔二〕

本章大意

蘇格拉底長了生母親的氣，蘇格拉底向他說明尊敬父母的道理：受人恩惠，應當回報。父母給兒女的恩惠最大，而做母親的對兒子嚴厲，不是懷著壞心腸，所以兒子應加敬重。不關懷父母的人，城邦會對他施加懲罰的。

蘇格拉底有一回注意到他的大兒子藍波維克里生母親的氣，説：「孩子，告訴我，你知道有些被稱為負恩之輩嗎？」年青人説：「當然知道。」

「人們幹了些甚麼得到這個名稱，你清楚知道嗎？」

他説：「知道。受人恩惠的人，能夠報答而不報答，稱為負恩之輩。」

「那麼你認為可以把負恩之輩列為不義之徒？」

他説：「可以。」

「你可有想過：就像賣朋友為奴隸被看成不義、賣敵人為奴隸被看成合理那樣，是否對朋友負恩就是不義，對敵人負恩就是合理？」 2

他説：「自然想過。我覺得一個人受了恩惠，不管是朋友的還是敵人的，倘使不設法回報，就是不義。」

「要是這樣，負恩可不就是明顯的不義？」 3

他同意。

「那麼一個人受恩惠越大而不回報，不義的程度越深？」

這點他同意。

蘇格拉底説：「我們能夠找出甚麼人接受別人的恩惠，比得上孩子接受父母的恩惠那麼大？父母生孩子，孩子從無到有，見到這麼多

美麗的和分享這麼多美好的神祇賜給人類的東西。這些東西我們認為
價值超過一切，所有人儘量避免失去。城邦對嚴重罪行判處死刑，認
為不能用更大懲罰的威嚇去制止不義。

4　　「你別以為人們為了肉慾生孩子，因為街道上屋子裏¹⁵滿是消解
這個的機會。清清楚楚，我們要研究哪一種女人能夠給我們生育最好
5　的嬰兒，我們便跟她們結合，生養孩子。男人供養為他生孩子的妻
子，為將來出生的孩子準備他認為對他們生活有好處的一切，同時盡
可能準備得最充分。婦人接受了，懷著重載，身心乏累，同時冒著生
命的危險，分出部分她賴以維生的食物。這樣受過許多痛苦，生出孩
子了，於是哺育和照料。她事前從嬰孩那裏沒有享到任何好處；嬰孩
根本不知道誰人對他施恩，也沒法表示需要甚麼。她推想有益的和開
心的事，便嘗試做出來。她長年累月、日日夜夜不辭勞苦哺育孩
子，卻不知道是否得到勞苦的一些回報。

6　　「還不僅僅是哺育。當孩子顯示有學習能力的時候，父母便會對
孩子教導他們知道的對人生有好處的東西。一些事物他們認為別人更
有辦法教導，便花錢送孩子到別人那裏去。還用盡方法栽培，要他們
的孩子盡可能成為完美的人。」

7　　年青人對這番話回答說：「就算她做過這些，甚至超出了這些許
多倍，可是她的脾氣實在沒有人能忍受¹⁶。」

　　蘇格拉底說：「你認為哪一種更難忍受：野獸的兇蠻還是母親的
兇蠻？」

　　他說：「我認為是母親的兇蠻，起碼是這類的母親。」

15　指妓女。
16　蘇格拉底的妻子克山堤邑比傳說是有名脾氣壞的人，古代作家像布魯塔爾賀
　　等均有提及。

「她可曾口咬腳踢虐待過你，像許多人從野獸身上吃過的那樣苦頭？」

他說：「不過真的，她說一些一個人整輩子也不希望聽到的話。」 8

蘇格拉底說：「你可知道從孩子開始，日夜吵鬧不安分，給她多少〔難以忍受的〕麻煩？你生病時，又給她多少擔憂？」

他說：「我可從來沒有說過她感到羞恥的話，做過她感到羞恥的事。」

蘇格拉底說：「怎樣？你覺得聽她的話比演員在悲劇中聽到彼此 9 所說的最難聽的話還不好受麼？」

「我認為演員處之泰然，因為他們不會認為在說話的人當中，指責別人的為了中傷對方而指責，威嚇別人的為了做壞事而威嚇。」

「你明明知道你母親對你說話，不僅存心不壞，而且還希望你比甚麼人都好；可是你生氣了？或者你認為你母親對你居心不良？」

他說：「絕不，我不認為這樣。」

於是蘇格拉底說：「她對你一番好意。你生了病，她盡力照料， 10 使你康復，使你沒有一項必需品有所短缺；此外她祈求神祇大量降福給你，還向神祇還願；你竟認為她難以忍受？我認為：如果你不能忍受這樣的母親，也就不能忍受美好的事物。」蘇格拉底繼續說：「告訴 11 我，你認為還有別的人必須尊敬？或者你準備試圖不喜歡任何人了，連將領或其他領導人物也不聽信了？」

「啊，要尊敬的。」

蘇格拉底說：「那麼你想鄰人對你有好感麼：你需要生火，他給 12 你點火；你謀求好處，他跟你合作；你碰到挫折，他在近旁好心幫助？」

他說：「想的。」

「怎麼樣？一個跟你旅行的人，或者一個跟你同船的人，或者任何一個你碰上的人，你根本不理會跟他成為朋友或者敵人，還是認為必須注意到他們對你的好感？」

他說：「我認為必須。」

13　「那麼你準備關心這些人，卻認為不必關懷比誰都愛你的母親？你難道不知道城邦既不關心也不審判其他負恩的行為，對受惠不報的人視而不見；可是一個人如果不關懷父母，城邦會繩之於法，對他加以否定，不讓他掌權，認為他代表城邦奉獻不會虔誠，也不會對別的事情處理得恰當和公正[17]？還有，真的，要是誰不修整他死去的父母的墳墓，城邦在審查執政人物時，這點也要考察的。

14　「孩子，如果在某些方面對母親照拂不到，有頭腦的話，便要懇求神祇寬恕，別讓神祇認為你負恩，不願意助佑你。同時還要注意別人，別讓他們覺得你不照拂父母，全體對你輕視，於是你便孤獨無友了。因為如果人們注意到你對父母負恩，便沒有人相信給了你好處以後，會得到報答的。」

17　梭倫（公元前640–559），雅典統治者，他制定的法律當中，允許市民指控苛待父母的人，同時訂明苛待父母者不得參與公務。

〔三〕

本章大意

赫列方和赫列克拉底是兩兄弟　有　回爭吵起來，不相理睬。蘇格拉底向赫列克拉底解釋兄弟友愛的重要性，鼓勵他採取主動跟兄弟修好。

赫列方和赫列克拉底是兩兄弟，跟蘇格拉底稔熟。有一回蘇格拉底聽到他們爭吵起來，見到赫列克拉底便說：「赫列克拉底，你說，你肯定不是那些認為錢財比兄弟還有用的人吧？錢財屬無知之物，兄弟是有理性的人；錢財需要照料，兄弟能夠幫忙；還有錢財數量很多，兄弟只有一個。如果一個人佔不到兄弟的產業，於是認為兄弟有妨害；另一方面，得不到市民的產業，又不認為市民有妨害；這是使人驚異的。不過在這裏人們一方面可以考慮：跟許多人住在一起，穩穩當當保有足用的東西，要比一個人單獨過活，佔有市民所有的產業，然而不免危機四伏要好得多；另一方面說到兄弟的問題時，同樣的考慮倒忽略了。有能力的人購買奴隸做幫工，需要幫手而結交朋友，可是對兄弟棄置不顧；好像市民才能成為朋友，兄弟就不能夠的樣子。其實由相同爹娘生出來的人，一起受哺養的人，最容易相親相愛；甚至野獸對一起受哺養的也產生某種的感情。此外，人們尊敬有兄弟的人比沒有兄弟的人多些，指責少些。」

赫列克拉底說：「蘇格拉底，倘使分歧不嚴重，也許必須對兄弟容忍，不要為了小事而決絕。兄弟真是像兄弟，那正如你所說的，難能可貴；可是當缺乏一切的特點[18]，只有一切特點的絕對相反面時，幹嗎一個人要嘗試不可能的事？」

---

18 兄弟間關係的特點。

6　　　　蘇格拉底說：「赫列克拉底，赫列方沒法子叫任何人喜歡他，就像沒法子叫你喜歡他一樣；還是有一些人也喜歡他？」

　　　　赫列克拉底說：「蘇格拉底，就是因為這個我該恨他。他能夠叫其他人喜歡他，可是無論在哪裏出現，他的一言一行，總是對我害多利少。」

7　　　　蘇格拉底說：「好像馬匹對不懂馬而試圖支使馬的人有害處，兄弟也是這樣：一個不了解兄弟的人試圖支使兄弟，也有害處？」

8　　　　赫列克拉底說：「說我好話的人，我知道回說好話；給我做好事的人，我知道回做好事；我怎麼會不知道怎樣支使兄弟？至於試圖用言語或行動來困擾我的人，我不能給他說好話做好事的，我也不去嘗試。」

9　　　　蘇格拉底說：「赫列克拉底，你說的真怪。要是一隻給你看羊的狗很能幹，對牧人也友善，可是你一走近牠，牠便發怒。這時你會不計較牠的惡意，還是好好對牠，試圖撫慰牠。至於兄弟，你說如果他恰如其分對你，十分可貴；你又承認曉得做好事說好話，可是不去想個辦法，讓他成為對你最好的人。」

10　　　　赫列克拉底說：「蘇格拉底，我恐怕沒有這麼聰明，使得赫列方恰如其分地對我。」

　　　　蘇格拉底說：「我看對他不必花心思去想，不要對他用複雜的和新穎的方法。我認為使用你熟悉的方法，便可以獲得他極大的好感。」

11　　　　赫列克拉底說：「快說，你可是覺得我知道一些連我自己也記不起來的法力。」

　　　　蘇格拉底說：「告訴我，如果你想得到一個正在獻祭的熟人請你吃晚飯，你怎樣做？」

　　　　「明顯得很，我獻祭時首先邀請他。」

「你出門到外地，如果想勸說一位朋友照料你的事情，你怎樣做？」　12

「顯然他出門到外地時我要首先照料他的事情。」

「如果你到一個城邦作客，希望那裏的一名居民招待你，你怎　13
樣做？」

「顯然當他來雅典時，我首先招待他。我因事到他的城邦去，倘使我希望他樂意為我的事情出力，顯然我必須首先為他做同樣的事情。」

「其實你老早已經知道了存在眾人之間的法力，只是隱藏起來。」　14
蘇格拉底繼續說：「或者你害怕首先採取行動，覺得要是先行向兄弟示好，顯得可恥？可是一個首先趕及打擊敵人、加惠朋友的人似乎最值得稱許。倘使我覺得赫列方比你更適合尋求和解，我會嘗試勸他先行跟你修好；不過目下我認為你主動，事情會幹得好些[19]。」

赫列克拉底說：「蘇格拉底，你的話沒道理。你催促我做弟弟的　15
採取主動，這絕不像你的為人。一般人的看法與此相反：年長的在言行方面要採取主動。」

蘇格拉底說：「怎麼？各地方不是認為年輕人碰見長者要讓路、　16
坐著的要站起來、具備軟牀[20]表示尊敬和不搶先發言？」他繼續說：「朋友，別遲疑了，想法子撫慰他，很快他便會聽你的了。你沒看見他是個怎樣喜歡榮譽和心靈開放的人嗎？壞心腸的小人物，除了給他一點甚麼，再不能用別的方法吸引他；內外美好的人，你對他表示友善，便有收獲。」

19　赫列克拉底是弟弟（見下文），應該首先採取和解的行動。另外柏拉圖《哈爾米第》153B和《蘇格拉底辯詞》21A中都提到赫列方是個衝動的人，所以也許不容易首先低聲下氣和兄弟修好的。

20　軟牀指牀上鋪上軟墊褥。為長者具備軟牀表示尊敬，是從古以來的習尚，荷馬《伊利亞特》9卷658–659行已見提及。

17　　　　赫列克拉底說：「我這樣做了，如果他沒有一點兒轉好呢？」

　　　　蘇格拉底說：「這除了你毅然表示自己是個可取和友愛的人，而他則是個鄙劣和不值得客氣對待的人外，還有甚麼？不過我認為不會這樣。我看當他了解你在這項比賽中向他挑戰，他好勝心切，便會在

18　　言語和行動上示好，求取勝你一籌。」他繼續說：「目前你們的情況就像兩隻手。神祇創造兩手，希望互相幫助；兩手忽視了這一點，轉而互相妨擾。或者就像兩隻天生的腳，原本互相合作；但兩腳不理會這

19　　一點，互相阻礙。我們把有好處的創造物用成有害的東西，不是十分愚昧和不幸麼？真的，我看神祇創造兄弟，賦予彼此的好處，要比手、腳、眼睛和其他附在人身上成雙成對的器官的好處大。因為如果需要兩手同時做相距超過一『奧爾伊以亞』[21]的事，兩手無能為力的。兩腳不能同時到達相距一『奧爾伊以亞』之處。眼睛似乎望得很遠，也不能夠同時看見一『奧爾伊以亞』以內前面和後面的東西。兄弟如果友愛，儘管相隔很遠，還是能夠為了利益合作互助的。」

21　奧爾伊以亞是長度單位，本指兩手水平方向左右分開，由一隻手的中指尖橫過胸口到另一手中指尖的長度。約合 1.83 公尺。

〔四〕

本章大意　蘇格拉底談論朋友的價值，説多數人只管用心謀取財物，全个留意結識朋友。實則朋友比財物有用得多，有價值得多。

我有一回聽到他談論朋友的問題。我覺得他的話對結交朋友和使用朋友很有幫助。他説從許多人那裏聽到：一切擁有物中最好的是坦率真誠的朋友。可是他看到許多人卻諸般關心其他方面而不關心結識朋友。他説看到人們用心用力去謀取房屋、田地、奴隸、牲畜和器具，設法保持所有；至於口中所稱最可寶貴的朋友，大多數人既不著意去結交，又不著意保持原有的關係。朋友和奴隸都生病時，他説看到一些人給奴隸找醫生，同時小心提供康復的方法；對於朋友則漠然不管。當兩者死亡時，對奴隸之死感到悲傷，認為有所損失；而朋友之死，則認為絲毫無損。其他的財物，沒有不一一照管和查察的，應該關心的朋友反而疏忽不顧。

此外，他説還看到許多有其他財物的人，儘管財物極多，還是知道數量的；至於本來為數不多的朋友，他們不但弄不清楚數目，並且在向詢問者嘗試點數時，還把一些本來算作朋友的人剔去。他們是這麼的多多關心朋友！

可是一個好朋友跟甚麼財物比較之下，會顯得不十分可取？甚麼馬或甚麼牛會像一個好朋友那麼有用？甚麼奴隸會這麼善意和可靠？或者甚麼財物會這麼絕對方便使用？無論在私人生活或公共活動中，一個好朋友會置身於朋友有所欠缺之處。如果朋友需要給別人好處，他支持；如果朋友受驚嚇，他幫忙。有時共同出錢，有時共同出

力，有時共同勸説，有時使用強力。朋友成功，他大大高興；朋友犯
錯誤，他多方糾正。凡是兩手替每個人服務得到的，兩眼替每個人遠
遠見到的，兩耳替每個人遠遠聽到的，兩腳替每個人完成的，一個有
益的朋友沒有一項做不來。許多時候一些事情，一個人沒有替自己
做，或者見不到，或者聽不到，或者沒有完成，朋友會為他做得妥
當。一些人為了果子嘗試護理樹木，可是對於稱作朋友的那種最具生
產力的擁有物，多數愛理不理，不很著緊。

〔五〕

本章大意　蘇格拉底對安堤西典尼談及一個人要自我省察，看看自己對朋友有多少價值。

有一回我聽到他另一番話，我覺得這番話能激發起聽者自我省
察，看看自己對朋友有多少價值。他看到一個從遊者不理會受貧困侵
迫的朋友，於是在這個不理會他人的人和其他許多人面前問安堤西典
尼[22]説：「安堤西典尼，朋友可是像奴隸一樣，有種種價格麼？因為某
個奴隸大概值兩摩那，某個連半摩那也不值，某個值五摩那，某個甚
至值十摩那。據説尼基拉多的兒子尼基亞[23]用一個打蘭頓買了一個監

22　安堤西典尼（約公元前455–360），雅典人，蘇格拉底崇拜者之一。蘇格拉底
　　死後，他在雅典城外設立學校，主張排拒物欲，學生很多。

23　尼基亞生於公元前470年左右，雅典將領。公元前431年，他率領的軍隊為
　　西拉古謝人所敗，被俘處死。他家境富裕，在拉烏銳昂擁有銀礦場，用
　　1,000名奴隸工作。

管銀礦場的人。我這樣考慮：是否像奴隸那樣，朋友也有價格的？」

安堤西典尼說：「真的，我倒想某個人成為我的朋友，寧願不要兩 3
個摩那；某個人我連半個摩那也不願花；某個人我寧願付出十個摩那；
某個人我會用上所有的金錢、不計勞苦去購買，要他成為我的朋友。」

蘇格底說：「要是這樣，一個人最好自我省察，看看自己對朋友 4
會有多少價值，同時試圖使自己有最大的價值，使得朋友極少捨棄
他。因為我許多時候聽某人說朋友捨棄他，某人說一個他認為是朋友 5
的人寧可喜歡一個摩那而不喜歡他。諸如此類的事，我想，也許就像
一個人出售狡詐的奴隸，甚麼價錢都脫手；同樣出售狡詐的朋友，能
夠獲得比他更大的價值，也會動心放手的。不過我不常見人們出售有
用的奴隸，也不常見人們捨棄好朋友。」

〔六〕

本章大意	一、蘇格拉底跟克里多戶羅討論要跟怎樣的人交朋友；怎樣考查對方是否合適以及交友之法。二、壞人不能跟好人做朋友，理論上好人跟好人可以結交，但實際上好人之間常有爭吵攻擊的情況，這點使克里多戶羅感到沮喪。蘇格拉底承認好人之間互相非難攻擊的事實，但相信他們能夠調協，友誼總會在他們之間存在。三、蘇格拉底願意給克里多戶羅介紹朋友，並替他設想結交的方法。

我覺得他以下一番話，對於考查哪一類朋友值得結交，很有指導
作用。他說：「克里多戶羅，告訴我，如果我們需要好朋友，該怎樣
進行觀察？首先可不是要找一個對食物、飲品、淫逸、睡眠和怠惰都

能夠自我控制的人？因為一個受這些操縱的人不能夠對自己或朋友做出應該做的事。」

克里多戶羅說：「當然不能夠。」

「那麼你認為要對一個受這些控制的人疏遠？」

克里多戶羅說：「自然。」

2　　他說：「一個揮霍無度、自給自足不了、經常要依靠旁人的人；一個借到了錢無法償還，借不到錢便憎恨不借錢給他的人；這樣的人，你不認為是壞朋友麼？」

克里多戶羅說：「當然是。」

「那麼也要疏遠他麼？」

克里多戶羅說：「非疏遠不可。」

3　　「一個有辦法賺錢的人，貪婪求財，因此跟別人不容易相處；他喜歡收取，不想付出；這樣的人怎樣？」

克里多戶羅說：「我看這個人比先前那一個更壞。」

4　　「一個人喜愛賺錢，除了哪兒可以發財外，別的事一件都沒空幹，這樣的人呢？」

「我看要疏遠他。他對跟他有友誼關係的人沒有好處。」

「製造事端、要給朋友帶來許多敵人的人呢？」

「啊，宙斯！要疏遠他。」

「如果一個人沒有這些缺點，可是只受恩惠，從不考慮報答呢？」

「這個人對朋友也沒有好處。蘇格拉底，我們要跟怎樣的人交朋友呢？」

5　　「我認為是這樣的人：跟上述各點相反，能夠在肉體的享受上自己把持，是個好同居，容易相處，對加惠自己的人講求極力回報，以免有所拖欠；這樣便給有友誼關係的人帶來好處。」

「蘇格拉底，結交朋友之前，怎能考查出這些呢？」　　　　6

蘇格拉底說：「我們考查雕塑家的時候，不是根據他們的言辭作出判斷，而是看某個人從前的雕像要是造得好，我們便相信他會成功塑出其他的雕像。」

克里多戶羅說：「你說一個人看來要是對從前的朋友好，肯定對　　7
以後的朋友有益？」

他說：「對。因為我看到一個人對從前的馬匹好，我認為他對其他的馬匹也會好的。」

克里多戶羅說：「很好。一個我們認為值得交朋友的人，我們需　　8
要怎樣去結交他？」

他說：「首先必須查察一下神祇的意向，是否勸喻我們結交他做朋友。」

克里多戶羅說：「要是我們認為他合適，神祇也不反對他，你能夠說該怎樣獵取他麼？」

他說：「我們不像獵取野兔一樣，用兩條腿；也不像獵取鳥兒一　　9
樣，使用詭計；也不像獵取敵人一樣，使用暴力。因為抓一個心中不願意的人做朋友，那是麻煩的事。或者把他拘禁捆綁，當成奴隸一樣，也是徒勞無功的。吃這般苦的人變為敵人比變為朋友的成分居多。」

克里多戶羅說：「怎樣成為朋友呢？」

「一些人說有一些魔曲，懂得魔曲的人想對誰唱，就會這些人結成　　10
朋友。還有一些法術，懂得法術的人想對誰施用，便會被對方喜愛。」

克里多戶羅說：「我們從哪裏學到這些？」　　　　　　　　　11

「你從荷馬那裏聽過西伶[24]對奧第謝夫唱的歌了，開頭大概這樣：

過來，備受讚頌的奧第謝夫、希臘人莫大的光榮[25]。」

克里多戶羅說：「蘇格拉底、西伶對其他人也唱這首歌挽留他們，使得受歌聲迷醉的人不離開身邊？」

12

「不是。她們只對那些以德行自高的人唱。」

「你大概説一個人必須對每個人唱一些聽者聽了也不覺得讚頌的人在揶揄取笑的歌，是嗎？」

「如果一個人明知自己個子矮小、容貌醜陋、身體衰弱，別人偏稱讚他容貌好看、個子高大、身體強壯，這樣子他便會懷有敵意和疏離他人了。」

「你懂得別的魔曲嗎？」

13

「不懂得。不過聽説貝利克里懂得許多。他常常對城邦唱，令城邦喜愛他。」

「帖米西多克里[26]怎樣令城邦喜愛他？」

「噢，他不唱歌，而是給城邦一些好處。」

14

「蘇格拉底，我覺得你想説：我們要想獲得好朋友，自己在言語和行為方面也必須良好。」

蘇格拉底説：「你認為一個壞人能夠獲得好朋友？」

15

克里多戶羅說：「不錯，我見過平庸的演講者成為超卓演説家的朋友，低能的將領成為高明軍事家的朋友。」

24　西伶，神話裏女性形體的精怪，居住在西西里和意大利半島間海峽的巖石內。她們歌聲甜美悦耳，航海經過的人聽了，便迷迷糊糊的忘記了家鄉、家人子女而被吸引住，最後被西伶吃掉。

25　《奧德賽》12卷184行。

26　帖米西多克里（公元前528–462）是公元前480年領導雅典人擊退波斯入侵軍隊的主要人物。戰後他重建雅典城牆，發展軍事力量，使得雅典能和斯巴達抗衡。他後來逃亡到波斯，在那裏逝世。

蘇格拉底說：「回到我們談論的話題。你知道有些沒用的人可以結交有用的朋友嗎？」 16

克里多戶羅說：「完全不知道。不過要是壞人不能夠獲得內外美好的朋友，我會這麼想：一個人變成內外美好以後，是否立刻為其他內外美好的人的朋友。」

「克里多戶羅，使你困擾的是：許多時候你見到一些行為良好、遠離邪僻的人，彼此不是朋友，而且互相爭吵攻擊；關係之壞，比不足掛齒的人更甚。」 17

克里多戶羅說：「不僅個人這樣表現，就是特別注重美好和極少傾向邪僻的城邦，許多時候也互相敵視。我想到這些，便對結交朋友十分提不起興致。我也看不出壞人彼此能成為朋友。因為忘恩負義、漫不經心、貪得無厭、不可信任和無法自制之輩，怎能成為朋友？我看壞人大抵天生彼此成為敵人的多，成為朋友的少。還有，正如你所說，壞人絕不會跟好人調協成為朋友的。做壞事的人怎能跟討厭壞事的人做朋友？倘使踐履德行的人為了在城邦中爭長，於是互相吵鬧攻擊，同時由於嫉妒而彼此仇恨，那麼還有誰是朋友？在甚麼人那裏才有善意和信心？」 18 19 20

蘇格拉底說：「克里多戶羅，這些問題很複雜。一方面人類天生傾向友誼。他們彼此需要，彼此憐惜，合作互利，同時了解到這點，於是互相感激。另一方面人類又天生傾向敵視。因為他們同樣認為美好和快樂的事情，仍然要為這些事情爭鬥。大家意見分歧，互相非難。爭執和憤怒引致戰爭，貪婪引致敵意，嫉妒引致憎恨。不過友誼總能穿過所有這些，把內外美好的人連繫起來。這些人因為具備德行，喜歡不太費力獲得有限量的東西，而不願意通過戰爭支配一切。他們儘管飢渴，也能夠跟別人分享穀物和飲料，沒有悵惜之 21 22

意；他們雖然感到跟年青貌美的人肉體接觸的快樂，卻是把持得住，
以免對不合適的人幹出遺憾的事。他們排拒貪念，不但能合法地跟別
人分享錢財，還能互相支助。他們能解決爭執，不但做到沒有遺
憾，還能彼此有利。他們還壓抑憤怒，不使走過了頭，以免後悔。

他們完全掃除嫉妒，推讓自己的產業給朋友，也把朋友的產業看
成自己的。這樣，內外美好的人怎會不自然是：不但不是妨害城邦聲
譽的人，還是互相提供好處的人？那些渴望在城邦受到尊敬、進行統
治的人，為了獲得統治權力，於是偷竊金錢、威迫群眾、生活放逸。
他們是不法之徒和奸狡之輩；沒有能力跟別人調協的。假使一個人為
了不受誣枉和能夠依據道義幫助朋友，希望在城邦中受到尊重；同時
一旦掌權，便試圖給邦國做點好事；這樣的人，為甚麼不能夠跟別的
同樣的人調協？他跟好人在一起，會給朋友較小的好處麼？還是有了
好人成為合作者，他造福城邦的能力便減弱些了？體育比賽中表現得
很清楚：如果允許好的選手一起對抗差的選手，前者會贏得所有的比
賽，拿到所有的獎品。這樣做誠然不容許，不過在政治比賽中，在內
外美好的人居優勢的情況下，一個人想跟誰一起造福城邦，沒有人會
阻撓的。這樣一個人得到最好的人作為朋友，把他們當成活動的同夥
和合作人而不是當作對手，從事政治，怎麼沒有好處呢？還有以下的
事也很清楚：如果一個人攻擊某人，他需要聯手人；要是他反對的是
好人，聯手人要更多。聯手人必須獲得好處，才能衷誠合作。向為
數不多的好人提供好處遠比向數目眾多的壞人提供好處有利，因為壞
人比好人索求的好處要多得多。」

蘇格拉底繼續說：「克里多戶羅，鼓起勇氣吧，嘗試做個好人。
成為好人以後，嘗試獵取內外美好的人。在獵取內外美好的人方
面，也許我本人在某些地方可以幫你的忙，因為我是個有愛心的人。

要是我渴望結交那些人，便全心全意去愛他們，好使他們愛我；關切他們，好使他們關切我；希望跟他們結伴，好使他們希望跟我作伴。我看到當你希望跟人交朋友時，也有這方面的需求。你想跟那些人做朋友，別隱瞞我。由於我在讓喜歡我的人對我生好感這方面用心，我相信自己並不欠缺獵取別人的經驗。」 29

克里多戶羅說：「蘇格拉底，真的，長久以來我便渴望著這樣的學問，特別渴望知道同樣的知識是否足以使我獵取靈魂完善、身體美好的人。」 30

蘇格拉底說：「克里多戶羅，我的知識不能辦到一伸手便把美貌的人留下來。我相信人們正因此而離開西基里[27]。至於西伶，不向一人伸手，只在遠處向所有人唱歌；據說所有人都停步傾聽，受到迷惑。」 31

克里多戶羅說：「要是你對交納朋友有甚麼寶貴意見，請指教，我看自己不會伸手的。」 32

蘇格拉底說：「也不伸嘴唇到對方的嘴唇上嗎？」

克里多戶羅說：「放心。如果不是漂亮的人，我不會向誰伸嘴唇過去的。」

蘇格拉底說：「克里多戶羅，你立刻說到利益的反面去了。漂亮的人不會忍受這種事情的；只有醜陋的人以為由於靈魂的可取被人稱為漂亮，才欣然接納。」

克里多戶羅說：「要說我會親吻漂亮的人，那我會更溫柔地親吻品格完美的人。請就獵取朋友這方面儘量指教。」 33

蘇格拉底說：「克里多戶羅，當你想成為某人的朋友時，你允許我向他逐一指出你讚美他和渴望成為他的朋友嗎？」

27　海怪，住在巖洞之中。據荷馬記載（《奧德賽》12卷89–90行），他有12條腿、6條長喉管。西基里沒有正式的手，所以不能伸出招引人留下來。

克里多戶羅説：「逐一指出好了，因為我還不知道有哪一個人憎惡稱頌他的人的。」

34 　　蘇格拉底説：「如果我再逐一指出，由於你讚美他，你對他心存好感，這樣你可認為我造謠中傷你？」

克里多戶羅説：「不，要是我覺得別人對我心懷善意，我也會對他生出好感的。」

35 　　蘇格拉底説：「既然這樣，那讓我向那些你想交朋友的人提及你吧。如果你再給我權力，讓我説你會關懷朋友；喜歡朋友超過任何東西；對朋友良好作為所表示的高興，不會低過對自己良好作為所表示的；喜歡朋友的優點不會少過喜歡自己的；孜孜不倦地想辦法讓朋友獲得優點；明白男子漢的德行就是在加惠朋友、打擊敵人方面勝過別人；這樣子我認為在共同獵取好朋友方面，我對你十分有用。」

36 　　克里多戶羅説：「為甚麼對我這樣説，好像你不可以想怎麼説我就怎麼説似的。」

蘇格拉底説：「噢，不可以。有一回我聽阿士芭絲亞[28]説過：好的媒婆老老實實回報雙方的優點，能夠撮合婚姻；她們不想説假話胡亂稱讚，因為受騙的人會互相憎厭，連媒婆也憎厭上的。這番話很對，對我有説服力。我認為不能允許自己説一些不真實的話稱讚你的。」

37 　　克里多戶羅説：「蘇格拉底，你是這樣的一個朋友：如果我有一些交納朋友的本事時，你會扶助我；倘使沒有本事，你便不願意憑空杜撰説出對我有利的話。」

28　阿士芭絲亞，貝利克里妻子，雅典名女人。她漂亮，有知識，為人活躍。貝利克里死後再嫁。

　　蘇格拉底説：「克里多戶羅，我説假話稱讚你，或者勸説你嘗試做好人，哪一種你認為對你更有利？這個要是你不明白，想想下面的事例：倘使我希望你跟某一船主做朋友，我説話稱讚你，説你是個擅長管理船隻的人；對方相信我，把船交給你這個不懂管理的人，你可曾動念自己本身和船隻不致毀滅麼？或者你謊稱你是個軍事、法律和政治的人才，公開勸説城邦把全城託付給你，你看自己本人和城邦會從你那裏吃到甚麼苦果？或者我謊稱你是個管家和經理的長才，私下勸説一些市民委託你處理他們的產業。只是當你接受考驗時，你不會有損於人，並且成為笑柄麼？克里多戶羅，最短、最安全、最好的道路是：你希望人們認為你在某件事情上很好，首先嘗試做好這件事；人類之間稱為本事的種種，你考察一下，會發現全部通過學習和研習而提高。克里多戶羅，我認為我們必須這樣做。要是你有別的意見，請指點。」

　　克里多戶羅説：「蘇格拉底，要是反對這個，我會覺得羞恥。就是説出來，也不可取和不真實的。」

〔七〕

本章大意

阿里士塔爾賀家裏來了許多避難的女性親戚，經濟發生了問題。蘇格拉底根據實際環境分析，告訴阿里士塔爾賀可以安排這些自由婦女幹她們熟悉的事——紡織，終於解決了困難。

朋友出於愚昧引致經濟上的困難，蘇格拉底會嘗試提供補救的意見；由於貧困引致的話，他會指點朋友互相量力幫助。我所知道有關他在這方面的事情，下面加以敘述。

有一回他見到阿里士塔爾賀[29]愁眉苦臉，便説：「阿里士塔爾賀，你似乎心事重重。你必須把重擔分給朋友，我們也許能減輕你一點負擔的。」

2　　阿里士塔爾賀説：「蘇格拉底，我真的碰到很大的困難。自從城邦發生動亂，許多人跑到比列埃塢[30]來。跑來我這裏的逃難姊妹、姪女和堂姊妹，人數很多，家裏足足有14個自由人。敵人佔據了田地，我們從田地裏收不到甚麼；房子也收不到租，因為城裏人很少。沒有人買家具，借貸無門，我看在街上求乞比向別人借貸還要容易些得到金錢。蘇格拉底，眼看親戚們陷於絕境，卻又無法在這種情況下養活這許多人，實在是痛苦的事。」

3　　蘇格拉底聽了這些話，説：「蓋拉蒙[31]供養許多人，不但有能力

29　不詳。

30　比列埃塢，雅典外港。公元前404年，斯巴達人攻佔雅典，扶植三十人執政團，許多雅典人相繼逃奔到當時仍為民主政黨將領帖拉士烏羅控制的比列埃塢去。

31　不詳。

供給自己和這些人生活必需品，而且還有這麼多剩下來，變得富有了；你供養許多人，卻怕生活必需品缺乏，所有的人活不成了，這是怎麼回事？」

阿里士塔爾賀說：「要知道他養奴隸，我養自由人呀。」

他說：「你認為跟著你的自由人好呢，還是跟著蓋拉蒙的奴隸好？」 4

阿里士塔爾賀說：「我認為跟著我的自由人好。」

他說：「他憑藉下一等的人富旺起來，你有許多好人而處於困境，這不是可恥麼？」

阿里士塔爾賀說：「這是事實。因為他養有技藝的人，我養受自由教育的人。」

他說：「有技藝的人是懂得造一些有用東西的人？」 5

阿里士塔爾賀說：「不錯。」

「大麥粉不是有用麼？」

「十分有用。」

「麵包怎樣？」

「用處不會少過。」

他說：「外袍——男子和婦女的——襯衣、外襖、背心[32]怎麼樣？」

阿里士塔爾賀說：「所有這些十分有用。」

他說：「那麼跟著你的人甚麼也不會做嗎？」

32　四種衣服是有分別的。外袍是穿在最外面的袍子。襯衣通常穿在外袍下面，比外袍短。外襖是外罩的厚衣，通常士兵穿著。背心指沒有袖的男子上衣，通常窮人或奴隸穿。

「我相信全會。」

6　　「你有沒有注意到納夫西基第[33]憑藉其中的一項——製大麥粉
——，不但養活了自己和親戚，還養上許多豬和牛；積蓄這麼多，以
致常常為城邦服務？[34]有沒有注意到基里窩[35]憑藉製麵包供養全家，
而且過著富足的生活？有沒有注意到哥里多區人第蔑亞憑藉製外襖、
緬農憑藉製羊毛大衣、多數默加拉人憑藉製背心維持生計？」

　　阿里士塔爾賀說：「事實如此，因為他們購買外族人，支配這些
人，強迫這些人製造想要的東西；而我只有自由人和親戚。」

7　　蘇格拉底說：「因為她們是自由人和你的親戚，你便認為她們除
了吃飯睡覺以外，必須甚麼也不幹？在其他的自由人中，你看見這樣
生活的人過得好些，並且覺得他們快樂些呢，還是從事他們知道對生
活有用的工作的人好些、快樂些？你是否覺得怠惰和忽視對於人們在
學習應該知道的事物上、在記憶曾經學過的事物上、在身體的健康和
氣力上、在獲得和保有對生活有用的東西上，都有益處；而工作和注
8　　意完全沒有用處嗎？她們學習你說她們懂得的事情，因為那對生活沒
有用處，也不準備從事其中的任何一項而學習呢；還是反過來，認為
要注意這些，會從其中得到好處才學習？人們游手好閒，或者從事有
用的工作；那一樣理智些？人們幹活，或者不做事，心中光想生活必
9　　需品；那一樣正當些？在目前的狀況下，我覺得你不愛她們，她們也
不愛你。你認為她們是你的災星，她們也見到你為了她們的緣故而愁

33　納夫西基第這個人，喜劇家阿里士多芬尼稱他為麴粉商（《議會中的婦女》
　　426行）。

34　雅典城邦政府往往指派富人用自己的財力負責一些公共事務，如訓練歌舞隊
　　之類。

35　基里窩和下面的第蔑亞及緬農，不詳。

眉苦臉。這樣一來，便會產生敵意加大、往日好意減少的危險。要是你促請她們工作，看到她們給你帶來好處，你會愛她們；她們覺察你對她們好感，也會愛你的。你們滿心歡喜地記起往日的照顧，由此增進感激之意，彼此更形友愛，更見親近。當然，倘使她們要幹的是 10
可恥的事，與其這樣，毋寧死了好得多。不過現在她們所懂得的，似乎對婦女最好最合適。所有的人對懂得的工作，做起來會最輕鬆、最快捷、最好、最愉快。」蘇格拉底接著說：「別遲疑了，介紹那些對你和對她都有好處的事情給她們吧，她們可能會高高興興聽你的。」

阿里士塔爾賀說：「啊，神啊！我覺得你說得真好。蘇格拉底， 11
先前我不敢向人借錢，曉得花光到手的錢以後沒法償還；現在為了要辦事的本錢，我想不妨這樣做。」

阿里士塔爾賀終於籌到了本錢，購買羊毛。婦人們吃早飯時工 12
作，做完工作吃晚飯。她們心情舒暢，不再愁眉苦臉；她們歡歡喜喜互相對望，不再側目斜視。她們愛阿里士塔爾賀，把他看成保護人；阿里士塔爾賀也愛她們，把她們看成帶來好處的人。最後他滿心歡喜跑到蘇格拉底那裏去，告訴蘇格拉底一切，另外說婦人們批評他是家裏唯一吃飯不幹活的人。蘇格拉底說：「你沒有對她們講過狗的 13
故事嗎？據說當動物會講話時，一隻綿羊對牠的主人說：『你所作所為真怪。我們供應你毛、肉和乾乳酪，我們除了得到地上的東西外，你甚麼也不給我們；至於那條沒有供應你這類東西的狗，你分給他自己的食物。』狗聽到了這些話，說：『很對，因為我連你們也護 14
衛，不讓你們給人類偷去，也不讓豺狼攫取你們。我要是不保護你們，你們害怕遇害，甚至放牧吃草也不行。』據說群羊也承認狗可以受到優待。你對她們說你取代了狗，成為護衛者和照顧者。由於你的緣故，她們不受任何人侵擾，安全地和快樂地工作過日子。」

〔八〕

本章大意　蘇格拉底勸告老朋友埃夫提羅找一份年老時足以維持生計的工作：去做富人的助手。埃夫提羅表示這便要聽人指揮，很難辦到，蘇格拉底解說一個人很難找到一份不受人責難的工作的。

有一回他見到另一個多年分別的老朋友，說：「埃夫提羅[36]，你從哪裏來的？」

埃夫提羅說：「蘇格拉底，戰爭完結[37]以後我從外地回來，現在我從本城來。因為我們在境外的產業被搶奪光了[38]，而父親又沒有在阿提基遺留下甚麼，我目下只好回來幹些體力工作，賺取生活上的需要。我看這樣比仰仗別人好，再說我也沒有甚麼用來抵押借貸的。」

2　　他說：「你認為自己身體工作賺錢謀生，能夠支持多久？」

埃夫提羅說：「啊，不會很久的。」

他說：「可是你年老時，顯然還需要花費的，卻沒有人願意支付給你體力工作的工資。」

埃夫提羅說：「說得對。」

3　　他說：「你最好從現在起幹些當你年老時足以維持生計的工作。你去一個擁有大量金錢而需要助手共同照顧的人那裏，指揮工作，收集果實，跟他共同看守財產，給了他好處，接受他回報的好處。」

4　　埃夫提羅說：「蘇格拉底，我很難忍受奴役的。」

36　不詳。

37　公元前404年，雅典和斯巴達間的戰爭結束，雅典戰敗，向斯巴達訂立和約。

38　根據和約，雅典人放棄阿提基以外的一切產業。

「可是治理城邦和負責公共事務的人不認為由於這些事實，他們多受奴役。他們認為自己更自由。」

埃夫提羅說：「總之，蘇格拉底，要我聽人指揮，我無論如何不接納。」

5

他說：「埃夫提羅，事實上很不容易找到一份不受人責難的工作的。因為一個人很難做事全不出錯；就算不出錯，也很難不碰到不公正的批評。甚至在你說的目前工作上，我懷疑是否很容易長此下去，不受責難。所以你一定要試試避開喜歡責難人的人，尋求善良的人；有能力做的事情承擔下來，沒有能力做的避免掉；不管做甚麼事，要幹得最好和最具熱心。這樣我看你極少會受到責難；特別在貧困之際，會找到援助；生活過得最輕鬆最安全；年紀老大時，物資也最充足。」

6

〔九〕

本章大意	富人克里頓常常受人騷擾，要破財消災。蘇格拉底推薦阿爾亥第摩給他。他向阿爾亥第摩施恩，阿爾亥第摩感恩圖報，盡心竭力，想辦法給克里頓擺脫麻煩。

我知道有一回蘇格拉底聽到克里頓說一個想做自己事情的人在雅典過活很困難：「一些人要拖我打官司，不是因為受我侵擾，而是因為這些人認為我會避免麻煩，寧願出錢了結。」

蘇格拉底說：「克里頓，告訴我：你有沒有養狗替你趕走豺狼離開羊群？」

2

克里頓說：「當然有。養狗比不養狗對我有利。」

「你怎麼不養一個人，一個願意並且能夠替你趕走企圖侵擾你的不良分子的人？」

3　　克里頓說：「如果不怕他反過來對付我本人，我樂意這樣做。」

蘇格拉底說：「怎麼？你沒見到一個人加惠給一個像你的人比招惹你的憎厭，會更愉快地得到好處麼？你要知道這兒有這樣的人，他們急切謀求跟你交朋友的。」

4　　及後他們找到了阿爾亥第摩[39]。他很能講話和做事，就是窮；因為他不是那種不擇手段去賺取的人。他為人自重。他說過很容易從譖謗者那裏取得金錢。克里頓每次收集穀物、油、酒、羊毛或者其他田裏出產而對生活有用處的東西時，總分一份給他。每次祭祀時，總5　是邀請他。在所有相類的情況下，總對他表示關心。阿爾亥第摩於是把克里頓的房子看成庇護所，對克里頓十分敬重。他很快發現一個譖謗克里頓的人，這人幹了許多不正當的事，敵人很多。他於是指名6　進行公開訴訟，告發這人。訴訟會判決這人要怎樣服刑或罰款。這人深知自己幹了許多壞事，便千方百計要擺脫阿爾亥第摩。阿爾亥第摩不放過他，直至這人不糾纏克里頓，同時給了阿爾亥第摩一筆錢為止。

7　　由於阿爾亥第摩辦了這事和其他相似的事，克里頓許多朋友都請求借他給他們做護衛，就像牧人有一隻好狗，其他的牧人都想在這隻8　狗附近放牧牲畜，以便從狗那裏得到好處一樣。阿爾亥第摩樂意賣人情給克里頓，所以不僅克里頓寧靜無事，連克里頓的朋友也是。討厭阿爾亥第摩的人當中，要是有誰責備他受了克里頓的好處而奉承克里

39　阿爾亥第摩，其他不詳。色諾芬在《希臘史》(1.7.2)提及一個政治活動家，也叫阿爾亥第摩。有人認為二者可能是同一個人。

頓，阿爾亥第摩便說：「一個人受了好人的恩惠，作出回報，同時跟好人結成朋友，跟壞人有所分歧；或者一個人嘗試侵害內外美好的人，成了敵人，同時跟壞人合作，試圖結交，終於跟這些人而不是那些人為友；這兩樁事，哪一樁是可恥的呢？」

由這時起，阿爾亥第摩便成為克里頓朋友之一，受到克里頓其他朋友的尊重。

〔十〕

本章大意	蘇格拉底勸富人第奧多羅救助陷於貧困的埃爾摩演尼，結果埃爾摩演尼盡力給第奧多羅服務。

我知道蘇格拉底跟他的朋友第奧多羅[40]談過話，大概這樣：他說：「第奧多羅，告訴我，要是在你的奴隸中有一個逃跑了，你會用心去找他？」

第奧多羅說：「我還請別人幫忙，懸賞找他。」

他說：「要是在你的奴隸當中有一個病倒了，你會照料他，請大夫看病，不讓他死？」

第奧多羅說：「當然。」

他說：「倘使在你相識的人當中，有一個比奴隸有用得多的，可是由於貧困，正面臨死亡的危險；你不認為值得加以照顧，使他得救麼？你當然知道埃爾摩演尼不是個無動於衷的人。倘使他受了你的恩

2

3

40　不詳。

惠不作回報，他會羞愧的。一個人得到一個甘心投靠、懷有善意、信實可賴的僕人，同時這個僕人不但能夠遵照吩咐做事，還能夠獨立處事、預料事情和考慮事情，我認為這樣的僕人價值相等於許多奴隸的總和。善於治家的人說能夠用低價買到很有價值的東西時，一定要買過來。現在由於時勢的緣故，可以用最相宜的代價獲得好朋友。」

4

第奧多羅說：「蘇格拉底，說得好。叫埃爾摩演尼來我這兒好了。」

5

他說：「啊，不，我不去叫的。因為我認為叫他來，對你不大好，你自己過去好些。我還認為這麼做[41]，對他的好處比不上對你的大。」

於是第奧多羅去找埃爾摩演尼。不用花費多少，便交結了朋友。埃爾摩演尼把考慮要說甚麼或幹甚麼會對第奧多羅有利和令他高興當成是自己的工作。

6

---

41 指第奧多羅親自過去。

第三卷

〔一〕

本章大意　蘇格拉底談當將領的人，必須具有廣博的軍事知識。

有關蘇格拉底向企盼獲取高位的人提供好處、培養他們成為適宜執掌企盼的工作的人，現在準備敍述。

有一次他聽到第昂尼梭鐸羅[1]來到城裏，宣稱教授軍事學，便對同遊者其中一個他覺得有意在城邦中爭取這樣榮譽[2]的人説：「年青人，一個有意在城邦裏當將領的人，儘管可以學習軍事學，卻忽視不理，真是可恥的事。這個人受到城邦的懲罰，該比一個沒有學過塑像製造卻承接雕塑工作的人受到的要重得多。因為在兵凶戰危之下，整個城邦託付給將領。他作戰成功，大受其利；他作戰失敗，大受其害。一個忽視學習這個而極力安排當選的人[3]，怎麼不該受罰？」

2

3

1　智士，希奧島人。
2　指當將領。
3　「這個」指為將之道；「當選」指當選為將領。

4　　　他說了這番話，說服了青年人前往學習。及後青年人學完回來，蘇格拉底開他玩笑說：「諸位，正如荷馬稱阿加緬農尊嚴可敬[4]，你們難道不覺得這位學了軍事學的人顯得更尊嚴可敬嗎？好比一個學懂彈琴的人，不彈琴的時候還是個琴師；又好比一個學懂治療的人，不醫治時還是個醫生；同樣，眼前這位儘管沒有人選他，可是從現在起就是一位將領。至於一無所知的人，儘管給所有的人選了，還不是將領

5　或是醫生的。」他繼續說：「不過，也許我們當中誰會當了你屬下的隊長或分隊長，為了對戰爭的事更有了解，告訴我們他由那兒開始教你軍事學的。」

青年人說：「由他完結的地方開始。他只教我士兵列隊，別的沒有教。」

6　　　蘇格拉底說：「這是軍事學中極小的部分。因為一個將領必須安排戰爭中所需的一切、能夠供應軍隊糧草、多謀、主動、慎重、忍耐、有警覺性、仁慈而又粗暴、簡易而又有機心、能護衛又能盜竊、能花費又能攫奪、慷慨、貪婪、穩重、有攻擊性；還有許許多多自然

7　的或學習後形成的特點，一位良好將領必須擁有。會列隊也是好事，因為經過排列的軍隊比亂作一團的軍隊相差很遠，就像石頭、磚塊、木材和瓦片，亂糟糟丟在一起，毫無用處，及後在上層和下層鋪列這些既不毀壞也不銷溶的石頭和瓦片，中層鋪列磚塊和木材，一如建房子時要做的那樣，於是一座十分有價值的物業——房子——建成了。」

8　　　青年人說：「蘇格拉底，你說的比喻真貼切，因為在戰爭中，必須把最好的士兵放在前列和後列，最差的夾在中間，讓最差的受前列士兵的領引，後列士兵的推逼。」

4　《伊利亞特》3卷170行。阿加緬農，詩中英雄。

他說：「要是他教了你區別好士兵和壞士兵的話。否則你所學的 9
對你有甚麼好處？如果他吩咐你排列銀子，最好的在前頭和後頭，最
差的在中間，可是沒有教你區別純雜的方法，這對你毫無好處的。」

青年人說：「啊，他沒有教過，我們必須自己去區別好士兵和壞
士兵。」

他說：「我們為甚麼不考慮一下怎樣避免對他們犯錯誤[5]呢？」 10

青年人說：「我願意考慮。」

他說：「倘使需要攫取銀子，讓最好財的人在前列，我們排列得
正不正確？」

「我認為正確。」

「對即將面向危險的人怎麼辦？不是必須首先排列最愛榮譽的
人嗎？」

青年人說：「自然是他們，他們為了稱譽，願意犯險的。這類人
不是隱藏不見，而是隨處浮現，很容易挑出來的。」

他說：「他只教你列隊，還是也教你每一種隊形該在甚麼地方和 11
甚麼情況下使用？」

青年人說：「完全沒有。」

「可是有許多情況不適宜用同樣的排列和調動的。」

青年人說：「啊，他沒有明白指出這些。」

他說：「你回去再問他。要是他懂得這些，同時臉皮又不厚的
話，他會因為拿了你的錢，卻在你所學不全的情況下遣送你走而羞
愧的。」

5　指區別他們好壞時，判斷錯了。

〔二〕

本章大意	好將領是一個要注意士兵的安全、必需品的具備和戰爭的勝利的人，而不是一個只顧自己的人。

有一回蘇格拉底碰到一個當選為將領的人說：「你看荷馬稱阿加緬農為民眾的牧人[6]，為了甚麼緣故？是不是好像牧人必須注意羊群的安全、各種必需品的具備和飼養的目的那樣，將領也必須注意士兵的安全、必需品的具備和從軍的目的？人們從軍就是要擊敗敵人，獲得更大的幸福。或者他到底為甚麼稱頌阿加緬農說：

二者兼具：好國王，勇猛戰士。[7]

荷馬稱頌他是勇猛戰士，不單因為他對敵人勇敢搏鬥，還因為他激發全營軍隊也這樣做；稱頌他是好國王，不單因為他能很好處理自己的生活，還能令他統治下的子民幸福；是不是這樣？事實上人們推選國王，不是為了他善於關心自己，而是為了推選的人可以靠他過好日子。所有人從軍，為了生活盡可能轉好些；人們也為了這個緣故推選將領，使得在將領的領導下，達到目標。所以一個帶兵的人必須向選舉他做將領的人提供這個。事實上要另找一個比這個好，或者另一個比這個的相反面壞，很不容易。」

就這樣他探究了甚麼是良好領導人的特質；略去其他不談，留下創造幸福給受統領的人這一點。

6　《伊利亞特》2卷243行。

7　《伊利亞特》3卷179行。

〔三〕

> **本章大意** 本章大意：蘇格拉底跟一位騎兵指揮官交談，要求他訓練好騎兵和照料馬匹，並且善於言辭。此外蘇格拉底還談到訓練騎兵的方法。

我知道有一回蘇格拉底跟一個當選為騎兵指揮官[8]的人大概這樣交談：「年青人，你能不能告訴我們，你渴望當騎兵指揮官，為了甚麼？自然不是為了要騎馬走在騎兵隊伍的前頭。因為如所周知，這是騎兵弓箭手[9]的特權，他們甚至乘馬走在騎兵指揮官的前頭。」

他說：「說得對。」 2

「看來也不是為了出名，因為就是瘋子也會為人所知的。」

他說：「這說得對。」

「是不是你認為把騎兵整頓得好些以後，移交給城邦，要是出現需騎兵的情況，你作為指揮官，會成為對城邦有貢獻的人？」

他說：「正是。」

蘇格拉底說：「你如果能夠這麼做，那真好。你當選獲得的指揮權該是馬匹和騎兵的指揮權。」

他說：「正是這樣。」

「那麼來，首先告訴我們，你怎樣考慮把馬匹調教得好一些？」 3

他說：「我看這不是我的工作，每個人必須分別照料自己的馬匹。」

---

8 雅典有騎兵1,000人，分由兩名選出來的指揮官統領。這兩名指揮官則歸十名將領統率。

9 約200人，不在上條的1,000人名額之內。

4 　　蘇格拉底說：「要是一些人帶到你跟前的馬匹，足部和腿部有毛病，或者軀體瘦弱；一些人帶到的則飼養不足，不能跟著跑；另一些人帶到的則缺少訓練，不能站定在你指定的地方；還有一些人帶到的胡亂踢腳，沒法子排列整齊；你從這樣的騎兵得到甚麼好處？或者你身為這樣隊伍的指揮官，怎能對城邦作出貢獻？」

　　他說：「說得真對，我會嘗試盡力照料馬匹。」

5 　　蘇格拉底說：「怎麼樣，你不嘗試去改善騎兵麼？」

　　他說：「必然。」

　　「不是首先提高他們上馬的技術麼？」

　　他說：「必須這樣。因為他們當中誰摔下來，這樣便特別容易救回自己。」

6 　　「如果必須作戰，你會命令引領敵人到你們慣常馳騁的沙地上去呢，還是嘗試在作戰的地區進行訓練？」

　　他說：「後一種好些。」

7 　　「你可曾關注到盡可能多些騎兵練習馬上投擲？」

　　他說：「這樣最好不過。」

　　「你可曾想過激發騎兵的意志，挑起他們對敵人的憤怒，這樣使他們更加英勇？」

　　他說：「要是沒想過，現在我會嘗試去想的。」

8 　　「你又可曾關注到騎兵服從你的問題？因為欠缺這一點，既不能從馬匹那裏，又不能從精良英勇的騎兵那得到絲毫好處的。」

　　他說：「說得對。可是蘇格拉底，怎能好好地激勵他們向著這方面呢？」

9 　　「你一定了解到在所有的事情上，人們特別願意服從那些他們認為出色的人。譬如在病中，人們特別服從他們認為最懂醫術的人；在

船上，人們特別服從他們認為最會指揮船隻的人；在農作方面，人們特別服從他們認為最會耕種的人。」

他說：「十分對。」

蘇格拉底說：「在騎兵方面，誰好像清楚曉得做該做的事，其他的人不是自然特別願意服從他嗎？」

他說：「蘇格拉底，倘使我顯得比他們出色，這足以使他們服從我了嗎？」 10

蘇格拉底說：「如果除此以外，你還向他們指出：他們服從你，本身也會好些和安全些。」

他說：「我怎樣指出這點呢？」

蘇格拉底說：「十分容易，比起如果你必須指出壞事比好事要好要有利這一點還容易。」

他說：「你是說騎兵指揮官除了其他方面，還必須注意到講話的能力？」 11

蘇格拉底說：「你認為騎兵指揮，必須靜默不言麼？我們從律法習俗中學到的東西 根據這些我們知道怎樣生活──，全部都通過語言學習；一個人學習別的可取的學問，通過語言學習；善於教學的人專門使用語言，懂得最重要的知識的人最擅長跟別人交談；這些你都記不起了麼？或者這個也記不起了：這個城邦組成的歌舞隊──就像派去第羅[10]的那隊──，其他地方組成的沒法相比；其他城邦集中起來的一大群的好看男子[11]也跟這兒的不同？」 12

10　第羅，愛琴海島名。第羅島每四年祭祀阿波羅、黎多和阿爾蝶米三位神祇，各城邦都派人前往祭祀，還率領歌舞隊同行，彼此表演比賽。

11　「好看男子」指在全雅典涅亞節中、在遊行隊伍裏手中拿著橄欖枝的上了年紀的人。

13　　　　他說：「說得對。」

　　　「雅典人跟其他人的分別，在聲音甜美、身體魁梧有氣力兩方面比不上在愛好榮譽方面那麼大；愛好榮譽特別激發人趨向美好和光榮。」

　　　他說：「這也說得對。」

14　　　蘇格拉底說：「那麼要是有人關注這裏的騎兵，要在武器和馬匹的供應上和紀律上，以及甘願投身危險之中對付敵人，都勝過其他人，你認為人們這樣做了，會獲得稱讚和榮譽麼？」

15　　　他說：「自然。」

　　　蘇格拉底說：「那麼別遲疑了，試試推動屬下向這方面吧。你自己由此得到好處，其他市民也會憑藉你而得到好處的。」

　　　他說：「我肯定會試試的。」

〔四〕

本章大意 | 尼哥馬希第久歷戰陣，但當選不上將領，反而從來沒有當過軍的安堤西典尼當選了，尼哥馬希第心中不忿。蘇格拉底解說安堤西典尼懂得管家，懂得用人，實在已具備了為將的條件。

有一回蘇格拉底見到尼哥馬希第[12]參加官員選舉後回來，問道：「尼哥馬希第，哪些人當選將領？」

尼哥馬希第說：「蘇格拉底，我自從登記從軍[13]，一輩子當分隊長和隊長，給敵人傷了這麼多回（說時解開衣服，顯示傷痕），可是雅典人不選我，他們選了安堤西典尼[14]。安堤西典尼從來沒有當過重武器士兵；在騎兵中沒有做過可稱道的事；除了聚積錢財，別的都不懂。蘇格拉底，雅典人可不就是這樣的人？」

蘇格拉底說：「要是他有能力供應軍需品給軍隊，不是很好嗎？」　2

尼哥馬希第說：「商人也有聚積錢財的本事，可是不能夠因此而帶兵。」

蘇格拉底說：「安堤西典尼好強爭勝，這是將領要具備的條件。　3
你沒見他每次當贊助人，贏出所有的歌舞隊[15]？」

尼哥馬希第說：「可是帶領歌舞隊跟帶領軍隊全不相同啊。」

12　不詳。
13　有一定數額財產的雅典公民，名字登記在政府的冊子上。這些人可以在軍中服役，擔當正規步兵。
14　不詳。這個安堤西典尼和本書 2.5.1 的安堤西典尼名字相同，但不是同一人。
15　雅典政府通常指派一些有錢人做歌舞隊的贊助者。就是說：他們出錢聘請教師教隊員演戲、唱歌和跳舞，以備在重大的節日中表演或比賽。

4　　　蘇格拉底説：「雖然安堤西典尼缺乏教導歌舞的經驗，可是有能力找到教這些項目的最好人選。」

　　　尼哥馬希第説：「那麼在軍隊之中，他會找到別人替他排列隊伍，又會找到別人作戰了。」

5　　　蘇格拉底説：「要是他對戰爭事務，像對歌舞隊的那樣，找尋和挑選最能幹的人，打仗自然勝利。另外，比起跟族人一起、花錢求取歌舞隊的勝利，他自然更願意和整個城邦一起、花錢求取戰爭的勝利。」

6　　　尼哥馬希第説：「蘇格拉底，你説一個人領導歌舞隊出色的，領兵也出色？」

　　　蘇格拉底説：「我説一個人無論領導甚麼，倘使知道甚麼是必須的，並且有能力提供，那不管是歌舞隊的領導人、家庭的領導人、城邦的領導人、軍隊的領導人，都是優秀領導人。」

7　　　尼哥馬希第説：「啊，宙斯！我從未料到聽你説超卓的管家的人會是超卓的將領。」

　　　蘇格拉底説：「來，讓我們查察一下他們[16]每人的工作，看看相同還是相異。」

　　　尼哥馬希第説：「最好不過。」

8　　　蘇格拉底説：「要使受指揮的人服從聽話，不是二者的工作麼？」

　　　尼哥馬希第説：「很對。」

　　　「吩咐適當的人做各項工作呢？」

　　　尼哥馬希第説：「這也是。」

　　　「懲罰壞人、推尊好人，我看對二者也合適。」

16　指管家的人及將領。

尼哥馬希第說：「自然。」

「叫聽命的人心存好感，對二者怎麼不是好事？」9

尼哥馬希第說：「那是好事。」

「拉攏盟友和助手，你認為對兩者有利還是沒有？」

尼哥馬希第說：「當然有。」

「二者不是適宜護衛財物嗎？」

尼哥馬希第說：「很對。」

「二者不是應該對他們的工作謹慎關心，不辭勞苦嗎？」

尼哥馬希第說：「所有這些對二者相同。不過戰鬥對二者再不是了。」10

「不過雙方都有敵人？」

尼哥馬希第說：「這不錯。」

「戰勝敵人不是對二者有利？」

尼哥馬希第說：「自然。可是你漏了一點：倘使非戰鬥不可，治11
理家務帶來哪點好處？」

蘇格拉底說：「這兒正有較大的好處。因為一個超卓的管家人知
道沒有甚麼會像戰鬥擊敗敵人那樣有利和得益，沒有甚麼會像戰敗那
樣損失和受害，於是一方面極力尋求和準備達到勝利的辦法；另一方
面仔細思索失敗的原因，極力規避。他要是看見準備足以取勝，便奮
力作戰；而最重要的，要是準備不足，便避免引起戰爭。」蘇格拉底12
繼續說：「尼哥馬希第，別輕視管家的人，因為私人事務的處理只在
範圍大小上和公共事務的處理有分別，其他方面倒是相同的。最重要
的一點：沒有哪一樁事務不用人去完成，也不是私事一些人幹，公事
另一些人幹。因為處理公共事務者用的不是另外一批人，而就是管理
私人事務者所用的一批。懂得用這些人的人，私事和公事都幹得好；
不懂得用這些人的人，兩方面都會出錯。」

〔五〕

本章大意　蘇格拉底和小貝利克里談話。兩人認為雅典人由於忽略本身，使得近代的光榮減退了。要恢復古代的光榮，首先要讓人們記起祖先的豐功偉績，向祖先學習；同時吸收斯巴達人的優點，重視紀律。最後兩人談到阿提基境內的地形和防禦的措施。

有一回蘇格拉底跟著名的貝利克里的兒子貝利克里[17]談話，説：「貝利克里，你如果當上將領，我希望城邦在軍事行動中形勢更好、名氣更大，並且戰勝敵人。」

貝利克里説：「蘇格拉底，我也希望像你所説的那樣。不過怎麼才會這樣，我心裏拿不準。」

蘇格拉底説：「你願不願意我們討論這些問題，研究可能性究竟在哪兒？」

貝利克里説：「願意。」

蘇格拉底説：「你知道雅典人口絕不比微奧底亞[18]少？」貝利克里説：「我知道。」

「你認為從微奧底亞人當中還是從雅典人當中能夠挑選更多人體格完善美好？」

「我看雅典人在這方面不會差些。」

「你認為哪裏的人彼此更能友善對待？」

「我認為雅典人。因為許多微奧底亞人受到提維人諸般榨取，對提維人心存惡感；在雅典，我可看不見這樣的事。」

17　小貝利克里是老貝利克里的第三子，阿士色絲亞所生，公元前406年當選為將領。

18　微奧底亞區在阿提基區西北。提維是區內最強大的城邦。

「雅典人在所有人當中最愛好聲名和最心高氣盛，這兩點最足以 3
促迫一個人為了光榮和邦國冒險犯難。」

「雅典人在這些方面無可責備。」

「此外，沒有人祖先的功業比雅典人祖先的更偉大更豐富。許多
雅典人因此而自豪，受到激勵，注意品德勇氣，並且變得勇毅果敢。」

「蘇格拉底，你所說的都對。不過你看到了：自從托爾米第率領 4
的一千人在列瓦第亞潰敗和邑波格拉底的軍隊在第利安一役[19]以後，
雅典人的光榮比起微奧底亞人的光榮要遜色了。提維人應付雅典人的
信心提高了。微奧底亞人從前要是沒有斯巴達人和其他貝羅坡尼梭
人[20]，甚至不敢在自己境內迎戰雅典人；現在光憑他們他們自己，便威脅
要入侵阿提基了。另一方面，從前〔微奧底亞人孤立的時候〕，雅典
人到微奧底亞進行劫掠，現在卻害怕微奧底亞人是否會劫掠阿提
基了。」

蘇格拉底說：「我看事情是這樣。不過我覺得城邦現在對好領導 5
人擁護得多了。因為目空一切給人注進疏忽、輕率和不聽勸告，驚懼
使人更加謹慎、更加接納勸告和更守紀律。你可以拿船上的人作事例 6
證明這點：人們無所恐懼時，一片混亂不守秩序；一旦害怕風浪或者
敵人，各人不但執行各項命令，並且還像舞蹈藝員一樣，靜默地專心
等待指示。」

貝利克里說：「要是他們現在真的聽話，那正是談談的時候，看 7
看我們怎樣能夠激勵他們重新喜愛從前的德行、光榮和幸福。」

19　列瓦第亞是微奧底亞區的城鎮。公元前447年，托爾米第率領的雅典軍隊在
　　此被擊敗。第利安也是微奧底亞區城鎮。公元前424年，邑波格拉底率領的
　　雅典軍隊在此被擊敗。

20　希臘南部半島的總稱。

8　　　　蘇格拉底説：「如果我們希望他們宣稱別人據有的財物本來屬於自己的，我們在指證財物本屬他們祖先所有、份屬他們所有之餘，極力慫恿他們這樣提出主權；既然我們希望他們著重在德行方面表現突出，我們必須再次指證從古以來這點份屬他們所有，同時指證要是他們加以看重，會比所有人出類拔萃。」

9　　　　「我們怎樣向他們教導這點？」

「我認為我們要提醒他們已經聽過的年世最久遠的祖宗（我們也聽過他們）是極其了不起的人。」

10　　　　「你可是指蓋哥羅甫士和他左右的人基於他們的德行，判決神衹案情一事？[21]」

「我是指這點，也指埃列克帖夫的教養和出生，以及在他統治時跟來自其他所有地區的入侵者的戰爭[22]；也指在伊拉克里的兒子們時

11　　代跟貝羅坡尼梭人的戰爭和在提謝弗統治時的各場戰爭[23]；通過戰爭，人人都明白祖先勝過當時的人。如果你願意，還可以指出關於他們的後人、也就是離我們年代不遠的先人所作所為的事情：他們或者獨力抗拒主宰全亞洲和在歐洲直到馬其頓的人、擁有前所未有的強大力量和資源的人、做出偉大事蹟的人；或者跟貝羅坡尼梭人連結，在陸地和海洋佔盡優勢[24]。人們説他們比當時的人超越。」

21　蓋哥羅甫士，傳説中的雅典城建立者。那時雅典娜和波希頓兩位神衹為了取得雅典保護神的名份，爭吵不休，最後由蓋哥羅甫士定奪，判雅典娜勝。

22　埃列克帖夫，傳説中的雅典王，由雅典娜撫養成長。在他統治時，塔拉奇人入侵，他擊退了敵人。

23　根據傳説，伊拉克里死後，他的幾個兒子被米堅湦人趕出貝羅坡尼梭。他們逃亡到雅典，雅典人幫忙他們跟米堅湦人作戰，取得勝利，把他們送回貝羅坡尼梭去。提謝弗是傳説中的雅典名王和英雄。他曾跟塔拉奇人、克里地人和阿馬遜人作戰。

24　指雅典人抵抗波斯人的入侵。

貝利克里說：「人們是這樣説的。」

「正因為這個緣故，儘管在希臘有不少遷徙的情形發生，他們還 12
是居留在自己的地方；許多人為了公道互相爭論不休，可是信賴他們
的評斷；許多人受到強有力的人迫害，逃亡到他們那裏。」

貝利克里說：「蘇格拉底，所以我懷疑怎麼我們的城邦竟然每況 13
愈下了。」

蘇格拉底説：「正如一些運動員，因為十分超卓和突出，忽視練
習，便落在對手之後了；我認為雅典人正是這樣，因為十分超越，忽
略本身，於是每況愈下。」

貝利克里說：「他們現在要怎樣做才能挽回古代的光榮？」 14

蘇格拉底説：「我認為答案並不祕奧，要是他們找出祖先幹過的
功業，跟著幹，不要比祖先幹得差，那他們也不會差過祖先了。如果
不這樣，那麼模仿目下出類拔萃的人，跟他們做相同的事，和他們一
致，那也不會比他們差的。倘使做得更用心，還會更好。」

貝利克里說：「你是説美好完善遠離城邦了。雅典人從父祖輩開 15
始，已經輕視老年人；他們甚麼時候能像斯巴達人那樣尊重長者呢？
雅典人不但忽視身體健康和活力，還嘲笑關注這方面的人，甚麼時候 16
能像斯巴達人那樣鍛鍊身體呢？雅典人以輕視領導人為樂事，甚麼時
候那樣服從領導呢？雅典人不為利益共同工作，還互相輕視和嫉妒，
比輕視和嫉妒其他人還甚，甚麼時候會那樣同心一意呢？總之他們是
不是在公私集會上意見分歧？是不是互相對簿公堂最多？是不是喜歡
通過這種行徑互相佔便宜而不彼此幫助？他們是不是把公眾事情當成
外人的事情，為這個而爭鬥，同時因為有能力搞這些事情而特別高
興？由於上述種種，許多害處和壞處在城邦裏冒現，許多敵視和憎厭 17
在市民之間出現了。我經常對這些特別害怕，別要在城邦裏發生人們
承受不起的巨大禍事來。」

18　　蘇格拉底説：「貝利克里，千萬別認為雅典人患上了那樣不可救藥的惡症。你沒見到他們在海軍中多麼整齊、在體育競賽中多麼一心一意聽監管人的話、在歌舞隊中對教師的服從絕不比任何人差？」

19　　貝利克里説：「這真使人驚異：這樣的人服從領導，可是被認為市民當中在身體和心靈上都屬上選的士兵和騎兵，比起所有的人最缺乏服從性。」

20　　蘇格拉底説：「貝利克里，阿里奧山議庭[25]不是由經得起考驗的人組成嗎？」

　　貝利克里説：「不在話下。」

　　蘇格拉底説：「你知道有些人無論審理案件或者做其他事情，都比較可取、比較依法行事、比較莊重、比較公正嗎？」

　　貝利克里説：「我對他們無可指責。」

　　蘇格拉底説：「那麼你便不必因為雅典人缺乏紀律而不安了。」

21　　貝利克里説：「可是最低限度在最需要克制、紀律和服從的軍事行動中，沒有人對上述任何一點加以注意。」

　　蘇格拉底説：「也許因為在軍事行動中給所知淺薄的人指揮的緣故。你沒見到一個人不在行，便不會嘗試指揮琴師、歌者、舞者；也不會指揮角力者和參加混鬥[26]的運動員嗎？這些人的指揮者都能指出由甚麼地方學習他們所監督的技藝；可是將領多是臨陣磨槍的人物。

22　我不以為你是這樣的人，我認為你能夠輕易地告訴人甚麼時候開始學習軍事和摔角。同時我認為你從父親那裏學到許多兵法，牢牢記在心

25　阿里奧山議庭由清白的退職執政官組成。那本是最高的行政機關；公元前五世紀以後逐漸失去其重要性。

26　一種搏擊和摔角混合的運動。

裏。還有，那裏能夠學到一些對為將之道有所裨益的東西，你四處去
採集。我看你十分注意，凡是對為將之道有用的，都不放過，以免到　　23
頭來不懂。倘使你覺得這方面的知識有些不懂，你會不惜禮物和恩
惠，請教懂得的人，向他們學習不懂的東西，同時結交好幫手。」

貝利克里說：「蘇格拉底，我明白你的心意。你這樣說，不是認　　24
為我已經注意到這些，而是試圖指點我：將來當將領的人必須注意到
所有這些。事實上我同意你的話。」

蘇格拉底說：「貝利克里，你有沒有注意到我們境內的大山向微　　25
奧底亞伸展過去；山與山之間形成狹窄和巉巖的通道通向我們境內；
還有我們境內中央一帶給險峻山嶺圍繞著？」

貝利克里說：「當然有。」

「怎樣，有沒有聽過米西亞人和比西第亞人在大王的國度裏佔據　　26
十分險峻的據點[27]，儘管武備輕簡，卻能下侵大王的土地，造成巨大
的破壞，而本身則過著自由獨立的生活？」

貝利克里說：「當然聽過。」

蘇格拉底說：「你不認為雅典的年輕人配備比較輕便武器，據守　　27
座落在境內的山嶺，足以困擾敵人；同時為境內居民建立起堅強的防
衛？」

貝利克里說：「蘇格拉底，所有這些我認為很有用。」

蘇格拉底說：「要是你喜歡這些措施，好朋友，試試實行吧。因　　28
為無論你實行其中哪一點，對你是件好事，對城邦也有益處；倘使你
一點也做不到，那你既不損害城邦，也不會使自己蒙上羞恥的。」

27　米西亞和比西第亞都是小亞細亞地名。大王，希臘人對波斯王的稱呼。

〔六〕

本章大意　年輕的格拉夫孔渴望成為城邦的領導人物。蘇格拉底和他交談，他在談話中顯得對城邦的事情一無所知。蘇格拉底勉勵他先了解準備去做的事情再說。

阿里士頓的兒子格拉夫孔[28]還未到20歲，卻希望領導城邦，試圖向群眾集會演說。儘管他經常給人拉下講台成為笑柄[29]，可是沒有一個親屬或者朋友能夠阻止他。只有蘇格拉底，由於格拉夫孔的兒子哈爾米第和柏拉圖的關係，對他有好感，能夠制止他。

2　　蘇格拉底有一回偶然碰到他。為了先行讓他聽得進去，大概這麼說把他截停下來：「格拉夫孔，你立意要為我們領導城邦？」

他說：「是的，蘇格拉底。」

蘇格拉底說：「啊，真好，這要勝過人類其他的事業。因為明顯得很，如果你這樁事成功，便有能力得到你希望的東西，有力量帶給朋友好處，提高家族的聲譽，增加邦國的力量，然後聲名顯著，首先在城邦之中，然後在希臘境內，也許像帖米西多克里那樣，甚至在外族人當中。無論你在哪裏，各地方都對你另眼相看。」

28　這裏提到格拉夫孔，下文又提到格拉夫孔，兩者並非一人。未到20歲的格拉夫孔是柏拉圖的兄弟，兩人同是阿里士頓的兒子。兩人有個舅父，就是書中的哈爾米第。哈爾米第的父親也叫格拉夫孔。下文的格拉夫孔，指的是哈爾米第的父親。

29　講台指市民大會場地的講台，那是一個稍高的石壇。講台由一小隊奴隸護衛。這些人佩帶弓箭，所以稱為「佩箭者」。誰要是不適宜登台而強行登台的，大會主席有權下令把他拖下去。

格拉夫孔聽了這番話，心中很感得意，便高高興興的留下來。然後蘇格拉底說：「格拉夫孔，要是你希望受人尊重，你要讓城邦從你那裏獲得好處，事情是不是清清楚楚這樣？」 3

他說：「不錯。」

蘇格拉底說：「那麼看在神祇份上，請不要隱瞞，告訴我們你造福城邦，由甚麼開始？」

由於格拉夫孔一聲不響，似乎正在思索從哪裏開始，蘇格拉底說：「如果你想朋友家境轉好，你會嘗試使他富有些；同樣的情況，你會嘗試使城邦富有些？」 4

他說：「當然。」

「城邦收入增加，不就是富有些了嗎？」 5

他說：「自然是。」

蘇格拉底說：「請說：目前城邦收入靠甚麼？數目大概多少？你無疑會想到這一點。要是部分不足，你加以彌補；要是部分脫漏，你徵收妥當。」

格拉夫孔說：「可是這些我沒有想過。」

蘇格拉底說：「你如果沒有顧及這方面，那麼告訴我們城邦的開支吧，因為顯然你會考慮過減省不必要的開支的。」 6

他說：「直至現在，這方面我還沒有關注到。」

蘇格拉底說：「關於使城邦富有些的問題，我們拖後好了；因為不知道開支和收入的情況，怎能管這些事？」

格拉夫孔說：「蘇格拉底，可以通過劫掠敵人，使城邦變得富有。」 7

蘇格拉底說：「對得很，要是比敵人強的話；如果比敵人弱，便會損失掉自己所有的一切。」

他說：「說得對。」

8　　　蘇格拉底說：「提議必須跟甚麼人作戰的人，一定要了解城邦和敵方的力量。如果城邦力量佔優勢，提議發動戰爭；如果力量比不上敵方，便要勸說城邦小心從事。」

他說：「說得對。」

9　　　蘇格拉底說：「那麼首先告訴我們城邦陸軍和海軍的力量，然後說說敵人的力量。」

他說：「一時之間我沒法告訴你。」

蘇格拉底說：「要是你用筆記下，請拿來，因為我十分高興聽聽這些資料。」

他說：「可是我還沒有記下。」

10　　　蘇格拉底說：「關於戰爭一事，目前我們按下不作提議。也許由於茲事體大，而你不過剛剛開始從政，還沒有考察過。不過關於境內的防衛工作，我知道你已經研究過，曉得多少防衛據點地點適當，多少不適當；多少防衛人數足夠，多少不足夠。你還勸告在適當地方增加防衛據點，撤消某些沒用的防衛據點。」

11　　　格拉夫孔說：「事實上我提議撤消所有的防衛據點，因為據點的防衛反正那麼回事，以致境內的東西都給人偷走了。」

蘇格拉底說：「防衛據點撤消了，你不認為意圖搶掠的人會為所欲為嗎？你親自去查察過麼，還是怎樣知道防衛差勁的？」

他說：「我猜想的。」

蘇格拉底說：「關於這件事，留待我們不憑猜想，而真有所了解時才提議怎樣？」

格拉夫孔說：「也許會好些。」

12　　　蘇格拉底說：「我知道你沒有到過銀礦場，說不出為甚麼礦場現在的產量比從前少。」

他說：「真的，我沒到過。」

蘇格拉底說：「據說那個地區不衛生，所以要在這方面表示意見時，這便足以成為你的藉口。」

格拉夫孔說：「你取笑了。」

蘇格拉底說：「不過有一樁事，我知道你不曾忽略，而是考慮過的。那就是：境內生產的穀物能夠供養城邦多少時候，每年還需要多少補充。這樣城邦不會由於你的失察而缺乏糧食；而你掌握了情況，便能對必需品作出提議，從而幫助和拯救城邦了。」 13

格拉夫孔說：「你說及十分巨大的工作，如果必須由我負責的話。」

蘇格拉底說：「一個人除非知道一切需要的東西，並且照顧一切，加以供應，否則沒法好好治理自己的家的。由於城邦內房舍超過一萬間，一個人很難同時照顧這麼多的。你怎麼不首先試試設法把你舅舅的一家振興起來呢？他家需要振興的。要是你對這一家有辦法，試試多幾家。倘使不能給這一家帶來好處，那怎能給更多家帶來好處呢？這正如一個人舉不起一打蘭頓[30]的重量，也就不必嘗試舉更重的東西；這怎麼還不明顯？」 14

格拉夫孔說：「要是舅舅聽我的話，我會帶給他家好處的。」 15

蘇格拉底說：「我問你，你勸服不了舅舅，卻認為能夠令全體雅典人跟舅舅聽你的話麼？格拉夫孔，留心，你本來渴求聲譽的，別走到相反方向去。你沒有看到一個人說或者做他不懂的東西會多麼危險？你認識的那些老是說著做著本身不懂的事情的人是怎樣的一類人，你認為他們因此受稱許多些，還是受指責多些；受讚賞多些，還 16

30　這裏的打蘭頓是重量單位。一打蘭頓的重量約合 26 公斤。

17　是受輕蔑多些？再看看懂得本身所說所做的事情的人，我認為你會發

覺：在所有的工作裏，受崇敬和受讚賞的是懂得最多的人，受冷淡和

18　受輕蔑的是最無知無識的人。你要是渴望在城裏受人推許和讚賞，嘗

試盡力了解你準備去做的事情；如果在這方面勝過了其他人，從而執

掌城邦事務，那麼我不會因你十分容易在你所渴望的那方面獲致成

功，感到驚異。」

〔七〕

本章大意	哈爾米第能力強，但自以為沒有面對公眾說話的能力，對參加城邦事務有所遲疑。蘇格拉底鼓勵他，還從多方面證明他實在有公開演說的能力。

　　蘇格拉底看到格拉夫孔的兒子哈爾米第[31]是個可取的人，並且比

當時從政的人能力強得多，可是對在市民大會露面和負責城邦事務有

所猶疑，便說：「哈爾米第，告訴我，假如一個有本事贏得運動比賽

的花冠的人，同時因此他本人受人尊敬，也使得他的家鄉在希臘獲得

更大的榮譽，這樣的人不想參加比賽了，你認為他是個怎樣的人？」

　　他說：「很顯然是個軟弱和怯懦的人。」

2　　蘇格拉底說：「假如一個人負責城邦事務能使城邦擴張，並因此

受人尊敬，可是這個人遲遲疑疑不這麼做，不是該目為怯懦麼？」

　　他說：「也許是。可是為甚麼問我這個？」

31　這個哈爾米第和上章提及的哈爾米第同是一人。生平不詳。從柏拉圖著作

看，貝羅坡尼梭戰爭開始時，他還是個俊美的少年，後來則依附三十人執政

團。公元前403年為民主軍隊所殺。

蘇格拉底説：「你是公民，一些事情你必須參與。我認為你有能力處理的，可偏偏遲疑不動。」

哈爾米第説：「你這麼批評我，你從甚麼事情上了解我的能力了？」 3

蘇格拉底説：「從你跟從政人物的交往上。他們跟你商量甚麼事時，我看到你提供可取的意見；他們做錯了甚麼，你也作出正確的批評。」

他説：「私人交談和面對大眾跟人爭論可不是同樣一回事。」 4

蘇格拉底説：「一個會算數的人對著大眾算，不見得比獨個兒算要差；獨個兒彈琴出色的人，面對大眾，也一樣出色的。」

他説：「你沒見到人類的害羞和恐懼與生俱來、在人群之中比在私底下談話裏更明顯呈露嗎？」 5

蘇格拉底説：「我想向你提點一下：你既不會在最有頭腦的人跟前害羞，也不害怕最強有力的人，卻對最笨最弱的人羞於啓齒。誰使你害羞了？製衣工人、鞋匠、木匠、鐵匠、農夫、商人，還是那些在 6 市場裏交易、設法賤買貴賣的人？因為市民大會就是由所有這些人組成的。據你看來，你的所作所為，跟一個優異的運動員害怕全無訓練 7 的普通人有甚麼分別？你跟城邦裏的頂尖兒人物從容談論，這些人當中有些還是輕視你的，你比那些專心注志向城邦發表演説的人高明得多；卻對從來不理會政治、也不輕視你的人遲疑不説話，害怕受人笑弄？」

他説：「你不認為許多時候市民大會的人笑弄説話正確的人？」 8

蘇格拉底説：「不錯，其他的人[32]也是。所以我對你感到驚奇：那

---

32 指在私人場合下的從政人物。

9 些人這樣做，你從容應付；這些人你卻認為沒辦法溝通。朋友，別忽視自己，別犯上多數人所犯的錯誤。許多人衝勁十足查探別人的事情，卻不回轉過來考查自己本身。別忽略了這點，要多努力注意自己。同時城邦要是能夠憑藉你而有所改善，也不要置城邦不理。城邦事務弄得好，不但其他市民，還有你的朋友和你自己，也會得益不少的。」

〔八〕

> **本章大意**　蘇格拉底回答阿里士底邑波有關美和善的問題，認為美和善不是獨立地存在，而是跟有用處結合著的。美的東西，同時也就是有用的東西；正如漂亮的房子就是有用的房子一樣。

阿里士底邑波試圖考驗蘇格拉底，一如他過去受蘇格拉底考驗一樣。蘇格拉底希望帶給同遊者好處，所以回答時不像一些避免講話舛錯的人那樣，而是像受人說服、一心一意做該做的事的人。阿里士底
2 邑波問他是否認識一些好事，用意在於：要是他說出一些，像食物、飲品、金錢、健康、勇猛、膽識之類，便指出許多時候這些正是壞事。蘇格拉底知道如果某事困擾我們，我們應該設法解免，於是回答
3 時儘量答得最好「你可是問我知道甚麼對發熱好？」

阿里士底邑波說：「我沒問。」

「對眼痛好？」

「不是。」

「對飢餓好？」

「不是對飢餓。」

蘇格拉底說：「這麼說來，你要是問我可知道一些對甚麼也不好的好事，我不知道，也不需要知道。」

阿里士底邑波於是再問蘇格拉底可認識 些美的事物，蘇格拉底說：「不錯，認識許多。」 4

阿里士底邑波說：「所有事物彼此相似？」

他說：「一些極不相似。」

阿里士底邑波說：「美的事物怎麼會跟美的事物不相似？」

他說：「因為一個漂亮的跑步家跟一個漂亮的角力者不同；一個用作護衛的漂亮盾牌跟一枝猛勁迅疾的漂亮投槍也極盡不相似之能事。」

阿里士底邑波說：「你回答我的話，跟剛才我問你可認識一些好事時回答的沒有兩樣。」 5

他說：「你認為『善』是一回事，『美』又是一回事嗎？你不知道相同事物中存在著美和善嗎？首先道德不是對一些事善，對另一些事美。其次，人是在相同情況、相同用途下被稱為美和善的。人身體的美和善也是就相同用途說的。其他一切人使用的東西被看成美和善，莫不這樣，看看是否有用。」

阿里士底邑波說：「一個盛糞的盤子美不美？」 6

他說：「當然美。一面金盾也會醜陋的。如果從它們的用途著眼，一個造得好、一個造得差的話。」

阿里士底邑波說：「你是說同樣的事物又是美的又是醜的？」 7

他說：「正是，又是美的又是醜的。因為許多時候對飢餓好則對發熱壞，對發熱好則對飢餓壞；許多時候對跑步美則對摔角醜，對摔角美則對跑步醜；因為所有事物的善和美跟合適有關，惡和醜跟不合適有關。」

8　　　蘇格拉底說到漂亮的房子就是有用的房子時，我覺得他其實指教別人該怎樣建造房子。他這樣探討問題：「一個希望擁有一所合乎需求的房子的人，是不是要設法使房子住起來覺得最愉快和最合用？」

9　人們同意他的話。「夏天涼快，冬天暖和，不是愉快麼？」人們同意以後，他說：「向南的房子，冬天太陽照進院子裏；夏天太陽在我們頭上和屋頂移過，投下陰影。房子要是這樣才好，那麼向南一面必定要築得高些，以免遮擋了冬天的陽光；向北一面必定要築得矮些，以

10　免透進冷風。總之，一所這樣的房子，住戶一年各季的退居生活十分舒服，財物絕對安全不失，自然就是最可喜和最美的了。至於圖畫和裝飾，破壞興味多於提供興味。」

　　　說到神殿和祭壇，他說最適宜座落在最容易見到而又途徑不通的地點；因為人們遠見神殿或祭壇，即行祈禱或者懷著純潔的心情走近，都是愉快的。

〔九〕

| 本章大意 | 蘇格拉底給勇敢、智慧、瘋狂、嫉妒、怠惰、統治者、運氣、良好作為等作說明、下界定。 |

　　　另外一回，有人問蘇格拉底勇敢是可教導的還是自然具備。他說：「我認為：就像某個身體在忍受痛苦方面，生下來自然要強過另外一個身體一樣；某個心靈面對可怕的情景事物，生下來也自然比另外一個心靈顯得堅強。我看見人們在同樣的法律和習俗之下長大，可

2　是大膽無畏的程度彼此極不相同。我有這樣的看法：通過學習和練

習，各項本性可以朝著勇敢方面有所提高。明顯的事例：西基堤亞人和塔拉奇人不敢拿盾牌和長槍跟斯巴達人作戰；斯巴達人也不願意拿小型輕盾和投槍跟塔拉奇人搏鬥，或者拿弓箭跟西基堤亞人搏鬥。我又看到在其他一切事情上，人們天性各相差異，通過練習，都大大進步了。這明顯表示所有的人，不管是天性明敏或愚魯，都要學習和練習他們想藉以出人頭地的事情。」

3

他不區分智慧和正確意念。一個人知道美和善而踐履，一個人知道羞恥而防範，這樣的人他判定是有智慧和有正確意念的人。別人又問他：有些人明明知道必須做甚麼，可是幹了相反的事情，這些人他認不認為是有智慧但是欠缺克制的人。他說：「不是別的，正是沒有智慧和欠缺克制的人。我的意見是所有人會用盡方法選擇去幹他們認為對自己最有利的事情。幹得不對的人，我看既不是智者，也不是有正確意念的人。」

4

他常說公正和其他一切德行都是智慧，因為公正的事和所有根據德行做出來的事是美的和好的。他又說知道這些事的人，除了這些事，不會選擇別的；不知道這些事的人做不了，就算嘗試去做，也會出錯。所以美和好的事，智者去做；沒有智慧的人無能為力的，就算嘗試去做，也會出錯的。既然公正的事和其他美和好的事全根據德行去做，顯然公正和其他所有的德行都是智慧了。

5

他說瘋狂跟智慧相反；可是不認為無知就是瘋狂。一個無自知之明的人估計和認為自己了解一些其實本身並不了解的東西，這樣他認為已非常接近瘋狂了。大多數人不懂的事，有人做不成功，失敗者不給人家稱為瘋子的；只有做壞了大多數人懂得的事的人，才稱做瘋子吧了。如果有人認為自己很高大，要彎腰才能出入城門；如果有人認為自己很有氣力，可以嘗試舉起一幢房子或者嘗試其他顯然能力不及

6

7

的事；人們說這人瘋了。至於在小事上做不到的人，多數人不看成瘋狂；正如人們稱強烈的慾望做「愛」一樣，嚴重的心智錯亂，人們才稱為瘋狂。

8 　　他考查嫉妒是甚麼，發現那是某種的心情不舒服。這種心情不舒服的產生，不是由於朋友的失敗，也不是由於敵人的成功，嫉妒的人只是對於朋友的成功心裏不高興的人。有人表示懷疑：一個人既然親近他人，是否會對他人的成功心裏不舒服。他提醒對方，指出許多人對別人是有這樣的心態的。別人事情做壞了，他們不能視而不見。別人失敗了，他們幫助。別人成功了，他們心情不舒服。這種事不會發生在有理智的人身上，可是沒頭腦的人經常感受到的。

9 　　他考查怠惰是甚麼。他說發現大多數人總做點事，甚至玩石頭棋子的人和說笑胡鬧的人也做點東西。不過他說所有這些人都是怠惰之輩，因為他們可以動手做比這更好的事。沒有人找時間從好轉到壞。一個人要這樣轉，他說這人從事無益之事，做差了。

10 　　他說王和統治者不是拿著權杖的人、不是被眾人推選的人、不是通過投票獲得任命的人、不是使用暴力的人、不是施展欺騙手段的

11 人，而是指曉得去統治的人。有人同意統治者可以命令人們去做必要的事，被統治者則要服從。他指出在船上，一個熟悉一切的人負責指揮，船主和船中的所有其他人要聽熟悉一切的人的話；耕作方面，擁有田地的人要聽話；疾病方面，患病的人要聽話；體格鍛鍊方面，鍛鍊體格的人要聽話。還有其他在某些方面需要負責照顧的人，要是他們認為熟悉一切，可以照顧；不然的話，他們不但要聽信當時在場而了解情況的人；這種人就是不在跟前，也得請他們前來，聽對方意見，做該做的事。他還指出在紡織工作中，婦女指揮男子，因為婦女

12 知道該怎樣紡織，而男子不知道。要是有人就這番話表示意見，說僭

主可以不聽說法正確的人，他說：「一個人不聽良言，便會招致懲罰；怎能不聽話呢？因為一個人在任何事上不聽良言，肯定要犯錯誤；犯了錯誤，便受懲罰。」倘若有人說僭主可以處死一個判斷正確的人，他說：「你認為殺死最出色的盟友的人會不受懲罰或者只受到輕微的懲罰？你看這樣幹的人總會安然無事呢，還是這樣幹了立刻身敗名裂？」

13

有人問他男子要做的事甚麼最好，他回答「良好作為。」那人再問他可認為運氣也是一項要做的事，他說：「我認為運氣和作為完全相反。一個人不要尋尋找找，自然得到一些需要的東西，這是運氣；經過學習和練習，好好的做，這是良好作為。我覺得這樣從事的人幹得好。」

14

他說最好和最為神所鍾愛的人是在農耕上幹好農耕工作、在醫療上幹好醫療工作和在政治上幹好政治工作的人；沒有一椿事幹得好的人毫無用處，又得不到神祇鍾愛。

15

〔十〕

本章大意 一、蘇格拉底和畫家巴拉西奧談及繪畫、外形和性格神態的模擬。二、蘇格拉底和雕塑家克立頓談論塑像神情欲活的問題。三、蘇格拉底和製甲冑匠比西底亞談論設計合適的甲冑。

有時倘使他跟一些從事藝術並且以此為職業的人交談，往往對他們有所裨益的。有一回他走進畫家巴拉西奧[33]的工作室，跟巴拉西奧談話。他説：「巴拉西奧，繪畫是不是眼中所見事物的摹寫？你們通過顏色描畫，作出模擬：深的、高的、黑的、光的、硬的、軟的、粗的、滑的、年青人、老年人。」

2   巴拉西奧説：「説得對。」

「自然，你們模擬美好形象的時候，由於不容易在同一人身上碰到一切完美無瑕，你們找到許多人，把每個人最美好的地方集合起來，這樣創造出來的軀體便整體美好了。」

巴拉西奧説：「不錯，我們是這樣做的。」

3   他説：「怎樣，心態性格，最易勸説的、最愉快的、最友善的、最富慾望的、最可愛的，你們都模擬麼？還是這不能模擬？」

巴拉西奧説：「蘇格拉底，這個沒有比例、沒有色彩、沒有你剛才提及的特點，又完全看不見，怎麼可以模擬？」

4   他説：「一個人可不是會友善地或敵意地看別人？」

巴拉西奧説：「好像是。」

---

33 巴拉西奧，生卒年份不詳，主要活動時間為公元前五世紀後期，小亞細亞埃非梭人，大部分時間在雅典度過。他繪畫致富，服飾奢華，生活蕩逸。

「這不可以從眼睛裏描摹出來麼？」

巴拉西奧説：「當然可以。」

「朋友的好運和不幸，你認為關懷或不關懷的人臉孔神情相同麼？」

巴拉西奧説：「噢，當然不同。人們為朋友的好運而高興，為朋友的不幸而愁苦。」

他説：「這些都能摹畫麼？」

巴拉西奧説：「肯定可以。」

「這樣，高貴、自由自在、卑劣、拘謹齷齪、正確意念、明智、縱恣、凡庸無味，都可以從臉孔以及站立和動作的姿態顯示出來。」　5

巴拉西奧説：「説得對。」

「那麼這些不是都能模擬麼？」

巴拉西奧説：「沒有問題。」

他説：「你認為看到展露漂亮、美好和可愛性格的人物舒服些呢，還是看到展露醜陋、奸狡和令人憎惡的人物舒服？」

巴拉西奧説：「蘇格拉底，二者實在大不相同。」

有一回蘇格拉底走進雕塑家克立頓[34]的工作室，跟克立頓談話，説：「克立頓，你塑製漂亮的跑步家、摔角家、拳手和自由博擊選手，這我看到了，也明白了；可是那種通過視覺吸引人們的東西，也就是説那種栩栩如生的神情，你怎樣輸入塑像之內的？」　6

由於克立頓感到錯愕，不能立刻回答，蘇格拉底又説：「你的工作做到要和真人相似，所以造出來的塑像特別顯得生氣勃勃，是嗎？」　7

34　不詳。

克立頓説：「不錯。」

「你顯示身體部位各種姿態：下拉、上舉、受壓、張開、伸出、鬆弛，塑造出來的形體跟真正的極相似極逼真？」

克立頓説：「很對。」

「模擬做著某種事情的軀體的感受，不是使觀眾產生愉快之感嗎？」

8　　　克立頓説：「當然了。」

「戰士的眼睛一定要模塑成威赫的樣子，勝利者的神情一定要模擬高興的樣子？」

克立頓説：「不在話下。」

蘇格拉底説：「那麼雕塑家必定要通過身體描摹心意的傾向。」

9　　　蘇格拉底走進製甲冑匠比西底亞[35]的工作室，比西底亞拿出造工精美的甲冑給他看。他説：「比西底亞，設計真巧妙，甲冑掩蔽住人

10　身需要掩蔽的部位，卻不妨礙雙手活動。只是告訴我，你製的甲冑既不比別的堅固，也不比別的華美，為甚麼賣得貴些？」

比西底亞説：「蘇格拉底，因為我製的比較合度。」

他説：「在長短或者在輕重方面顯得合度，所以賣得貴些？假如你的製品合適可用，我不相信全部相等或者相同。」

比西底亞説：「是的，是這樣的。缺少這一點，甲冑完全沒用。」

11　　　他説：「人們的身體，不是有些合比例，有些不合比例嗎？」

比西底亞説：「很對。」

他説：「你製造的合度的甲冑怎可以適合不合比例的身體呢？」

比西底亞説：「我要剛好合適。因為合適的甲冑就是合度。」

35　不詳。

他說：「我覺得你說的合度，不是指合度的本身，而是連繫著使用者來說的，正如你可以說盾牌或軍袍適合誰就是合度。根據你的話，其他似乎也是 樣，也許在合適之外，還有一些很大的優點。」

比西底亞說：「蘇格拉底，你有甚麼高見，請賜教。」

他說：「合適的甲冑跟不合適的甲冑重量儘管相同，但前者在重量方面所產生的壓力比後者小。因為不合適的甲冑或者完全掛在肩膊上，或者緊壓其他身體部位，造成笨重和不舒服的感覺；合適的甲冑，重量部分分配到鎖骨和肩膊，部分分配到上臂，部分分配到胸腔，部分分配到背部，部分分配到腹部，幾乎不再像負重，而像是身體的附屬部位了。」

比西底亞說：「我認為我的製成品索價高些的理由，你說出來了；只是有些人喜歡買諸般裝飾和鍍金的甲冑。」

他說：「倘使為了這些買來不合適的甲冑，我認為買的是諸般裝飾和鍍金的壞貨品。」他繼續說：「只是身體不會經常靜止不動，有時要屈曲，有時要伸直的，怎樣能夠使甲冑恰好合身呢？」

比西底亞說：「那是沒辦法的。」

他說：「你的意思是指甲冑合適不是恰好合身，而是指使用時不諸般妨礙。」

比西底亞說：「蘇格拉底，你說中了，你了解得非常正確。」

〔十一〕

本章大意

蘇格拉底探訪美麗的女人帖奧鐸蒂，跟她談交朋友和獵取朋友的手段。

城裏有一回出現了一個美麗的女人，名叫帖奧鐸蒂。她願意跟要求和她結交的人在一起。蘇格拉底的朋輩中有人提起她，說這女人的美麗無法用言語形容；畫家都跑到她那裏去畫她，她則向他們盡可能展示自己美麗的所在。蘇格拉底說：「我們該去見見她。因為『無法用言語形容』這句話，只憑聽說，那是無法理解的。」

講話的人說：「事不宜遲，跟我走吧。」

2　　於是走到帖奧鐸蒂那裏，發現她正向一名畫家擺姿勢。他們仔細看望她。畫家畫完後，蘇格拉底說：「朋友，我們該感激帖奧鐸蒂向我們展示她的美麗呢，還是她該感激我們看望她？倘使展示對她有好處，她該感激我們；倘使看望對我們有好處，我們該感激她；是嗎？」有人說蘇格拉底的話有理。蘇格拉底又說：「她已經贏得我們的讚賞了，日後我們向更多人宣揚，她得到的好處更多。另一方面，我們渴望接近眼中見到的東西。我們帶著緊張的心情離開；離開以後，又企盼懷念。這麼看來，我們自然要侍奉她，她則接受我們的侍奉。」

帖奧鐸蒂說：「如果真個這樣，我一定要感激你們來看望了。」

這時蘇格拉底具她妝飾華貴；她母親也在場，衣飾裝扮刻意講究；還有許多漂亮婢女，打扮也不草率；同時房子在各方面佳陳設富麗；於是說：「帖奧鐸蒂，告訴我，妳有田地嗎？」

帖奧鐸蒂說：「沒有。」

「那麼房屋有收入？」

帖奧鐸蒂說：「沒有房屋。」

「難道有幹手藝的奴隸？」

她說：「沒有。」

蘇格拉底說：「那麼妳從哪裏得到各種必需品？」

她說：「要是誰跟我做了朋友，想向我表示好意，這個人便支持我生活。」

蘇格拉底說：「啊！帖奧鐸蒂，這財富真好。得到一群朋友要比一群綿羊、山羊和牛好得多了。只是妳讓妳的朋友像蒼蠅般偶然跌進來，還是用上了甚麼手段？」　　　　　　　　　　　　　5

她說：「我哪裏能夠為了這個找到甚麼手段了？」　　　　　6

蘇格拉底說：「這比蜘蛛更適合。妳知道蜘蛛怎樣捕獵食物的。牠們織成纖細的網，跌進網裏去的，拿來作食糧。」

她說：「你提議我織一面網？」　　　　　　　　　　　　7

「對。因為妳不應該認為這麼全無技巧便能獵取最有價值的獵物——朋友。妳沒有看到就是價值不大的兔子，人們也要多方設法去捕捉嗎？因為兔子晚上找東西吃，獵人便攜帶夜間打獵的獵犬，利用獵犬捉兔子。又因為兔子白天跑開，獵人便攜帶別的犬隻，兔子由進食的地方回到那個窟穴，獵犬嗅出氣味，從而找到兔子。又因為兔子跑得快，往往在眼前讓牠跑脫，獵人於是又攜帶跑得更快的犬隻，可以追趕上捕捉。又因為一些兔子甚至逃脫獵犬的追捕，人們便在兔子奔逃的小路上張設網羅，讓兔子墮進網裏給纏住了。」　　　　　　8

她說：「我可以用哪種相似的方法獵取朋友？」　　　　　9

蘇格拉底說：「要是妳有一個人代替了獵犬，這個人到處追蹤，替妳找尋愛美和富有的朋友；以後又設法把他們驅進妳的網羅之中。」

10　　她說：「我有甚麼網羅？」

蘇格拉底說：「起碼有一個，一個織得挺漂亮圈著別人的：就是妳的身體。身體裏面有心靈。通過心靈妳會學到：怎樣凝視別人令對方喜悅；說些甚麼話教對方高興；必須愉快地接納關懷妳的人，拒絕生活奢逸；朋友生病，探訪照料；朋友事情做得好，跟他同感興奮；熱誠照顧妳的人，全心全意感激他。此外，我清楚明白妳知道愛不光是溫柔體貼地愛，還有真心好意地愛。妳讓朋友相信妳喜歡他們，我知道不是光憑言語，還靠行動的。」

帖奧鐸蒂說：「可是這樣的手段，我從來一種也不曾採用。」

11　　蘇格拉底說：「當然對人坦率和合理最要緊。因為妳不能通過暴力抓緊或者佔有朋友；而通過恩惠和逸樂，這種生物卻容易被捕，同時不會逃逸。」

她說：「說得對。」

12　　蘇格拉底說：「首先，妳得要求關懷妳的人為妳做麻煩極小的事，然後妳本人用同樣的方式回報，取悅他們；這樣子他們會十分親

13　近妳，喜歡妳的時間最長，給妳的好處最大。要讓他們儘量開心。他們如果有需求，向他們送人情賣好。看看食物的至味。要是向一個不想吃東西的人提供食物，至味也顯得難吃；吃飽肚子的人，還對食物生厭。要是向一個被挑起餓意的人提供食物，食物儘管差些，還是十分美味可口的。」

14　　她說：「我怎麼能夠挑起身旁的人的餓意？」

蘇格拉底說：「首先不要向飽肚的人提供或者提及甚麼。等到他

們不再脹飽，重新有所需求，然後用最文雅的儀態，向有所需求的人提及食物，並且裝成不想施惠和準備離開的模樣，直至他們企求十分急切為止。因為在這種情形下饋贈禮物，要比在企求以前饋贈要好得多。」

帖奧鐸蒂說：「蘇格拉底，你怎麼不做我獵取朋友的夥伴呢？」　15

蘇格拉底說：「妳說服了我就行。」

她說：「我怎樣能說服你？」

蘇格拉底說：「如果妳需要我，妳自己找辦法想辦法去。」

她說：「那你常來我這裏吧。」

蘇格拉底開了一下自己平靜生活的玩笑，說：「帖奧鐸蒂，我很　16
不容易有空的，因為許多公私事務纏身。我還有一些女朋友，她們跟我學法術和咒詠，不管日夜，都不讓我離開。」

她說：「蘇格拉底，你懂這個嗎？」　17

蘇格拉底說：「妳說為甚麼這兒的阿波羅鐸羅和安堤西典尼從來不離開我？為甚麼克維和辛米亞[36]又從提維前來接近我？妳要清楚知道：沒有甚麼法術、咒詠和魔輪[37]，那是不濟事的。」

她說：「那麼把魔輪借給我，讓我先行向你牽動。」　18

蘇格拉底說：「噢，我可不想引向你。我想妳過來我這裏。」

她說：「我來好了。只是你要接待我。」

蘇格拉底說：「如果家中沒有別一個比妳更可愛的人，我會接待妳的。」

36　以上四人都是蘇格拉底的追隨者。前二人為雅典人，後二人為提維人。

37　人們相信用一隻鳥兒縛在輪子上，使輪子轉動，便能轉移他人心意。

〔十二〕

本章大意　蘇格拉底對埃比演尼說明鍛鍊身體的重要性。身體瘦弱會帶來不幸，身體健康會使生活過得愉快美好。

埃比演尼是蘇格拉底同遊者之一，年紀很輕，身體很壞。

蘇格拉底見到他，說：「埃比演尼，你的身體多麼像沒有鍛鍊過的樣子。」

埃比演尼說：「蘇格拉底，我不是體育家。」

蘇格拉底說：「可是你其實不必比立意在奧林匹亞競技的人更少鍛鍊。或者你認為雅典人在某些時機下跟敵人進行生死搏鬥是件小事？兵凶戰危之際，不少人因為身體瘦弱丟了性命，或者含愧苟活。許多人因為這個緣故[38]被活活俘虜；而一旦被俘——要是命運如此安排——日後一輩子過著最悲酸的奴隸生涯；或者陷入最痛楚的苦役之中，有時要付出超過家財所有的贖金，於是在以後的日子裏，缺乏必需物資而悽悽慘慘過活。另外一些人因為身體瘦弱，被人看成怯懦，從而獲致可恥的名聲。或者你對這些身體衰弱的懲罰不放在心上，認為很容易抵受得住？我可認為一個注意身體良好狀況的人所作的必要忍受要比這些懲罰輕鬆和愉快得多。或者你認為身體瘦弱比身體狀況良好更健康，在其他事情上更有用麼？或者你瞧不起由於身體狀況良好所獲得的成功？事實上，發生在身體好和身體差的人身上的一切總是相反的。因為體格好的人總是健康和有氣力。許多人由於

38　指身體瘦弱。

這個在戰爭搏鬥中光采地拯救了自己，避過所有的危害；另外許多人
幫助朋友、造福邦國，並且由於這些作為，受人感激，獲致顯赫名
聲，得到別人最高的敬重，於是以後的生活過得更愉快更美好，還留
下給子孫最好的生活憑藉。城邦誠然沒有公開要求人們從事跟戰爭有
關的訓練，可是不必因為這樣便私底下忽視了，而是應該大大的關　　　5
心。你十分清楚在其他競鬥上或行動上，不會因為身體有較好準備而
處於劣勢的。對於人類要的一切事情，體格都起作用；在所有需要體
格的事情上，最要緊的是保持身體盡可能最佳的狀況。儘管思考時好
像很少需要身體，可是誰不知道許多人由於身體不健康，在這件事[39]　　6
上犯了嚴重的錯誤？善忘、意志消沉、煩躁不安和瘋癲，許多時候由
於身體衰弱而侵襲人智，從而抽走一切知識。另一方面，身體好的人　　7
充滿安定自信，不會因為身體衰弱而有這類感受[40]的危險。這樣說
來，身體狀況良好自然比相反的一面——由於身體衰弱而形成的一面
——有用得多。真的，為了先前所提到的相反面，一個有腦筋的人怎
不忍受一下呢？一個人在看見自己身體會變成怎樣最美好最有力量之　　8
前，卻因忽略的緣故，轉為蒼老了，那是可恥的。一個忽略自己身體
的人沒法見到這種情況[41]，因為這種情況不會自動出現的。」

39　指思想。
40　上文善忘、意志消沉等等。
41　最美好最有力量的情況。

〔十三〕

| 本章大意 | 蘇格拉底對下列事件的反應和看法：一、有人因對方無禮而生氣；二、有人說沒胃口吃東西；三、有人說家中飲用的水很暖；四、有人重罰隨從；五、有人害怕到奧林匹亞的路程；六、有人走了一段長路而困累。 |

有一回一個人很生氣，因為他向某人打了招呼，對方不回應。蘇格拉底說：「真好笑，你碰到一個體格比較差的人不生氣，碰到一個心性比較粗野的人倒不高興了。」

2　　另外一人說沒胃口吃東西。蘇格拉底說：「阿古緬挪[42]會就這點開個好藥方。」

這人問：「甚麼藥方？」

蘇格拉底說：「停止進食。這樣會過得更舒服、更經濟、更健康。」

3　　另外一人又說他家中飲用的水很暖。蘇格拉底說：「這樣你想用暖水洗澡，水都是現成的了。」

這人說：「可是用來洗澡，還是很冷。」

蘇格拉底說：「那麼你的奴隸討厭拿同樣的水來飲用和洗澡嗎？」

這人說：「不，相反。許多時候我覺得驚奇，他們多麼高興用同樣的水作兩般用途。」

蘇格拉底說：「你家裏的水和阿西克立比俄[43]廟裏的水，哪兒的喝起來暖些？」

42　雅典著名醫生，蘇格拉底的朋友。

43　阿西克立比俄，父親是阿波羅，從小受半人半牛的希隆撫養，長大後獲得希隆傳授醫術，後來被人崇奉為神。

這人説：「阿西克立比俄廟裏的。」

「你家裏的水和阿姆非阿拉奧[44]廟裏的水，哪兒的洗澡時冷些？」

這人説：「阿姆非阿拉奧廟裏的。」

蘇格拉底説：「仔細想想，你接近比奴隸和病人更惹人討厭的地步了。」

一個人重罰他的隨從。蘇格拉底問他為甚麼生僕人的氣，他説：「因為他最貪吃、最蠢鈍、最貪財、最懶惰。」 4

「你有沒有想過誰該多受鞭打：你還是僕人？」

有一個人害怕到奧林匹亞的路程[45]。蘇格拉底説：「為甚麼害怕這段路程？你在家鄉不是幾乎整天走著路嗎？你出發到那裏去，不是走一會吃午飯，走一會吃晚飯和歇息嗎？你不知道要是將五六天的步行延續起來，便很容易從雅典走到奧林匹亞了嗎？早一天動身要比遲一天舒服自在得多。因為被迫要走超過正常的路程很辛苦的。旅程多花一天使人十分輕鬆。抓緊時間出發要比匆忙趕路好得多。」 5

另一個人很困累，因為走了一段長路。蘇格拉底問他是否攜帶東西，這人説：「沒有，只有外衣。」 6

「你一個人走路，還是有隨從跟著？」

這人説：「隨從跟著。」

蘇格拉底説：「隨從空著手還是拿著東西？」

這人説：「自然拿著東西；拿著鋪蓋和其他用品。」

蘇格拉底説：「他走完路以後怎樣？」

---

44 阿姆非阿拉奧是傳說中的英雄和預言者，他的廟附近有一眼冷泉水，可以治病。

45 雅典到奧林匹亞，約有250、260公里的路程。

這人説：「好像比我輕鬆。」

蘇格拉底説：「要是你必須攜帶他拿著的東西，你認為情況會怎樣？」

這人説：「很槽。其實我根本攜帶不了。」

「你這麼遠遠比不上奴隸能夠吃苦，怎能自認為一個受過體育鍛鍊的人？」

〔十四〕

本章大意　記述蘇格拉底跟「吃」有關的一些事情：一、眾人一起吃時，蘇格拉底把各人帶來的肴膳，不論豐厚簡薄，平均分配享用。二、蘇格拉底論吃肴膳的人。三、蘇格拉底不贊成多吃肴膳少吃麵包。

有一回，一批人聚在一起吃晚飯。有些帶來的肴膳很簡薄，有些卻很豐厚。蘇格拉底吩咐奴僕把簡薄的肴膳擺開來讓大家吃，或者分給每人一份。攜帶豐盛肴膳的人因為不好意思不同吃擺開來給大家的食物，同時又因自己的沒有擺出來而感到羞愧；最後都把自己的拿出來給大家。由於他們得到的不比攜帶簡薄肴膳的人多，便停止多花錢購買。

2　　有一回，蘇格拉底注意到在共同吃晚飯的人當中，一個人不吃麵包，光吃菜。這時的話題談及名稱，每一種名稱由甚麼事情來的。

蘇格拉底説：「朋友們，一個人被稱為『吃肴膳者』，我們能説出那是由於甚麼事情嗎？面前有肴膳時，所有的人都連麵包一起吃的；我可不認為由於這一點被稱作『吃肴膳者』的。」

席上有一人說：「當然不。」

蘇格拉底說：「要是有人不是為了鍛鍊而是為了口腹之快，光吃肴膳不帶麵包，他像個『吃肴膳者』還是不像？」 3

這人說：「很難說別人是個『吃肴膳者』，這個則不是。」

席上另一人說：「多吃肴膳而連帶一點點麵包的人呢？」

蘇格拉底說：「據我看來，稱這人為『吃肴膳者』似乎也恰當。別人向神祈求穀物豐收，這人自然祈求肴膳豐盛。」

蘇格拉底說了這番話，那個青年知道為他而發，他還是繼續吃菜，卻也不拿起麵包了。蘇格拉底見到這種情形，說：「諸位靠近的人請看看：他把麵包當作肴膳，還是肴膳當作麵包。」 4

有一回，蘇格拉底在一同吃晚飯的人當中，見到另外一個人連吃好幾樣菜才吃一口麵包，便說：「一個人吃許多東西，同時把各種美味食物塞進嘴巴，還有沒有比這種吃法更浪費烹飪工作，更糟蹋肴膳呢？他比廚子拌入更多的東西，這就做成浪費；廚子不拌入不適宜的東西，他卻拌進去了。如果廚子做得對，那他就做錯，同時破壞了廚子的技藝。真的，精通烹飪技藝的廚子準備好一切，這個對這門技藝一無所知的人變換了他們的安排，怎麼不是一回可笑的事？還有一件事會發生在習慣同時吃許多東西的人身上：沒有許多東西擺在眼前，他會覺得不足夠，只盼望習慣見到的東西。至於習慣一口麵包帶一口菜的人，即使肴膳不多，也能高高興興吃一種菜式的。」 5

6

他經常說在雅典人口頭裏，「吃得好」就是「進食」。加進「好」字，表示吃的東西對心靈和肉體無所妨害，也不困難找到。所以他把「吃得好」跟飲食清淡有規律的人聯繫起來。 7

第四卷

〔一〕

本章大意　一、人們跟蘇格拉底結伴，獲得益處；他有推知一個人稟賦是否良好的準則。二、蘇格拉底強調稟賦好的人特別需要教育，否則成為最壞和有害處的人。三、有財富的人也要受教育，不受教育會成為沒有頭腦的人，區分不出利和害。

蘇格拉底在所有事情上通過各種方法給人們帶來好處，所以即使是理解力平凡之輩考慮事情時也清楚看到：無論甚麼地方，無論甚麼事情，沒有甚麼比跟蘇格拉底結伴或者跟他一起生活更有好處了。慣常跟他結伴和接納他意見的人，當他不在跟前時想起他，還是大有好處的。他就是開玩笑，對一起生活的人益處也絕不比嚴肅談話少。

他常常說愛某一個人，顯然不是愛那些有天生美好身體的人，而是愛那些有天生傾向德行的靈魂的人。他根據迅速學習心中注意的東西、記憶學習過的東西和渴望各種課程——能夠好好的管理家庭和城邦，總之，能夠善於應付眾人和人事的課程——去推知一個人良好的稟賦。他認為這樣的人要是受了教育，不但本人覺得快樂，能好好的管理自己的家，也能夠令別人和別的城邦快樂的。

2

3　　　　他接近各人的方式不相同。對一些自以為稟賦良好、輕視學習的人，他教導說人們認為最優良的稟賦特別需要教育。他指出本性最好的馬匹勇猛剛烈，倘使從小受到羈勒，會變成頂有用頂好；沒有受到羈勒的話，便變得頂難控御，最沒用處。還有本性最好的狗勤勞吃苦，襲擊獵物；有了良好訓練，打獵時最好最有用；沒有訓練的話，

4　會變得一無是處，瘋狂和頂不聽話了。同樣本性最好的人內心最有活力，最是具有完成他所做的工作的能力。這種人經過教育和學習了必須做的事，會變成最超卓和最有益於人的人，因為他們做出許多和偉大的美好的事。倘使不受教育，不學無術，那就變成最壞和有害處的人了，因為這種人不曉得區分出哪些是該做的事情，許多時候幹了壞事；並且由於自大衝動、難以拘束、固執不變，於是做出許多和嚴重的壞事。

5　　　　一些人由於財富而自大，認為沒有受教育的必要，認為財富足以替他們完成心中想做的事，足以令他們受人尊敬。蘇格拉底開導這些人，說一個人認為不必學習而能夠區分事物的利害，這個人沒有頭腦；一個人要是區分不出利害，卻使用財富取得心想的東西，還認為能夠做出有利的事，這個人也沒有頭腦。一個人如果不能夠做出有利的事，卻認為幹得好，認為能夠很好地和充分地提供各種生活資料，這個人是傻子；一個人甚麼也不懂，卻認為由於財富的緣故，不無可取；或者明知毫無可取，卻認為可以獲得名聲，這個人也是傻子。

〔二〕

本章大意 一、青年埃夫提第摩不希望別人對他有這樣的印象：他跟老師學習治理城邦的學問。蘇格拉底在他面前表示意見：一切手藝和技能都需要老師指導，治理城邦之術不該例外。二、通過跟蘇格拉底交談，埃夫提第摩感到自己所學的不足。三、蘇格拉底分析，「了解自己」的重要性。四、二人討論好壞、民主等問題，埃夫提第摩最後被迫承認自己的無知。

蘇格拉底怎樣對待那些自以為接受過良好教育、並且以智慧驕人的人，我現在敘述。

漂亮的埃夫提第摩收集了許多極負盛名的詩人和智士的著述。由於這樣，便覺得在智慧上跟年歲相若的人有差別；同時懷著巨大的希望，希望演說和做事的能力勝過所有的人。蘇格拉底知道這回事，又打聽出埃夫提第摩由於年紀輕，還不能到市場參加市民大會[1]；他想做甚麼事，只能夠坐在靠近市場的製馬鞍的鋪子裏。蘇格拉底和幾個朋友到這個鋪子去。有人首先提出問題：帖米西多克里在市民中這麼出類拔萃，以致城邦每當需要特殊人才時，總要對他另眼相看，這是因為他跟過某一智士的緣故呢，還是天生這樣。蘇格拉底希望刺激一下埃夫提第摩，便說一個人相信欠缺良師，不會在價值不大的手藝上有特殊成就；同時又相信統治城邦——那是比甚麼都重大的工作——之術，人們會自動掌握，這是荒謬不過的。

2

1　雅典法律規定：男子滿20歲，才有資格參加市民大會。大會在市場或其他空地上舉行。

3　　　　另外一次，埃夫提第摩在場。蘇格拉底注意到他離開大家，同時態度有所保留，不表露稱讚蘇格拉底的智慧，便說：「朋友們，這位埃夫提第摩到了適當年歲時，要是城邦提議人們就某椿事情講話，他不會抑制不提意見的。從他所作所為看，再也明顯不過了。我覺得他準備講詞開頭美妙的一段時，避免讓人產生他跟過某人學習的印

4　象。因為清楚得很，開頭的引言是這樣說的：『雅典公民們，我從沒有跟任何人學過任何東西，也沒有聽了某人專長演說和做事便尋求會面，也沒有在知識分子中設法尋找老師；我恰恰相反。我不但繼續避免向人學習，甚至避免讓別人有這種印象[2]。我向大家提出的是心裏

5　自然而然泛起的意見。』其實這樣的引言，對希望求取城邦委派醫務工作的人[3]最合適，因為他們最好從這裏開始演說：『雅典公民們，我從沒有跟任何人學過醫術，也沒有在醫生中找誰做我的老師；我不但繼續避免向醫生們學習，還避免讓別人有我學過醫術的印象。請委派我醫務工作，我會嘗試在大家身上作危險實驗，進行學習。』」

　　　　在場所有的人聽了這個引言，都笑起來了。

6　　　　埃夫提第摩顯然注意到蘇格拉底的話，可是仍然不作聲，認為沉默可以贏得謙遜的名聲。蘇格拉底希望他不要這樣，說：「真是奇怪啊，希望彈琴、吹笛子、騎馬或者別的如此之類的技藝出色的人總是嘗試盡可能經常練習希望日後表現出色的項目；不但自己練習，還跟被認為最高明的人練習。他們從事和忍受一切，以免缺少了高明的人的知識，不能成事。因為他們相信不能夠通過別的方法成名。另外，在希望成為有演說和從政本事的人當中，一些卻認為突然之間便

2　指向人學習的印象。

3　雅典除私人醫生外，還有政府醫生，都由公眾選出，薪金由公家支付。

能做到這樣，不需要事前準備和注意。說起來，這方面似乎比那方面 7
更難取得成功。困難的相差程度，就像很多人從事這些，而有所作為
的卻很少一樣。投身這方面的人顯然比投身其他方面的人需要更多和
更用心力的注意。」

最初蘇格拉底每回說這些話，埃夫提第摩聽著。及後蘇格拉底了 8
解到自己談話時，埃夫提第摩益發立意忍耐聆聽，於是獨個兒到製馬
鞍的鋪子去。埃夫提第摩坐在他身旁時，他說：「埃夫提第摩，告訴
我，聽說你收集了許多人們稱為有智慧的人的著述，真的是這樣？」

埃夫提第摩說：「真的，我還準備盡我所能收集更多。」

他說：「伊拉！我讚羨你。因為你喜歡得到的不是銀子和金子的 9
寶藏，而是智慧的寶藏。顯然你認為銀子和金子不會使人們變得好
些，而智者的見解則使掌握者通過德行而充實富有。」

埃夫提第摩聽到這番話，認為蘇格拉底肯定自己對智慧的追求，
十分高興。蘇格拉底了解到埃夫提第摩喜歡這番讚美，說：「埃夫提 10
第摩，你收集著述，希望自己成為哪方面的出色人才？」

由於埃夫提第摩默不作聲，思索怎樣回答，蘇格拉底又說：「難
道成為醫生？因為醫生的著述不少。」

埃夫提第摩說：「不是。」

「那麼難道希望成為建築師？這方面也需要有知識的。」

埃夫提第摩說：「也不是。」

他說：「難道你盼望像帖奧鐸羅[4]一樣，成為出色的幾何學家？」

埃夫提第摩說：「不是幾何學家。」

他說：「難道想成為天象學家？」

4　帖奧鐸羅，基令尼（在非洲北部）人，曾在雅典教學，柏拉圖向他學習過。

由於這一點埃夫提第摩也否認了，蘇格拉底又説：「那麼難道成為歌詩吟誦者[5]？因為據説你有荷馬的所有敘事詩。」

埃夫提第摩説：「絕對不會，因為我知道歌詩吟誦者儘管徹底了解敘事詩，這些人可十分沒頭腦。」

11　他説：「埃夫提第摩，你不是渴望這麼一種才能：一種藉此人們可以管理城邦和家庭，並且能夠統治、能夠造福別人和自己的才能吧？」

埃夫提第摩：「蘇格拉底，我極端需要這種才能。」

他説：「啊！你渴望的是最美好的才能、最重要的藝能；那是帝王的才能，稱為帝王之術。不過你可曾想過不公正的人在這些方面能否成為出色的人？」

埃夫提第摩説：「想得清清楚楚。一個人欠缺公正，不會成為良好公民的。」

12　他説：「怎樣？這點你做到沒有？」

埃夫提第摩説：「蘇格拉底，我認為自己公正的程度，不比任何人差。」

他説：「公正人的工作就像木匠的工作那樣嗎？」

埃夫提第摩説：「是。」

他説：「木匠能夠展示他們的工作，同樣，公正的人也能詳細説明他們的工作麼？」

埃夫提第摩説：「難道我不能詳細説明公正的工作麼？我甚至可以詳細説明不公正的工作的，因為每天看到和聽到不少這樣的事情。」

5　歌詩吟誦者指在公共地方對群眾詠誦敘事詩、特別是荷馬敘事詩的人。這些人來往各城各區，以誦詩為業。他們最初很受尊崇，可是到了蘇格拉底時代，已受一些人所鄙視，如下文埃夫提第摩的態度就是。

蘇格拉底説：「你願不願意我們在這兒寫個 Δ，那兒寫個A，然 13
後我們把覺得公正的事放在 Δ 之下，不公正的則放在A之下⁶?」

埃夫提第摩説：「如果你認為需要這些字母，你寫好了。」

蘇格拉底寫好了提議所要寫的，説：「人世間可有説謊這回事？」

埃夫提第摩説：「當然有。」 14

他説：「這回事放在哪一方之下？」

埃夫提第摩説：「很清楚，放在不公正之下。」

他説：「可有欺騙這回事？」

埃夫提第摩説：「肯定有。」

「這回事放在哪一方之下？」

埃夫提第摩説：「很清楚，也放在不公正之下。」

「幹壞事呢？」

埃夫提第摩説：「有。」

「賣自由人為奴隸呢？」

「這也有。」

「埃夫提第摩，這幾項之中沒有一項我們放在公正之下？」

埃夫提第摩説：「不，這樣太可怕了。」

「要是一個當選為將領的人征服和奴役一個不公正及有敵意的城 15
邦，我們説他做得不正當？」

埃夫提第摩説：「不。」

「我們不是要説他做得正當？」

「當然。」

---

6 Δ 是希臘文「公正」一字的第一個字母；A是希臘文「不公正」一字的第一個
字母。

「作戰時他欺騙對方，那怎麼樣？」

埃夫提第摩說：「這是正當的。」

「要是他偷盜和劫掠對方的財物，不也做得正當嗎？」

埃夫提第摩說：「當然。不過我以為剛才你問的問題只對朋友而言。」

他說：「所有我們放在不公正之下的項目，不是也必須放在公正之下？」

埃夫提第摩說：「好像是。」

16　　他說：「這些項目這麼放置以後，你想不想重新界定：同樣的事對敵人做得公正，對朋友則不公正；對朋友必須絕對坦誠？」

埃夫提第摩說：「十分對。」

17　　蘇格拉底說：「倘使一位將領看到軍隊士氣低沉，於是謊稱盟軍到了，因此重新振起軍隊的士氣，這怎樣？我們把這番謊話放在哪一方之下？」

埃夫提第摩說：「我認為公正之下。」

「要是一個人的兒子需要吃藥，可是拒絕服食，這個人把藥交給兒子，騙他是食物。這樣用了欺騙手段，兒子恢復健康。這番謊話我們又放在哪裏？」

埃夫提第摩說：「我看這個也放在同樣的位置。」

「如果一個人看見朋友意志消沉，怕他會輕生，便偷走或搶走他的劍或其他諸如此類的利器；這回事我們又放在哪一方之下？」

埃夫提第摩說：「這也在公正之下。」

18　　蘇格拉底說：「你是說對朋友也不需要各方面坦誠？」

埃夫提第摩說：「真的不需要。如果允許的話，我要改變剛才說過的話。」

他說：「應該允許的。這比擺錯論點的位置好得多。此外，那些欺騙朋友而損害對方的人——這一點也不能遺漏不加考查——，有意欺騙和無意欺騙，哪一個更不正當？」

「蘇格拉底，我對自己的答話再沒有信心。因為剛才所說的一切，現在看來，好像是另一回事。不過姑且說有意說謊的人比無意說謊的人更加不正當吧。」

「你認為公正的學習和知識就像字母的學習和知識一樣？」

「是的。」

「你判斷誰比較識字：有意寫錯和讀錯的人呢，還是無意寫錯和讀錯的人？」

「我看有意的人。因為只要他願意，這兩樁事可以做得正確的。」

「這麼說有意寫錯的人識字，無意的人不識字？」

「怎麼不是？」

「有意說謊和欺騙的人懂得公正還是無意說謊和欺騙的人？」

「顯然是有意的人。」

「你是說懂得字母的人比不懂得的更識字？」

「對。」

「懂得公正的人比不懂得的更公正？」

「似乎是。不過我不知道說得可對。」

「假如一個想說真話的人對相同的事從來沒有說過相同的話；提到同樣的路，有時說通向東，有時說通向西；計算同樣的數目，有時算起來多些，有時算起來少些；這樣的人你認為怎樣？」

「顯然他不知道自以為知道的東西。」

「你可知道有些被稱為奴性的人[7]？」

19

20

21

22

7　奴隸沒有受教育的機會，所以「奴性的人」也就含有「無知無識的人」之意。

「知道。」

「由於智慧還是由於無知的緣故？」

「顯然由於無知。」

「獲得這般稱號，由於對製銅器無知嗎？」

「自然不是。」

「由於對木工無知嗎？」

「不是由於這個。」

「由於對製鞋無知嗎？」

埃夫提第摩說：「任何一項也不是，恰恰相反。因為大多數懂得這些手藝的人是奴性的人。」

「難道這個稱號屬於不懂得美好、完善和公正的人的？」

23　　埃夫提第摩說：「起碼我這麼認為。」

「這樣我們必須多方努力，避免成為奴性的人。」

埃夫提第摩說：「神啊！蘇格拉底，我以往深信我學習哲學，認為通過哲學會接受一種適合於追求內外美好的人的教育。現在看到自己儘管經過從前的種種努力，竟然不能回答我非要知道不可的問題。另一方面，又沒有一條沿此前行自己便會進步的道路，你想我多麼洩氣啊！」

24　　蘇格拉底說：「埃夫提第摩，告訴我，去過得歐斐沒有？」

埃夫提第摩說：「去過兩回。」

「注意到神殿某處寫上『了解你自己』[8]沒有？」

「有。」

8　這是古代一句極著名的格言，一直在人們口中傳誦不衰。

「這句話你全不理會，還是加以注意，並且嘗試省察自己是個怎樣的人？」

埃夫提第摩說：「沒有。因為我認為清楚知道這句話。要是我不了解自己，很難知道別的東西的。」

「你認為一個人了解自己，光是知道本人的名字呢，還是要考查了自己本身對人類的用處，才算了解自己的能力？好像買馬匹的人那樣，沒有考查過馬匹聽話不聽話、強壯和瘦弱、迅速和緩慢，以及在其他用到馬匹的各項事情上合適不合適，便不以為了解了想要了解的馬匹。」　25

埃夫提第摩說：「據上面所說，我認為一個不認識自己能力的人不認識自己。」

蘇格拉底說：「人們認識自己，身受諸般好處；自己欺騙自己，身受諸般壞處；這難道不清楚麼？因為認識自己的人知道自己所需的東西，並且判別哪些有能力做，哪些沒有能力做。他們做自己懂得的事情，供給自己所需，同時享受成功；又因為遠離不懂得的事情，於是不犯錯過，避免挫敗。他們因此能夠考驗別人，通過跟別人的交往，提供好處，提防害處。不認識自己的人對本身的能力全然自我欺騙，對別人和其他人事也是一樣。他們不知道需要的東西，不知道做甚麼，不知道跟誰交往；所有一切全犯錯，好事失敗了，壞事則陷身其中。至於知道做甚麼的人，因為所做的事成功，於是獲得聲名，受人尊重；而同類的人樂意跟他們交往，事業失敗的人渴望他們提供辦法，給自己當指導，同時把成功的希望寄附在他們身上，因此喜愛他們超過了其他所有的人。不知道做甚麼的人，作出糟糕的選擇，進行的事情往往失敗，不但在事情上蒙受損害和招受懲罰，還因此而聲名　26　27　28　29

掃地，騰笑眾口，過著受輕視和不光采的日子。你見到有些城邦不清楚本身的力量，跟更強的對手作戰，結果一些被夷滅，一些由享有自由變成受人奴役。」

30 　　埃夫提第摩説：「蘇格拉底，你不必懷疑，我深信一個人必須極力設法去了解自己。只是該從哪兒開始自我考查，如果你願意，我盼望你對我詳細説明。」

31 　　他説：「哪些是好哪些是壞，你一定知道了，是嗎？」

　　埃夫提第摩説：「當然。要是這個不知道，我比奴隸還要差勁了。」

　　他説：「來，向我詳細説明這個。」

　　埃夫提第摩説：「這沒有難處。首先我認為健康本身是好的，疾病本身是壞的。然後這兩椿事每一椿的形成原因：促進健康的飲料、食物和工作是好的，引致疾病的則是壞的。」

32 　　他説：「這樣當健康和疾病作為某種好事的成因時，那是好的；作為某種壞事的成因時則是壞的。」

　　埃夫提第摩説：「甚麼時候健康作為壞事的成因、疾病作為好事的成因？」

　　他説：「在一場失敗的軍事行動之中或在一場災難性的航海當中，或者在其他許多類似的情況之中，一些人由於身體健壯參與其事而丟了性命，另一些人由於身體衰弱留下來而安然無事。」

　　埃夫提第摩説：「説得對。不過你也見到前者因為身體健壯沾到利益，後者因為身體衰弱留下來。」

　　他説：「這些事一時有利，一時有害，究竟是好是壞？」

33 　　「這樣子討論，看不出來。可是，蘇格拉底，智慧無可懷疑是好的了。有哪一椿事，有智慧的人比不上無知的人做得那麼好的？」

他說：「怎樣，你難道沒有聽過戴達羅由於有智慧，給米諾抓起來，被迫受米諾奴役；他同時失去了邦國和自由；他設法跟兒子逃亡，卻送了兒子性命，自己也不能逃出生天，再次被帶到異族人的地區當奴隸[9]？」

埃夫提第摩說：「不錯，人們是這樣說的。」

「還有巴拉米第的遭遇：所有的人歌頌他，說由於智慧，招致奧第謝夫嫉忌而送命[10]；難道你沒有聽過麼？」

埃夫提第摩說：「人們也這樣說的。」

「你知道其他多少人因為智慧的緣故流放到大王王廷，在那裏當奴隸？」

埃夫提第摩說：「蘇格拉底，快樂似乎是無可爭論的好事了吧。」 34

他說：「埃夫提第摩，如果一個人不是用有爭論性的好處去組成快樂的話。」

埃夫提第摩說：「快樂的成分當中，甚麼是可爭論的？」

他說：「沒有，除非我們把美麗、氣力、財富、名譽或者其他諸如此類加進快樂裏面。」

埃夫提第摩說：「可是我們要加進的啊。一個人欠缺這些，怎能快樂？」

9　戴達羅，雅典人，擅長工藝技巧。因為嫉忌外甥，把外甥殺了，逃亡到克里地，成為克里地王米諾的賓客，並替米諾建造許多東西，包括著名的迷宮。後來因事激怒米諾，米諾便把他和兒子囚禁起來。戴達羅製了兩副翅膀，父子兩人同時縛上，逃出囚牢。但在飛行途中，兒子不幸跌下海中溺斃，只有戴達羅一人最後逃到西西里。

10　巴拉米第是特洛城戰爭中英雄之一，聰慧多智，曾揭穿奧第謝夫的詐謀。奧第謝夫懷恨在心，誣告他變節通敵。希臘人相信奧第謝夫的誣詞，用石頭把他擲死。

35　　　　他說：「那麼我們加進了許多對人類不愉快的因素。因為許多人由於美麗，被狂熱追求美貌的人毀了；許多人因為有氣力，要去幹較吃力的工作，陷入大大挫敗的境地；許多人因為有財富，驕逸縱恣，詭計害人，終於性命不保；許多人因為有名譽和政治力量，遭受大大的災禍。」

36　　　　埃夫提第摩說：「要是稱讚快樂也說得不對，那我承認不曉得該向神祇祈求些甚麼了。」

　　　　他說：「也許因為你深信懂得這些問題，所以不去思索。你既然準備將來領導民主政體的城邦，顯然你知道甚麼是民主了。」

　　　　埃夫提第摩說：「完全知道。」

37　　　「你認為不知道甚麼是民眾，能夠知道甚麼是民主嗎？」

　　　「不認為。」

　　　「你知道甚麼是民眾？」

　　　「我認為知道。」

　　　「你認為民眾是甚麼？」

　　　「我認為是公民中的窮人。」

　　　「你知道窮人嗎？」

　　　「怎麼不知道？」

　　　「你也知道富人了？」

　　　「不比知道窮人的少。」

　　　「你叫甚麼人做窮人，甚麼人做富人？」

　　　「沒有能力支付生活必需開支的，我認為是窮人；綽有餘裕的，我認為是富人。」

38　　　「你可有注意到一些人儘管所有極少，可是不但夠用，還能從中省下一些；另外一些人所有極多，可是不夠用？」

埃夫提第摩說：「不錯，你提醒了我，這很好。因為我知道有些僭主就像最窮的人那樣，由於貧困，被迫做壞事。」

蘇格拉底說：「要是這樣子，我們把僭主放在民眾當中。財物雖少而節儉持家的，我們放在富人當中。」

埃夫提第摩說：「顯然我的愚昧迫使我承認這點。我想也許最好閉口不言，因為我似乎絕無所知。」

他於是垂頭喪氣離開，鄙視自己，認為自己其實只是一名奴隸。

許多人受蘇格拉底這樣子對待，再也不接近他了；他認為他們比較魯鈍。埃夫提第摩心裏卻明白：不多多跟蘇格拉底結伴，便沒有法子成為一個值得稱道的人。除非有要事，不會離開他，有時還模仿他的所作所為。蘇格拉底明白了埃夫提第摩的用心之後，再不令他困擾，只是極其簡單地、極其明晰地解釋他認為埃夫提第摩必須知道的事和最好去做的事。

39

40

〔三〕

本章大意

蘇格拉底和埃夫提第摩談論神祇的問題：一、神祇對人類關懷備至。二、世間的野獸，為了人類而存在。三、神祇賦予人類理性和語言。四、我們雖然見不到神祇，但見到神祇的工作。我們該根據神功尊敬神靈，感激神恩。

蘇格拉底不急急要求同遊者成為擅長說話、活動和有智計的人。他認為首先必須讓正確意念根植於心。他的看法是：缺乏正確意念而又有這般能力的人，幹起壞事更加不顧道義，更加本領高明。

2　　　　第一步，他嘗試使同遊者對神祇有正確的看法。他對其他人這麼說，許多靠近他的人已作記述。他跟埃夫提第摩談論時，我也在場，大概是這樣的：

3　　　　他說：「埃夫提第摩，告訴我，你有沒有想過神祇安排人類所需的東西多麼周到？」

埃夫提第摩說：「啊！沒有。」

他說：「你可知道我們首先需要火，神祇便賜給我們[11]？」

埃夫提第摩說：「對。要是沒有火，儘管我們有眼睛，還是像瞎子一樣。」

「還有，我們需要休息，神祇便賜給我們黑夜——最好的歇息時刻。」

埃夫提第摩說：「這真值得感激。」

4　　　　「明亮的太陽為我們照明白天的時刻和其他一切東西。晚上因為黑暗，比較不明亮，神祇便點起星星，為我們顯示夜間的時刻。由於這樣，我們可以做許多需要做的事。是不是這樣？」

埃夫提第摩說：「是這樣。」

「月亮不僅為我們顯示夜間的時刻，還顯示每月的日子劃分情況[12]。」

埃夫提第摩說：「對。」

5　　　　「還有，因為我們需要糧食，神祇便從地裏長出糧食給我們。為了達到這個目的，還賜給適合的季命。這些季節提供大量而且品種繁多的東西，而這些東西我們不但需要，還能從中獲得快樂，是嗎？」

埃夫提第摩說：「這是對人類友愛的表現。」

11　普羅米帖夫從天上盜火賜給人類。
12　古代用陰曆。

「神祇還賜給我們極可寶貴的水。水配合土地和季節，種植和生長所有對我們有用的東西。我們連同水進食。在所有食物裏混含水份，會使食物更易消化、更有益、更美味。因為我們需要大量的水，神祇便無限量地賜給我們，是嗎？」 6

埃夫提第摩說：「這也是神祇的關懷。」

「神祇向我們供應火，幫助禦寒照明，協助一切工藝，協助人類為了本身利益而製造物品，是嗎？一句話，缺少了火，各種對生活有用的東西，人類連一件像樣的也造不出來。」 7

埃夫提第摩說：「這超過了友愛人類的程度。」

「冬天太陽運轉，移近我們，使一些東西成熟，使一些過時的東西乾枯。太陽完成了這些工作，不再更加靠近，反而後退，以免放射超出需要的熱量，傷害了我們。它這樣再後退，到了某一點；很明顯後退要是超過了這一點，我們便會給寒冷僵住了。然後太陽又回轉向我們靠過來。它總是在我們最有利的一段天路上移動，是不是？」 8

埃夫提第摩說：「不錯，似乎純粹為了人類。」

「我們無法抵受突如其來的熱和冷，那是明顯不過的事。所以太陽一點點靠近，一點點後退，使我們不知不覺間到了兩方[13]的極點？」 9

埃夫提第摩說：「我這麼想：神祇除了照顧人類，可還有別的工作。唯一使我困擾的，是其他野獸也分享著這些恩惠。」

蘇格拉底說：「野獸也是為了人類而生育和豢養，這一點難道不清楚麼？有哪一種野獸像人類一樣從山羊、綿羊、牛、馬、驢和其他牲畜身上享用到這麼的好處？我認為比從植物享用到的更多。人們從前者獲得的糧食和金錢不會比後者獲得的少。許多部族不用地上長出 10

13　熱和冷。

來的東西做口糧，他們靠牲畜過活：飲奶、吃乳酪和肉。人們馴養和制服有用的野獸，用作在戰爭中或其他事情上的助手。」

埃夫提第摩說：「我同意你的話。因為我見到比我們強有力得多的野獸都受人們指揮，任由人們隨意使用。」

11　　「美麗和有益的事物很多，彼此各不相同。神祇賦予人類適應每一種事物的意識，憑藉這些意識，我們享用所有美好的事物。神祇還給我們植入理性，憑藉理性我們思索和記憶起我們所感受的東西，便能了解清楚每樁事物哪裏有益，便能定出許多辦法，使我們享用諸般 12　好處，排除諸般壞處。神祇又賜給我們語言表達能力，通過這種能力，我們彼此指點，分享美好的事情；我們又互相溝通，制定法律，從事政治活動。可是這樣？」

「蘇格拉底，無可懷疑，神祇對人類萬分關懷。」

「當我們無法預見將來的利益時，神祇便這樣子幫助我們：通過預言向求問者宣示未來的事，並且指點如何轉向大吉，是嗎？」

埃夫提第摩說：「蘇格拉底，神祇對你似乎比對其他人更友善，因為不用你問，神祇已經事前提示你那些應該做，那些不應該做了。」

13　　「如果你不等候到看見神祇的形體，只要見到神祇的工作便足以使你虔敬和尊重神祇，那你會知道我說的不是虛言。想一想：神祇是這樣子向我們作出暗示的：其他神祇賜給我們種種好處。在賜給每一種時，從不顯現形體。那位安排和掌握所有美麗和完善事物的宇宙之神，經常賜給我們這些使用者不損毀的、健康的、不衰老的事物——這些事物為我們服務，來得比思想還快，同時沒有錯誤——。我們見 14　到這位神祇做偉大的工作，但是見不到他處理工作的過程。想一想：所有的人看得見的太陽，卻不允許人們向它直視。誰要是大膽嘗試，便會喪失視力。此外，你會發覺神祇的僕役也是無迹可見的。

雷顯然由上方劈下，懾服一切相遇的東西。可是在接近、轟擊和後退時都看不見。風也是看不見的；風所做的事我們可清楚，吹近時我們也感覺到。還有人的靈魂，靈魂比人身其他部分更具神靈性質。明顯得很，靈魂在我們體內起支配作用，但是我們見不到。明白到這些，便不該輕視看不見的東西；應該根據做出來的事情，了解他們的力量，從而尊敬神靈。」

埃夫提第摩說：「我清楚知道自己對神靈沒有絲毫怠忽。使我洩氣的是：我覺得人類之中沒有一個以深厚的感激回報神祇的恩惠。」 15

蘇格拉底說：「埃夫提第摩，別為這個洩氣。你見到得歐斐的神祇吧。每當有人問他怎樣感激神恩，總是回答『根據城邦習尚』。事 16 實上各地都有量力祭奉取悅神祇的習尚。一個人尊敬神祇，有甚麼比 17 得上聽神祇的吩咐去做更好更虔誠？不應該不盡力量。要是誰這樣做，顯然不尊重神祇。不遺餘力尊重神祇，必須提起勇氣，祈望最大的好處。一個人從別的人那裏而不是從有能力給與最大利益的人那裏盼望較大好處，或者用其他方式而不是用取悅他們的方式，這個人頭腦未見明晰。除了儘量聽信他們，還有甚麼更能使他們高興的？」

他這樣說，也這樣做，使得同遊者更虔誠、更有正確意念。 18

〔四〕

本章大意　蘇格拉底公正守法，這可從一些事例中看出來。他跟智士邑比亞談論公正時，表示自己通過行動指出甚麼是公正，而守法就是公正；然後引到關於法律的談話。最後結論：神喜歡公正和守法。

　　蘇格拉底不隱瞞對公正的看法，還從行動中顯示出來。他私下裏和所有人相處，守法利人；在公開的場合，他遵照法律規定，在城邦中和軍事行動中服從領導；所以他比其他人特別明顯守紀律。他在市民大會當主席時，禁止群眾違法投票。他擁護法律，反對群眾這樣一種我相信沒有人可以抵受的衝擊。他不服從三十人執政團向他發出的違法命令。他們禁止他跟年青人談話；又命令他和其他公民拘捕某人[14]處死，只有他一個人不服從命令，因為發給他的命令是違法的。在法庭裏，別的人往往不顧法律，習慣講話取悅法官：諂媚和求懇。許多人常常因此被法官省釋。梅利多告狀時，蘇格拉底完全不想不顧法律，他在法庭裏照習慣去做。其實如果他稍稍那樣做[15]，很容易獲得法官省釋的，可是他寧可守法而死，不願違法而生。

　　許多時候他總對別人這樣說。我知道有一回他跟伊里人邑比亞[16]談及公正的問題，大概是這樣：

14　指列昂，沙拉美島人，雅典公民，民主政治者。三十人獨裁政府當政時，他退居故鄉避禍。

15　諂媚和求懇法官。

16　伊里，在貝羅坡尼梭半島西北部。邑比亞，著名智士，生卒年代不詳，年輩大概和蘇格拉底相同。他學問淵博，才辯縱橫，尤長於天文和人物性格的研究。

邑比亞在離開多年以後回到雅典，來到蘇格拉底這邊。這時蘇格拉底正向一些人說假如一個人希望另一人學做鞋匠、木匠、銅匠、騎師，毫不懷疑會送他到那裏達成目標。〔人們特別說誰想叫馬和牛有規矩，各處都不乏這類的教師。〕假如一個人希望自己學習公正或者教導兒子及奴隸公正，卻不知道要達成目標該到哪裏，那是奇怪的事。

邑比亞聽到這些話，好像開蘇格拉底的玩笑說：「蘇格拉底，還是說我多年前聽你說過的老話嗎？」　　6

蘇格拉底說：「邑比亞，更糟的是：我不但經常說同樣的話，還說同樣的話題。你也許由於學識淵博，同樣的話題從來不作相同的説法吧。」

邑比亞說：「不管怎樣，我常常嘗試談些新東西。」

他說：「關於你知道的事，你採取哪種態度？譬如說關於字母。　　7要是有人問你『蘇格拉底』這個字有多少字母和有哪幾個字母，你是不是最初試試那樣說，後來試試這樣說？或者二五可是一十，你對詢問數目的人前後回答不是一致麼？」

邑比亞說：「蘇格拉底，這些問題我跟你一樣，所說常常相同。不過關於公正，我深信現在要說的，你和任何其他人無法反駁。」

他說：「啊，伊拉！倘使審判人停止投意見分歧的票；公民停止　　8爭吵有關公正的問題，停止互相訴訟，停止騷亂暴動；城邦停止對公正的分歧看法，不再作戰；真是大大的好事，而你說找到了。我在聆聽你找到的這樣大好事之前，不知道怎麼能夠捨你而去。」

邑比亞說：「你在清楚說出對公正的看法之前，不會聽到甚麼。　　9你取笑其他人，質詢和考驗所有的人，自己卻不願意向任何人發表談話，也不對任何一椿事表示意見，這已經夠了。」

10　　　　他說：「邑比亞，你說甚麼？你難道不知道我不停指出我認為是公正的事項嗎？」

　　　　邑比亞說：「你說過甚麼話？」

　　　　他說：「我如果不是用言語指出，那便是通過行動指出。或者你不認為行動比言語更有證明價值？」

　　　　邑比亞說：「當然更有證明價值。許多人嘴裏說公正，做事卻不公正；做事公正的，不會是個不公正的人。」

11　　　「你可曾見過我作假證明、譏謗、挑撥朋友或城邦爭吵不和，或者幹其他不公正的事？」

　　　　邑比亞說：「不曾。」

　　　　「你不認為遠離不公正就是公正的麼？」

　　　　邑比亞說：「蘇格拉底，你現在顯然嘗試避免指出你認為公正是甚麼的意見。因為你說的不是公正的人做的事，而是不做的事。」

12　　　蘇格拉底說：「不過我覺得不願意不公正已經是公正的有力指明。如果你不以為然，看看這樣說你是否比較滿意：我說守法就是公正。」

　　　　「蘇格拉底，你說守法和公正相同？」

　　　　他課：「對。」

13　　　「我不理解你叫甚麼是守法，甚麼是公正。」

　　　　他說：「你知道城邦的法律吧？」

　　　　邑比亞說：「知道。」

　　　　「你認為法律是甚麼？」

　　　　邑比亞說：「就是城邦居民在同意必須做和必須戒避的事項以後，記錄下來的文字。」

　　　　他說：「那麼守法的人就是在城邦裏遵循法律而生活的人，不守法的人就是踐踏法律的人？」

邑比亞説：「當然。」

「那麼服從法律的人做公正的事，不服從的人做不公正的事？」

「肯定。」

「那麼誰做公正的事是公正的人，誰做不公正的事是不公正的人？」

「怎麼不是？」

「這麼説，守法的人是公正的人，不守法的人是不公正的人。」

邑比亞説：「蘇格拉底，很多時候相同的立法者會否定法律、改變法律，這樣一個人怎能認為法律或者服從法律是一回重要的事呢？」　14

他説：「城邦許多時候發動戰爭，又再恢復和平。」

邑比亞説：「很對。」

他説：「你輕視服從法律的人，因為法律會廢止；你這樣做跟責備在戰爭中緊依陣列的人，因為戰爭會轉為和平，有甚麼分別？或者你譴責那些在戰爭中一心幫助邦國的人？」

邑比亞説：「不，當然不會。」

蘇格拉底説：「你可知道：斯巴達人黎古爾哥[17]如果在城邦中不特別建立服從法律的精神，絕不會令斯巴達跟其他城邦有所分別？你難道不知道城邦領導人當中，最能使得公民服從法律的是最好的領導人？而服從法律的公民所在的城邦，和平時生活最美好，戰爭時最不易屈服？此外各城之中，團結被認為是為是最重要的事。許多時候城邦裏的元老院[18]和最出色的人物鼓勵公民團結一致。希臘各處有公民　16

17　斯巴達著名立法者，生平不詳，較多的人認為他是公元前八世紀的人。

18　斯巴達最高的權力組織，由28名年紀60歲以上的人組成，稱為元老。元老由民眾大會選舉產生。雅典沒有元老院。

宣誓團結的法律，而同樣的宣誓無處不舉行。我認為出現這樣的事，不是公民對相同的合唱隊作判斷，也不是稱讚相同的笛師，也不是挑選相同的詩人，也不是對同樣的逸樂感到高興，而是為了服從法律。因為公民守法，城邦便變得最強大最幸福。缺乏同心一意，沒有城邦會治理得好，沒有家庭會管理得完善。

17　　「在私人生活方面，一個人要是不服從法律，怎會受到城邦較少的懲罰，較多的推重？怎會在法庭裏失敗少勝利多？一個人對誰可以多多信賴，託付財物、兒子和女兒？整個城邦認為那個人比守法的人更可信？父母、親戚、奴僕、朋友、同胞、外地人向誰更能獲得權益？敵人跟誰最有信心議定休兵、條約及和平協定？人們除了守法的人，還更願意跟誰結成盟友？結盟的人對誰最有信心付託領導權、防衛權或者城邦？一個人施了恩惠，希望從誰人比從守法的人獲得更多的報答？或者一個人除了向一個他認為可獲報答的人施恩惠，更願意向誰？除了這樣的人，一個人更願意跟誰成為朋友，更不願意跟誰成為敵人？一個人除了對極端希望結成朋友、極端不想成為敵人的人外，跟誰最不可能作戰；同時跟誰大部分人希望結成朋友和同盟、

18　極小部分人希望成為敵人和戰爭對手？邑比亞，我就是這樣子指出守法和公正相同。如果你有相反意見，請指教。」

　　邑比亞說：「蘇格拉底，對你所說的關於公正的話，我不認為有相反意見。」

19　　他說：「邑比亞，你知道有一些不成文的法律嗎？」

　　邑比亞說：「就是所有的地區對相同事情有共同看法的法律。」

　　他說：「你能夠說這些是由人制定的嗎？」

　　邑比亞說：「怎麼能夠？人們既不能聚集在一起，又沒有共同的語言。」

他說：「你認為那些人制定這些法律？」

邑比亞說：「我認為神祇為人類制定這些法律。因為在所有人類之中，尊奉神祇被看成首要的事。」

「各地也認為要尊敬父母麼？」 20

邑比亞說：「對。」

「父母不要跟孩子結合，孩子也不要跟父母結合？」

邑比亞說：「蘇格拉底，我不認為這是神祇的法律。」

他說：「為甚麼？」

邑比亞說：「我知道有人觸犯了這個。」

他說：「人們還觸犯了其他許多。不過如所周知，觸犯神祇制定 21 的法律的人會受懲罰，人類沒有任何方法可以逃避的；不像有些觸犯人類制定的法律的人，或者藏匿起來，或者使用暴力，逃避了懲罰。」

邑比亞說：「蘇格拉底，父母和孩子結合，孩子和父母結合，不 22 能逃避甚麼懲罰？」

他說：「最大的懲罰。有甚麼更大的懲罰比得上生養孩子的人生出不健全孩子的痛苦感受呢？」

邑比亞說：「怎會生出不健全的孩子？如果他們是好人，沒有甚 23 麼東西足以妨礙孩子從好人生下來的。」

他說：「因為生育孩子的兩方不但必須完美，身體也要成熟。或者你認為成熟的種子跟還未成熟的或者過於成熟的完全相同？」

邑比亞說：「自然不一樣。」

他說：「哪一種好些？」

邑比亞說：「顯然是成熟的。」

「未成熟的起不了作用？」

邑比亞説：「自然起不了。」

「在這種情況下不必生育孩子？」

邑比亞説：「當然不必。」

「那麼這樣生孩子的人，是在不應該的情況下而生的？」

邑比亞説：「我看是。」

他説：「如果不是他們，那誰會生不健全的孩子？」

邑比亞説：「我同意你的觀點。」

24 「怎麼樣，各地不是有回報做好事的人的習尚？」

邑比亞説：「對。可是這點也有人違反。」

「違反這點的人不是受到好朋友疏遠、被迫追求憎厭自己的人的友誼的懲罰？或者施恩惠給跟自己有關係的人不是好朋友，而由於忘恩負義不作回報的人也不受他們憎恨，因為跟這類人結伴大有好處，於是極力追求他們？」

邑比亞説：「蘇格拉底，真的，所有這些像是神意的安排。因為這些法律包含對違反者懲罰，我覺得這是比人類更高的立法者的工作。」

25 他説：「邑比亞，你認為神祇制定公正的法律，還是跟公正相反的法律？」

邑比亞説：「啊，不。如果神不會，其他人也絕不會制定公正的法律的。」

「邑比亞，這樣説來，神喜歡公正和守法相同。」

通過這樣的言行，蘇格拉底使接近他的人變得更加公正。

〔五〕

本章大意　蘇格拉底跟埃夫提第摩談論克制。不克制的人身受最壞的奴役，遠離智慧；克制則使人快樂和獲益。

我現在再說說蘇格拉底怎樣使同遊者成為更有幹勁的人。他相信克制對將來準備建功立業的人是件好事，於是首先對同遊者明白表示自己在這方面的訓練比所有的人多得多，然後通過交談勸勉他們儘量趨向克制。他經常記著趨向道德的用處，也就此點提醒所有的同遊者。　2

我知道有一回他對埃夫提第摩大概這樣談論克制的問題。他說：「埃夫提第摩，告訴我，你認為對男子漢或城邦來說自由是美好和重大的擁有？」

埃夫提第摩說：「當然是了。」

「一個人被肉體快樂所支配，同時由於這樣的快樂，無法做最好　3
的事；你認為這個人是自由人嗎？」

埃夫提第摩說：「絕不。」

「也許你覺得自由是做最好的事，而不自由是有人妨礙他做這樣的事？」

埃夫提第摩說：「正是。」

「那麼你認為不克制的人絕對是不自由的人？」　4

「自然。」

「你認為不克制的人只是受阻做不了最好的事，還是被迫要做最可恥的事？」

埃夫提第摩說：「據我看來，被迫做這個不比受阻做不了那個的
程度少些。」

5 　　「你看妨礙做最好的事和強迫做最壞的事的，是哪一類的主子？」

埃夫提第摩說：「能多麼壞就那麼壞的一類。」

「你認為那種奴役最壞？」

埃夫提第摩說：「我認為接近最壞的主子那種。」

「這麼說來，不克制的人身受最壞的奴役？」

「起碼我以為是。」

6 　　「你不覺得不克制遠離智慧——最大的好事——然後向人注進
相反[19]的東西？或者你不覺得不克制妨礙人們注意和徹底了解利益，
還把人們拖進逸樂之中；許多時候，人們雖然感到好和壞，但不克制
混淆了二者，使人喜歡壞事代替了好事？」

埃夫提第摩說：「這種事會發生的。」

7 　　「埃夫提第摩，我們說正確意念對誰比對不克制的人更不合適？
因為正確意念的表現和不克制的表現肯定相反。」

埃夫提第摩說：「這點我也同意。」

「你認為有甚麼比不克制更妨礙人們關懷要關懷的事物？」

埃夫提第摩說：「沒有。」

「使得一個人喜歡有害的東西代替有益的東西；勸服他注意前
者，忽略後者；強迫他做出跟有正確意念的人所做的相反的事，你認
為對一個人來說，還有甚麼更糟糕的？」

「沒有了。」

8 　　「那麼對人們來說，克制就是不克制相反面的成因，不是很自
然麼？」

19　與智慧相反。

埃夫提第摩説：「無可懷疑。」

「相反成因自然是最好的了？」

埃夫提第摩説：「自然是。」

蘇格拉底説：「埃夫提第摩，克制似乎對人們最好？」

埃夫提第摩説：「蘇格拉底，一點不錯。」

「埃夫提第摩，你有沒有想過這個？」　　　　　　　　　9

埃夫提第摩説：「哪個？」

「就是不克制好像可以單獨引領人們趨向快樂，事實上沒有這種能力的。使人快樂的不是別的，而是克制。」

埃夫提第摩説：「怎麼説？」

「不克制不許人們忍受飢餓、乾渴、肉慾、不眠；事實上只有通過這些人們才能開懷吃喝和肉體交接，同時舒服地休息和睡眠。人們等候和忍受，直至這些盡可能成為最大的快樂，從而防止人們在最需要和最經常性的享受中感到有意義的快樂。另一方面，克制唯一使人忍耐我所説過的一切，也唯一在所説的情況下做成值得記憶的快樂。」

埃夫提第摩説：「你説的十分對。」

「學習美好的東西、關注料理好身體、管理好家務、造福朋友及　　10
城邦和壓服敵人等事項，從中不僅產生最大的利益，也產生最大的快樂。克制的人做了這些[20]，便享受到這些[21]；不克制的人沒有份兒。這些利益和快樂，我們説誰比得上最少能力去做的人最不合適參與？因為他全副心力都放在眼前的逸樂上了。」

20　指學習、關注、管理、造福、壓服等事項。
21　指利益和快樂。

11　　埃夫提第摩説：「蘇格拉底，我似乎覺得你是説一個被肉體快樂所征服的人沾不上德行的邊了。」

　　蘇格拉底説：「埃夫提第摩，不克制的人跟最愚昧的野獸有甚麼分別？一個人不思索最好的事，只是用盡方法力求做最愉快的事，這跟沒有理性的畜牲有甚麼分別？只有克制的人才能思考事物之中最好的部分，同時通過言語和行動區分類別，選擇好的，摒棄壞的。」

12　　他説這樣便成為最超卓和最快樂的人，同時是最有能力討論的人。他説討論的得名，是由人們聚集一起共同探論、區分事物類別而來的。一個人必須嘗試對此作充分準備，認真研習。因為透過這個會成為最超卓、最擅長領導和最會討論的人的。

〔六〕

本章大意	一、蘇格拉底對下列概念作説明：虔敬、公正、智慧、善和美、勇敢、君主政體、獨 政體、貴族政體、民主政體。二、蘇格拉底把討論帶回去基本原則的例子。

　　我嘗試敘述蘇格拉底怎樣提高同遊者的討論技術。蘇格拉底認為知道每事的本質的人有能力向他人解釋明白，又説不知道的人自己犯錯誤，也帶引別人犯錯，絕不奇怪。所以他從不停止跟同遊者推驗每事的本質。詳細説明他對所有事物下界定的情況很不容易，這裏我舉出一些我認為足以清楚顯示他的探究方法的事例。

　　首先他大概這樣去探究虔敬。他説：「埃夫提第摩，告訴我，你認為虔敬是甚麼？」

　　埃夫提第摩説：「最好的事情。」

「你能夠說哪種人是虔敬的人？」

埃夫提第摩說：「我看是崇敬神祇的人。」

「可允許一個人根據自己喜歡的方式崇敬神祇？」

「不，有習尚在，必須根據習尚崇敬神祇。」

「曉得這些習尚的人會知道怎樣必須去崇敬神祇嗎？」　　3

埃夫提第摩誠：「我相信是。」

「知道怎樣必須崇敬神祇的人認為除了他知道的方式外，不該採用別的？」

埃夫提第摩說：「當然不該。」

「一個人會用其他而不用自己知道必須的方式崇敬神祇？」　　4

埃夫提第摩說：「我認為不會。」

「曉得和神祇有關的習尚的人會依例崇敬神祇麼？」

「不在話下。」

「依例崇敬的人會一如應該的那樣崇敬麼？」

「怎麼不？」

「一如應該的那樣崇敬的人是虔敬的人？」

埃夫提第摩說：「肯定是。」

「曉得和神祇有關的習尚的人，我們可以正確地界定為虔敬的人？」

埃夫提第摩說：「我看可以。」

「允不允許一個人根據自己喜歡的方式對待別人？」　　5

「不，不過一個知道甚麼是合法的事——人們必須據此互相對待——的人是守法的人。」

「那麼據此互相對待的人會一如應該的那樣對待麼？」

「怎麼不？」

「一如應該的那樣對待別人的人，對待得好麼？」

埃夫提第摩說：「當然。」

「對待別人好的人處理人事處理得好麼？」

埃夫提第摩說：「自然。」

「服從法律的人做事公正麼？」

埃夫提第摩說：「肯定的。」

6　　蘇格拉底說：「你知道哪些事稱為公正？」

埃夫提第摩說：「法律所規定的。」

「做法律規定的事的人做公正的事和應該的事？」

「怎麼不是？」

「做公正的事的人是公正的人？」

埃夫提第摩說：「我認為是。」

「你認為一些人服從法律，卻不曉得法律規定的事？」

埃夫提第摩說：「我不認為。」

「你可知道一些人知道該做甚麼事，卻認為不該去做？」

埃夫提第摩說：「我看沒有。」

「你知道有些人不做他們認為應該做的事，而做了別的？」

埃夫提第摩說：「不知道。」

「知道對人合法的事的人做公正的事？」

埃夫提第摩說：「當然。」

「做公正的事的人就是公正的人嗎？」

埃夫提第摩說：「還會是甚麼？」

「我們界定公正的人是知道對人合法的事的人；定義最後下得正確嗎？」

埃夫提第摩說：「我認為正確。」

「我們怎樣談智慧？告訴我：你認為人們了解清楚某些事物，才是這方面的智者；還是一些人對某些事物無所了解，也是這方面的智者？」 7

埃夫提第摩說：「顯然了解清楚事物。一個人對某些事物不懂，怎能是這方面的智者？」

「這樣說，智者所以是智者，由於知識的緣故？」

埃夫提第摩說：「如果不由於知識，一個人還由於其他甚麼而成為智者呢？」

「你認為智慧是別的東西，而不是藉此成為智者的東西？」

「不。」

「那麼知識就是智慧了？」

「我看是。」

「你以為有人能夠認識萬事萬物嗎？」

「噢，我看還不到事物的極小部分。」

「一個人不能對所有一切有智慧？」

埃夫提第摩說：「自然不能。」

「這麼說，每個人清楚了解甚麼，才是那方面的智者嗎？」

「我看是。」

「埃夫提第摩，我們也必須用同樣的方式討論『善』麼？」 8

埃夫提第摩說：「怎樣？」

「你看同一件事對所有東西有益麼？」

「我看不。」

「你看怎樣？你不覺得對一個人有益的東西有時對另一人有害？」

埃夫提第摩說：「十分覺得。」

「你能說善不是裨益而是另一回事嗎？」

埃夫提第摩說：「不能。」

「稗益就是對人有好處的善？」

埃夫提第摩說：「我以為是。」

9　「對於美，我們能有別樣的說法嗎？或者你稱軀體、物品或其他任何一件你認為在各方面都是美的東西為美？」

埃夫提第摩說：「不，不行。」

「每件東西對某方面有用，人們便據此恰當使用每件東西？」

埃夫提第摩說：「當然。」

「每件東西在別的方面美麗，而不是在恰當使用方面美麗？」

埃夫提第摩說：「不在別方面。」

「那麼用途就是在某方面有用的美？」

埃夫提第摩說：「我覺得是。」

10　「埃夫提第摩，你認為勇敢是美事之一？」

埃夫提第摩說：「我說是大大的美事。」

「你不認為勇敢對小事才有用？」

埃夫提第摩說：「不，對最大的事情。」

「一個人不懂得可怕和危險，你認為勇敢對這兩點有用嗎？」

埃夫提第摩說：「完全沒有。」

「凡是不認識上述兩點，從而不生戒懼的人不是勇敢的人。」

埃夫提第摩說：「對，否則許多瘋子和笨蛋都成為勇敢的人了。」

「一些害怕並不可怕的事物的人怎樣？」

埃夫提第摩說：「更不是了。」

「那些能夠善於應付可怕和危險的人，你認為是勇敢的人；拙於應付的人，你認為是笨蛋？」

埃夫提第摩說：「正是。」

「很好地應付這些事的，你認為是別樣的人而不是有能力恰當處 11
理這些事的人？」

埃夫提第摩説：「不，正是這些人。」

「笨拙地應付的，你認為是處理這些事不好的人？」

埃夫提第摩説：「還會是別的人麼？」

「二者可是使用他們認為必須的方式？」

埃夫提第摩説：「還會怎樣？」

「不能夠恰當處理的人知道必須怎樣處理麼？」

埃夫提第摩説：「肯定不。」

「知道必須怎樣處理的人也是有能力的人？」

埃夫提第摩説：「只有他們。」

「怎樣，不會挫敗的人會把這些事處理得不好麼？」

埃夫提第説：「我不以為。」

「事情處理不好的人會挫敗？」

埃夫提第摩説：「理所當然。」

「這麼説，曉得恰當處理可怕和危險事情的人是勇敢的人，而在
這方面挫敗的人是笨蛋？」

埃夫提第摩説：「我認為是。」

蘇格拉底認為君主政體和僭主政體都是統治形式，不過彼此不 12
同。君主政體是一種為民眾所接納，並且遵循城邦法律的統治；僭主
政體是一種民眾不接納、不遵循法律、而當政者想怎樣便怎樣的統
治。統治權由履行習尚的人執掌，這樣的政體他稱為貴族政體。統
治權根據財富而定，他稱為富豪政體。統治權歸所有人，他稱為民主
政體。

13　　倘使誰跟他爭論，説自己提及的人更聰明、更有政治才能、更勇敢或者其他諸如此類，但是語焉不詳，也提不出證據；他通常會把整個討論帶回去基本原則上。那大概是這樣：

14　　「你説你讚許的人比我讚許的是更好的公民？」

「我是這樣説的。」

「我們怎麼不首先探究一下甚麼是良好公民的工作？」

「就這樣做好了。」

「在理財方面，一個使城邦在金錢上富裕的人不是勝人一等嗎？」

「當然。」

「戰爭中壓倒敵方的人呢？」

「怎麼不是。」

「出使時交結朋友而不是樹立敵人的人呢？」

「理所當然。」

「在公開演説中抑止鬥爭、促成團結的人呢？」

「我看也是。」

15　　這樣討論回到基本原則上，爭論的人覺得事實清楚了。他深入談論問題，總是在人們多數同意的基礎上進行；他認為這是談論的穩當方法。所以他談話時獲得聽者的同意，比我認識的其他人為多。他常説荷馬贈給奧第謝夫「穩當演説者」[22]的稱號，因為奧第謝夫能夠循著眾人肯定的見解發表演説。

22　《奧德賽》8卷171行。

〔七〕

本章大意　一、蘇格拉底贊成學習幾何、天文和計算，但只能到達某一程度，要避免無意義的研究。二、蘇格拉底提醒同遊者注意健康。三、蘇格拉底贊成請示神諭。

蘇格拉底向同遊者坦率表示一己的意見，我以為上文已經明白指出。至於他關心他們在適當的行動中本身能力是否具足這一點，我現在敘述。

我所認識的人當中，他最著重弄清哪一種東西每一個同遊者都要知道。凡是適宜於內外美好的人知道而他也懂得的，便懷著超乎所有人的最大熱誠去教導；他不熟悉的，便指引他們到懂得的人那裏。

他指點一個接受正確教育的人必須掌握每種事物知識的程度。譬如他說幾何必須學習到這樣：需要的時候，通過正確的量度能夠收回土地、出讓土地、分配土地、或者證明一切量度工作。他說這很容易學習。一個專心量度同時知道土地大小的人，離開後便曉得怎樣量度。他不贊成學幾何學到圖形難以辨認的地步，因為他說看不到這類圖形對甚麼有好處。儘管他對這些並非一無所知，但是說這些足以虛耗人們的生命，同時妨礙許多其他有益的學習。

他鼓勵同遊者通曉天文學，但只要能夠知道夜間的時刻、月中或年中的日子便行。這是為了遠行、航海、守衛和其他在夜間、月中、年中進行的工作，以便其間能夠使用標誌，區別上述的時間。他說這也很容易從夜獵者、船長和其他許多一心要掌握到的人那裏學到。不過天文學的學習，到了知道不在相同移動軌道的天體、知道行星和流星、同時虛耗精力求取了解星體和地球的距離、星體的轉動週

期以及形成週期性的種種原因的地步，他是強烈反對的。他說從這些裏面看不出絲毫好處。儘管他對此不是一竅不通，但是說這些足以虛耗人們的生命，同時妨礙了許多有益的學習。

6 　　一般而言，他不贊成人們探究神祇所創造的每一種天體。他認為人類既不會有所發現，而探索神祇不願洩露的天機的人又不為神祇所喜。他說一個究心這些的人要冒險和瘋狂，不比阿拿薩哥拉[23]極口誇

7 稱能夠解釋神功的瘋狂為低。阿拿薩哥拉說火和太陽同屬一物。他可忽略了人們很容易望著火，卻不能直視太陽；人們給太陽照射膚色變黑，給火照射倒不會。他還忽略了地裏冒生的植物缺乏陽光不會好好地生長；一旦受火烘炙，全部死亡。他說太陽是塊熾熱的石頭，卻不知石頭在火中不能發光，也不能支持很長的時間；然而太陽永遠繼續是比甚麼都光亮的物體。

8 　　他鼓勵學習計算。這裏跟其他的情況一樣，他主張避免無意義的研究。他跟同伴一起探索和進行，以達到帶來好處為限。

9 　　他極力鼓勵同遊者注意健康，盡可能請教懂得的人，同時每個人整輩子留意自己的情況，留意甚麼飲品和哪種鍛鍊對自己有，怎樣利用适些過著最健康的生活。他說一，個這樣子留意自己的人，要找一位醫生去鑑別有益健康的東西鑑別得比他好，不是易事。

10 　　要是有人希望獲得比人類智慧提供的更多的好處，蘇格拉底提議他請示神諭。他說一個知道神祇通過甚麼方式在各種事情上向人們提示的人，永遠不會缺少神祇的勸喻。

---

23 阿拿薩哥拉（公元前500–428），小亞細亞加拉梭緬涅人，長於天文和算學。公元前462年定居雅典，後被人控告不信神，逃往藍灑哥，在那裏逝世。

〔八〕

本章大意：一、轉述埃爾摩演尼的話：蘇格拉底對審訊和答辯全不著急；他的神靈不阻止他結束生命；後人會明白他受誣枉。二、總括蘇格拉底的為人。

蘇格拉底常說神靈向他提示該做和不該做的事，而最後則被法官判處死刑。倘使有人認為他在神靈一事上裝偽作假，那麼讓這人首先考慮那時他年紀已經這麼大[24]，就算那時不死，也不會再活多少時日的了；其次考慮他擺脫生命中最苦惱的部分。所有人在這樣的生命中，心智會減弱的。他與此相反，顯示出靈魂的堅強，對案情辯說得最真切、最從容和最公正，勝過所有的人；面對死刑的判決顯得最鎮定和最勇敢，從而獲致稱譽。大眾一致承認；沒有哪一個記憶所及的人更加勇敢面對死亡。判決以後，他被迫活了30天。因為那個月正值第利亞節[25]，法律不許有任何公開的刑殺事情，直至祭祀團從第羅回來為止。在這段期間內，他向所有同遊者明白顯示生活和先前絕無兩樣。在此之前，他以生活愉快輕鬆受到所有人熱烈稱賞。一個人怎麼會死得比這樣子更美？或者哪種死亡會比一個人死得最美的死亡更美？哪種死亡會比最美的死亡更快樂？或者哪種死亡比最快樂的死亡更為神祇所鍾愛？

2

3

24　蘇格拉底受審時，年已七十。

25　據神話，古代雅典每隔九年要向克里地的米諾牛神奉獻少男少女各七名。後來雅典王提謝弗前往克里地，設法把米諾牛神殺掉。提謝弗起程時，雅典人禱告，答應每年派人到第羅島參加第利亞節。

4　　　　下文敘述我從邑波尼哥的兒子埃爾摩演尼那裏聽來的關於蘇格拉
底的話。埃爾摩演尼說梅利多呈交了告狀之後，他本人只聽到蘇格拉
底談論其他別的，隻字不提審訊，便說他應該考慮怎樣辯答了。蘇格
拉底最初說：「你不覺得我一輩子過活，都準備著這個嗎？」埃爾摩
演尼問他甚麼意思。他回答說他除了探究正義和不義、做正義的事和
避開不義的事，甚麼都不幹；在他看來，這便是最好的辯答準備了。

5　　於是埃爾摩演尼再說：「蘇格拉底，你沒見到在雅典的法官往往受言
詞所誤引而處死許多無辜的人、省釋許多有罪的人嗎？」

　　　　他說：「埃爾摩演尼，每當我著手考慮對法官的答辯時，神靈加
以反對。」

　　　　埃爾摩演尼說：「你說的可使人驚奇。」

6　　　　他說：「如果神祇認為最好我結束生命，你也驚奇嗎？你不知道
直到現在，我始終不向任何人讓步，堅持沒有人生活得比我好比我愉
快？我相信特別關心自己怎樣變得更好的人生活得最好；充分覺得自
己變得更好的人最愉快。直至此刻我覺得自己有過這些體驗。無論

7　我跟別人結伴，還是拿自己跟別人比較，我總是這樣評估自己。不但
我自己，我的朋友也經常這樣看我。這不是因為他們親愛我──因
為親愛其他人的人對他們的朋友總會有這樣的意見的──而是因為

8　他們認為跟我同遊會變得更好。如果我多活幾年，也要無可避免纏上
老年的諸般毛病：視覺聽覺差了，思想不靈活了，變得更難學習、益
發健忘了，從前行的現在都差勁了。倘使這些我覺察不出，生命將會
沒有生機；覺察得出的話，怎能不被迫活得更壞更苦？

9　　　　「再說，要是我含冤而死，這是對枉殺我的人一種恥辱。因為不

義之舉如果是可恥的，那麼不據正義做任何一樁事，怎會不可恥？至
於其他人既不能依據正義對我作出判斷，又不能作出行動，在我而
言，可有甚麼恥辱？

「我看到前人的名聲留於後世。冤枉人的人的名聲和被冤枉的人 10
的名聲不同。我知道要是現在死了，人們對我的懷念跟對置我死地的
人不同，因為我知道人們永遠證明我從來不會冤枉任何一人，也不會
幹壞事，只會經常試圖令同遊者變得更好。」

這是他對埃爾摩演尼和其他人說的話。

所有了解蘇格拉底為人的人，由於他們全意追求德行，目前對他 11
的悼念依然比對所有人深切，因為他是一個對修德最有幫助的人。他
在我眼中為人怎樣，我已經敍述過了；他很虔誠，不做神祇不認可的
事；他也正義，不傷害任何人，微小的傷害也不會，只會帶給跟他結
伴的人最大的益處；他能自制，永不選取逸樂代替好處；他有頭腦，
判別好壞不會出錯；他沒有額外需求，滿足於對這些方面的認識；他
擅長講話，能為這些作出界定；他能肯定別人和考驗犯錯誤的人，同
時鼓勵人們趨向道德及內外美好。我看他是這樣的人：一個最好和最
快樂的人。

倘使有人不喜歡以上所說，且拿別人的品性比較以上所說，再下
判斷。

2 治家之道

前　言

　　我在《追思錄》中譯本(1987)，將本書書名譯為《論治家》。多少年後開譯此書，覺得舊譯書名和希臘原文書名之間的扣合稍欠緊貼，便改成現在的《治家之道》。《治家之道》和《論治家》二名意義區別不算大，因為「治家」的核心意義新舊譯都用上了。既然這樣，舊譯名就讓《追思錄》保留下來，不在書中改動。後來所以改譯名，因為原來書名 *Oikonomikos* 中「論」義不明顯，而「方法」或「作為」意蘊略大，於是「治家」之後用上「之道」兩字。

　　Oikonomikos 一字由兩個字根組成：*Oikos* 和 *Nomos*。後者衍生成處理、管治之意。前者最初指房子，然後擴義為房產，再擴義為家產。所謂家產，不僅包括房子、牲畜和田土，還包括家中的男女奴僕。至於「家」指家庭成員以及家庭中一切事物事務，自不待言。總的說來，「治家之道」指家庭中男主人管治或處理家事家產的方法或作為。

　　書中的蘇格拉底先後和兩名友人交談，講話涉及最多的是農耕，不妨說農耕是本書的重點話題。蘇格拉底撇離慣常談論的範疇，並且言談不作過分的抽象哲學思辨，讀者難免稍覺意外。其實，農業是當時雅典城邦的經濟基礎，多數人務農為活，蘇格拉底一生之中不見得從來不講具體農耕事務。再說色諾芬有很長時間過著田園生活，自然熟悉農事，對農事有興趣。他基於個人的熟悉和興趣，容易聚焦在這方面，於是用蘇格拉底講農耕的話為素材寫成一書，未嘗不可。

我用「素材」一詞，表示書中一些描述情事或語言內容不一定完全真實。蘇格拉底死後，追記蘇格拉底的作品，包括柏拉圖的對話錄，往往如此。古人「存真」的意識不算強烈。就拿本書來說，第四章蘇格拉底對波斯王子居魯士的行事為人描述詳盡，備極稱許。按居魯士在公元前401年起兵爭王位，同年戰敗被殺。色諾芬在居魯士帳下當兵，居魯士死後，他和希臘同袍歷盡艱險，公元前399年渡過博茲普魯斯海峽，然後到小亞細亞，然後回希臘本土；可不是返回雅典，而是輾轉到了斯巴達。另一方面，蘇格拉底在公元前399年受審處死，所以居魯士種種，蘇格拉底生前不可能知悉。本書寫居魯士的文字只能看成色諾芬崇仰居魯士的深心，通過蘇格拉底口中反映，蘇格拉底不見得曾說過這番話。所以書中蘇格拉底論農事的意見是否部分不是實錄，讀者有揣測的理由。然而在沒有確切證據下判斷之前，我們仍舊要看成是蘇格拉底的話，最多只能說成是色諾芬筆下蘇格拉底的話。

書中蘇格拉底歌頌農事，甚至認為農事是文明繁昌的基礎。他這樣說：「農耕是其他技能的母親和姆傅。因為農耕搞得好，所有其他技藝繁昌；那兒土地被迫廢棄，其他水陸的技藝便幾乎消失。」(5.17) 然而本書不是專講農耕技術操作的農書。這些方面書中是有提到的，但不是談話的主要用意所在。主要用意是：看重農事和掌握及熟習一切跟農事有關的人，處理農事恰當，表示有治家的本事，從而見出他的卓越品質和專長，可以看成是希臘人口中一個人「內外美好」的部分呈現。這是因為：農事處理恰當還不是全靠具體的耕種技能，處理的人還得具備和使用好些道德及行事準則，譬如「用心」和「公平」就是。用心考察土壤和栽種，公平對待種田的奴隸，耕作才有豐厚收成。而用心和公平的準則同時可以延伸使用到軍事或政治方面去。田主有機會領軍或從政，執持上述準則作為「管治之術」

(21.2)，對成為出色的領導者大有幫助。上面蘇格拉底說「農耕搞得好，所有其他技藝繁昌」，不妨也從這方面推展理解。本書後半部和蘇格拉底對談的友人伊士賀麥賀會管治農事，蘇格拉底便跟隨眾人提及他的「內外美好的稱號」(7.2)。然則本書雖從具體人事立說，不從抽象思辨開展，蘇格拉底在其他書中著重人的提升的主意，依然有在。

　　本書寫人事世事，客觀上自然對公元前五世紀的雅典社會有真實反映，豐富了我們的歷史知識。書中講農耕，古代不少農耕具體操作情況，好像田地休耕翻鋤、種子撒播、除草收割、植樹栽果以至雨水天氣，都敘說分明。書中講家務，古代希臘自由人房舍間隔、家中陳列排設、物品收藏、以至夫妻關係，不少通讀古籍學者指出，其清楚詳明處他書罕見。書中第七至十章，伊士賀麥賀講述他的新婚妻子在他談話引導下，明白了夫婦在家庭中各自的地位和各司其職的本分，不無中國古書中的「齊家」意味，儘管中外的「家」含義有別。中國的齊家之道可以和治國相通。伊士賀麥賀曉喻妻子：家中各事物擺放有序，隨手方便拿來使用；這樣的作為放在軍事上，等於軍隊的兵種行列分類整齊，使得敵人恐懼 (8.7)。看來他也把家務處理聯繫到城邦事務上去。伊士賀麥賀是妻子的啟導者，但是言詞之間似乎不無隱約表示家中夫婦地位平等的意念 (7.26–7.27、7.42–7.43)，這在婦女地位相對低下的古代希臘，算是難得。

治家之道

〔一〕

本章大意　蘇格拉底拈出「管家」一字，和克里多戶羅探求這字的定義，由此層層推論：由管家而房產，由房產而財富，由財富而財富擁有人、財富的增減及使用。

我有一回聽到他這樣約略跟人談論管家的問題。

他說：「克里多戶羅，告訴我：管家是不是某種知識的名稱，就像醫療、鍛冶和木工那樣？」

克里多戶羅說：「我認為是。」

「那麼，就像我們能夠說出每種藝能的工作那樣，我們同樣能夠說出管家的工作麼？」

克里多戶羅說：「看來一個好的管家者是個善於管理他自己房產的人。」

蘇格拉底說：「倘或有人委託另外別人的房產給他，如果他願意，他卻不能像管理自己的那樣，同樣管理得好麼？因為一個懂木工的人替他人工作、跟自己工作沒有分別的；管家者自然也是這樣。」

「蘇格拉底，我認為是這樣。」

4   蘇格拉底說:「一個懂得這門藝能[1]的人,假如碰巧沒有錢,便去管理別人的房產,收取工資,像建築工那樣收取工錢建造房子?」

克里多戶羅說:「如果他可以全面負責,完成必須的工作,同時做到有盈餘,增加房產的話,他會拿到高薪的。」

5   「那麼我們認為房產是甚麼?那是房子?還是房子以外一個人所擁有的,全部都算房產?」

克里多戶羅說:「我認為一個人擁有的一切,即使不在同一座城內,都是房產。」

6   「有些人擁有敵對者?」

「啊,宙斯!一些人事實上很多。」

「我們說敵對者是這些人的擁有物?」

克里多戶羅說:「如果一個增加敵對者數目的人還因此拿取工資,自然十分可笑。」

7   「我們好像認為一個人的房產是他的一項擁有物。」

克里多戶羅說:「是的。只是一個人擁有好東西而不是壞東西,我才稱之為擁有物。」

「你似乎把對每個人有益的東西稱作擁有物。」

他說:「當然。有害的東西,起碼我認為是一種虧損而不是財富[2]。」

8   「如果某人買到一匹馬,可是不懂騎馭,摔下來受傷了;這匹馬便不是他的財富?」

「不是,倘使財富是好處的話。」

「一個人在地裏勞動,到頭來勞而不穫,土地對他來說也不是財富了?」

---

1   原文未明指哪種藝能。尋繹文意,當是指「管家」的藝能。

2   克里多戶羅把擁有物看成財富。

「要是土地使人飢餓而不供養人，肯定不是財富。」

「那麼羊群也是這樣子的了。一個人不曉得養羊，虧損了；羊群　　9
對他來說也會不是財富了？」

「我看就是這樣。」

「這麼說來，你似乎認為有益的東西是財富，有害的東西不是
財富。」

「正是。」　　10

「相同的種種事物，對於懂得使用每一種的人來說是財富，對於
不懂得使用的人來說不是財富。就像笛子，對精通吹奏的人來說是財
富；對不懂吹奏的人來說，如果不賣掉的話，笛子只不過是沒用的石
頭。這樣我們覺得：笛子對不懂使用的人，賣了出去，就是財富；對　　11
不懂使用笛子的人，留下不賣，便不是財富。」

「蘇格拉底，我們的話講下去意見一致，因為我們說有益的東西
是財富。賣不出去的笛子因為全無用處，所以不是財富；而賣了出去
的則是。」

蘇格拉底補充說：「如果知道怎樣賣的話。倘使賣出去，換回一　　12
些不曉得使用的東西，那麼根據你的話，出售的物品也不是財富
了。」

「蘇格拉底，你好像說就是銀子也不是財富，如果一個人不曉得
使用的話。」

「我看你同意這點的：財富是一個人能夠從中獲益的東西。如果　　13
一個人花錢買了一個女伴[3]，這個女伴給身體、靈魂和房產帶來壞處；
這樣銀子怎麼還能對他有益？」

3　指雅典社會中活動的女子。她們有一定知識，和名人結伴，也出賣肉體，謀
　　取生活。

「絕對沒有，除非我們連那種人吃了會神智錯亂的龍葵草也叫做
財富。」

14　　「克里多戶羅，如果一個人不曉得使用銀子，就讓他把銀子推得
遠遠的，以致不再是財富。至於朋友，要是一個人曉得怎樣加以使
用，結果由他們那裏得到益處，我們說他們是甚麼？」

克里多戶羅說：「當然是財富，比牲畜[4]大得多的財富，如果真個
比牲畜更有益處的話。」

15　　「根據你的話，一個人能從敵人那裏獲得利益，那麼敵人也是財
富了。」

「我認為是。」

「這樣好的管家者懂得利用敵人，從敵人那裏獲得利益。」

「絕對肯定。」

「克里多戶羅，你看到啦，多少個私人房產因戰爭而增加，又多
少個僭主的房產因戰爭而增加。」

16　　克里多戶羅說：「蘇格拉底，我認為話說得好。只是當我們見到
一些人，有知識有辦法，假如工作的話，可以憑藉二者增加房產；不
過我們覺得他們不想幹，因此看到知識對他們毫無益處；這個我們怎
麼看？說別的還是再說知識和房產都不是他們的財富？」

17　　蘇格拉底說：「克里多戶羅，你嘗試跟我談論奴隸嗎？」

他說：「啊！不，我不。我想談論一些高貴的人。我看到這些人
既有應付戰爭的知識，又有應付和平的知識；可是不想加以運用。據
我看來，所以這樣，由於他們沒有主宰。」

4　原作「牛隻」，用「牲畜」一詞，於義為長。外國譯本也有作「牲畜」的。

蘇格拉底說：「他們怎麼沒有主宰？他們禱告繁昌，同時希望幹 18
有好結果的工作，到頭來卻被主子制止從事？」

克里多戶羅說：「那些是他們隱沒不現的主子？」

蘇格拉底說：「啊！不是隱沒不現，相反，十分明顯可見。倘使 19
你認為怠惰、靈魂鬆懈與無知是邪惡，你便不會忽略最邪惡的一群。
另外一些是騙人的女士，她們[5]裝扮成逸樂者，像擲骰子其實無益於 20
人的朋侶那樣，而隨著時間的推移，她們甚至在受騙的人面前顯露：
她們其實是逸樂覆蓋下的痛苦，她們是阻撓人們從事有益工作的掌權
者。」

「可是蘇格拉底，另外一些人沒有給這些阻撓。這些人對工作熱 21
誠萬分，思索進帳的方法；可是房產蕩然，諸般短缺。」

蘇格拉底說：「對。因為他們是奴隸，是極難對付的主子的奴 22
隸：有的是饕餮的奴隸，有的是色慾的奴隸，有的是酗酒的奴隸，有
些是某些愚蠢而昂貴奢望的奴隸。這些主子如此牢牢管治著人們，把
人們掌握緊，以至當見到他們處於人生精壯能夠工作之時，強迫他們
拿出工作的成果，花費在他們的欲望之上；及後覺得他們由於年老而
無法工作，便拋棄他們，任由他們度過悲慘的晚年，再行嘗試使他人
為奴隸。

「克里多戶羅，需要為了自由而向這些[6]作戰，需要的程度不小於 23
向全副武裝試圖奴役他人的人作戰。敵人要是內外完美，當奴役他人
的時候，會實施懲戒，強迫許多人變好。可是這些女士管控人們的時
候，折磨身體和靈魂，摧毀房產，永無休止。」

5　眾邪惡之神都是女性，故用「女士」、「她們」稱謂。
6　「這些」甚麼，原文未說，大抵指諸般嗜好慾望。

〔二〕

本章大意　克里多戶羅遠比蘇格拉底富有，但蘇格拉底說服克里多戶羅承認自己窮得可憐，請求蘇格拉底教他致富之道。蘇格拉底說自己這方面不在行，提議他請教這方面的專家。

克里多戶羅接著說，大概這樣：「關於這些，你講的我認為聽夠了。我自己檢察，覺得對此可以相當克制，所以如果你勸喻我要怎樣做去增加房產，我不認為會受到那些你稱為女士的所阻撓。請直率地提供好意見；或者，蘇格拉底，你判斷我們夠富有了，認為不需要更多錢了？」

2　蘇格拉底說：「我嘛，如果你說到我，我不認為需要更多錢了，我夠富有了。可是你，克里多戶羅，我覺得你很窮；真的，有時我非常可憐你。」

3　克里多戶羅笑了，說：「唷！蘇格拉底，你認為你的物業出售，究竟拿到多少？我的又是多少？」

蘇格拉底說：「我看要是碰到好買主，所有東西連同房子會輕易拿到五個摩那[7]。至於你的，我確切知道會拿到這個數目一百倍以上。」

「你既然明白清楚，還不認為自己需要更多錢，卻可憐我的貧困？」

4　「因為我的財產可以提供我滿足的東西；而以你採用的生活方式和你享有的名譽，就算增加目前你所擁有的三倍，我認為還是不能滿足你。」

7　見《追思錄》1.3.13 注。

克里多戶羅說：「怎麼回事？」 5

蘇格拉底回答：「首先我見到你得付出許多和重大的犧牲，如果不這樣，我看到神和人都不會容忍你。其次，你有義務去接待眾多外地人，而且是盛大的接待。其次，你要宴請公民，向他們討好，否則你會一無盟友。還有，我覺得城邦已經命令你在下列事項花費大筆 6 錢：養馬、支付歌舞團、贊助運動會和擔當領頭人工作。如果發生戰事，我知道會下令你支付一艘戰船的費用和這樣的稅款，以致你不容易受得住。倘若那一回你被認為其中那一項做得不夠，我知道雅典人會懲罰你的，懲罰程度不比你盜竊他們的東西而被捕為輕。除此以 7 外，我看到你自以為富有，從而對設法生財一事沒有興趣，心中只想著孩子般的事情，像是隨你任性去做。我因為這些而可憐你，別碰到某種無法解救的壞事，陷入極度短缺的處境。說到我，如果我有甚麼 8 需求，我和你都知道一些人會施加援助。即使極微至小的協助，我的生活已是充分填滿和流溢。至於你的朋友，儘管他們的供應品遠遠比你充足，但甚麼也不看，只盯緊你帶來的好處。」

克里多戶羅說：「蘇格拉底，這個我不反對。現在正是你照管我 9 的時候，讓我不要成為一個可憐的人。」

蘇格拉底聽了，說：「克里多戶羅，剛才我自己說富有，你便不停譏笑我不知富有為何物，直到查驗了我，要我同意我自己擁有的財物連你的百分之一也夠不上才作罷。現在你卻懇求我指示你，同時照管你別成為一個絕對一無所有的窮光蛋。你這樣對自己，不覺得奇怪麼？」

他說：「蘇格拉底，因為我看到你曉得一種致富之道，創造財 10 富。我企盼一個從小數目起積聚成財的人會從大數目起輕而易舉地創造巨額的財富。」

11 「剛才在談話中，那時你不許我哼一聲。你說對於不懂得使用馬匹的人來說，馬匹不是財富；土地、羊群、銀子和其他，一個人要是不懂得使用，也不是。這你還記得嗎？這些會帶來收入的。可是你怎麼知道我會處理當中任何一項，而事實上我從來沒有過這些東西？」

12 「我們認為：就算一個人碰巧沒有財富，可還有某種管治家務的知識；有甚麼會妨礙你懂得這樁事？」

13 「啊！倘使一個人從來沒有過笛子，也沒有人給過他笛子學習吹奏，這便妨礙了他懂得吹笛子。我對管家的事情正是這樣。我沒有像獲得樂器那樣獲得過財富，學習管家；也從來沒有人委託他的財富給我支配，除了你現在想委託。開始學習彈奏豎琴的人會弄壞豎琴的。我如果嘗試用你的房產學習管理，也許我徹底毀掉你的房產。」

14 克里多戶羅說：「蘇格拉底，看來你試圖極力避免向我提供減輕義務負擔的有益建議。」

15 蘇格拉底說：「啊，不，絕不。相反，我十分樂意向你解說知道的一切。我認為：如果你來我這裏取火，可我沒有；又如果我帶你到別的地方，那裏你取到了；你是不會責怪我的。如果你向我求水，我沒有，但帶你到別的地方取水；我知道你不會因此而責怪我的。還有，要是你想跟我學音樂，我向你指出許多人在音樂方面比我高明；同時如果你想跟他們學習，他們會表示感激；我這樣做，你怎麼還會責怪我？」

「這肯定不公正的[8]，蘇格拉底。」

16 「克里多戶羅，我向你指出其他的人，他們在你目前懇求向我學習的事情上比我高明。我承認我曾經留心到城邦眾人之中，哪些是每

8　意為不公正的責怪。

一樁事情最好的專家。我因為看到人們做同樣的工作，一些人十分貧乏，一些人則十分富有，感到奇怪；認為值得思索那是怎麼回事。思索之下發現那是十分自然的。因為我看到漫不經心的人招致損失；而黽勉用心照料事情的人做得迅速而輕鬆，並且大有賺頭。我認為如果你想跟他們學習，如果神不反對，你會成為一個善於賺錢的人。」

〔三〕

<table>
<tr><td>本章大意</td><td>克里多戶羅繼續要求蘇格拉底指點他致富的方法，蘇格拉底勸他觀察不同人的處事方法。同一回事，有人成功，有人失敗。事項是：建房子、擺家具、管理奴隸、種地、養馬、對待妻子。</td></tr>
</table>

克里多戶羅聽了這番話，說：「現在，蘇格拉底，你當著這兒的朋友面前答應過的事情，要是不給我指點，我是不會讓你走的。」

蘇格拉底說：「克里多戶羅，如果我首先向你指出，有些人用大量金錢建造沒有用處的房子，有些人則用很少錢築成設備齊全的房子；怎麼樣，你會認為我向你指出了管家工作當中的一項嗎？」

克里多戶羅說：「當然。」

「接下去我向你指出另一例子：一些人擁有大量和形形色色的家具，可是有需要時不會使用，也不知道是否堅實完整，因此他本人心裏十分難過，也令家裏人十分難過。另外一些人沒有許多家具，反之只有少量，不過如有需要，立刻可以使用；這又怎樣？」

「蘇格拉底，前一種人每件家具隨意亂放，後一種人每件家具整齊地擺在某個位置。除了這個，還有甚麼其他理由？」

蘇格拉底說：「不錯，不是隨便放在任何地方，而是每件家具擺在恰當位置。」

克里多戶羅說：「我覺得你是說這也是管家事項之一。」

4 　蘇格拉底說：「怎樣？倘使我再向你指出：某處所有的家奴備受桎梏，然而經常逃亡；某處的奴隸則一無束縛，盼望幹活和居留不走；你不覺得我指出了一項管家值得注意的工作？」

克里多戶羅說：「是的，非常值得注意。」

5 　「倘使指出耕種類似土地的人：一些人說耕種破了產，一無所有了；一些人由耕種而獲得所有需要的東西，豐富和美好的東西；這又怎樣？」

克里多戶羅說：「是的，因為也許不把錢只花在需要的事情上，而花在給他自己和房產帶來害處的事情上。」

6 　蘇格拉底說：「也許有些是這樣的人，但我不全指他們，而是指那些自稱為農夫、而在需要的事情上不肯花費的人。」

「蘇格拉底，原因是甚麼？」

蘇格拉底說：「我會帶引你到這些人那裏[9]，你觀察之後也許會明瞭。」

7 　克里多戶羅說：「對，如果我能夠[10]的話。」

「這樣，你察視自己，必須察視自己是否清楚。現在我了解你為了看喜劇而絕早起來，走一段長長的路，極力勸我和你一起看。可是這樁工作[11]你從來不曾求過我。」

9　「我會跟你談這些人」之意。

10　「能夠」之後應該是「明瞭」，但原文沒說出來。

11　見下文。

「蘇格拉底，你覺得我可笑嗎？」

「你看看自己，更加可笑。如果我向你指出：一些人因為養馬而踏入短缺生活必需品的境地；一些人則由此而十分富裕，同時還以獲利為榮；這會怎樣？」

「每類人我都見過和知道，但我不是賺錢人的一份子。」

「因為你看他們，一如看悲劇演員和喜劇演員那樣。我相信你不是要成為詩人[12]，只是看了聽了，感到愉快吧了。這個也許你做得對，因為你不想成為詩人。至於你一旦被迫跟馬拉上關係，如果你沒有思考過你不是這種工作的專家，更沒有思考過這些馬匹用起來滿意和賣出去賺錢；你不認為自己是傻瓜麼？」

「蘇格拉底，你是在催促我馴練年輕馬匹？」

「自然不，不比我勸你買個小孩子準備訓練他日後成為農夫的程度大。我認為馬匹和人類到某個年齡會即時有用處，並且會進步變得更好。我可以向你指出這樣對待正式妻子的丈夫：一些人把妻子看成合作者，共同增加房產；一些人對待妻子，卻造成嚴重傷害。」

「蘇格拉底，當中原因，該責備丈夫還是妻子？」

蘇格拉底說：「羊兒生病，我們多數歸咎牧羊人；馬匹闖禍，我們責怪騎馬的人。至於妻子，如果受過丈夫好好的教導，還是做得不好，也許該負上責任。要是丈夫沒有好好教導，任由妻子對事事物物一無所知，那麼做丈夫的不該受責備麼？」

蘇格拉底繼續說：「克里多戶羅，既然我們在場的人都是朋友，你該老老實實告訴我們：有沒有別人，你委託他的重要事務，比你委託妻子的更多？」

12　指劇作家。劇作家古人看成詩人。

克里多戶羅説：「沒有。」

13　「有沒有人你跟他討論，比跟妻子討論還少些？」

他説：「就説不全對，也不多。[13]」

「你娶她的時候，她還是個年輕孩子，所見所聞只能極少？」

「是的。」

「要是她知道諸般事務中那些該説該做，比起她要做錯事情，更要使人驚異。」

14　「蘇格拉底，你提到的有好妻子的丈夫，他們教導妻子嗎？」

「沒有比考查更好了。我會介紹阿士芭絲亞[14]給你。她比我了解

15　更多，會對你説明所有一切。我認為一個作為家中好伴侶的妻子同樣有能力和丈夫創造美好，因為大部分拿回家中的東西是丈夫工作的成果，而大部分支付通過妻子的安排。兩方面搞得好，家產增加；兩方

16　面搞得差，家產減少。我想如果你覺得有需要，我可以向你指出其他各種知識範疇中認真地從事每一個範疇的人。」

13　這裏意思是：如果説全沒有這樣的人是不對的，畢竟少得很。

14　阿士芭絲亞，雅典名女人，貝利克里女伴。她聰明而有知識。見《追思錄》2.2.36 注 5。

〔四〕

本章大意　克里多戶羅希望蘇格拉底教導他一些對他最好而又必須認真注意的知識，蘇格拉底排除器具操作技能知識，指出波斯王和他一位王侯居魯士重視軍事和農耕，多方面加以説明。

克里多戶羅説：「蘇格拉底，哪裏需要你全部指出？因為不容易找到所需要的足以掌握所有技能的工人，也不容易熟練所有的技能；那些看來最好而我又必須認真注意的知識，以及從事這些知識的人，請你向我指出；同時盡可能教導我，使我從中獲益。」

蘇格拉底説：「克里多戶羅，説得好。因為若干稱為器具操作技能[15]的名聲壞，自然在城邦不受重視。這些技能損害工作者和負責者的身體，強迫他們坐著和在陰影下過活，有時還靠近火度日。身體柔弱了，靈魂便十分的帶有病徵。再説，這些所謂器具操作技能使人無法騰出時間關注朋友和城邦，以致這些人看起來對朋友不好，對邦國不出力保護。一些城邦，特別是人們認為好戰的城邦，根本不允許任何一個公民幹工具操作技能的行業的。」

「蘇格拉底，那麼你勸我們從事哪方面？」

蘇格拉底説：「難道我們恥於仿效波斯王嗎？人們説他知道農耕和戰爭是值得注意的其中兩項最高尚和最需要的技能，於是認真抓緊二者。」

15　「器具操作技能」是個勉強翻譯詞，原文拉丁字母轉寫是 *Banausikai*，指使用器具操作完成的小工藝，譬如製銅壺子；也就是用簡單工具同時用手操作完成製成品的技能。工藝器具有時用火（上引希臘字字根有「火」的含義），所以下文提到「靠近火度日」。操作這些工具不需要心靈活動，雅典自由人多不屑為之，多數讓奴隸從事。

5 　　克里多戶羅說:「蘇格拉底,你相信波斯王連農耕也注意嗎?」

　　蘇格拉底說:「克里多戶羅,如果做以下的考查,我們也許了解他是否在這方面留心。我們承認他十分看重軍事,他下令給向他朝貢的所有屬國的每一個管治者必須供養多少騎兵、弓箭手、投石手和輕步兵;這些兵種要有能力控制受他管治的子民;如果敵人來侵,保衛

6 國土以外還要供養衛城防守士兵。另外屬國管治者受命供應大王衛隊的軍糧。大王每年對下令配備武裝的僱傭兵和其他士兵進行考察。除了衛城上士兵,他同一時期在稱為校場的地方徵集所有軍隊。居所

7 附近的士兵他本人檢閱,駐守遠方的他派親信去。長官當中,不管是衛隊長、千夫長或總督,誰保持了規定的軍隊數目,誰提供優良馬匹和武器裝備軍隊,他提升其人榮譽,還大量賞賜讓其人富裕。他要是發現長官當中誰疏忽防衛的職責或者非法謀財,他會嚴厲懲罰,罷免職務,另委別人統領。他這樣子處理戰爭的事情,我們覺得他無疑對此注重。

8 　　「還有,他策騎儘量巡視國土,親自考察;部分他沒有看的,便派遣親信查察。他要是覺得管治的人做到地區戶口稠密,田地開墾,長滿每地出產的樹木和果子,便增加封土,賞賜禮品,隆以尊位。他要是看到田地荒蕪,或者由於管束嚴厲,或者由於政令暴急,或者由於罔顧民命,以致人口稀少;便懲罰管治的人,罷免職務,另委他人管治。

9 　　「他這樣做,對居民開墾田地的注意,像不像比不上對衛隊堅固防守的注意了?受他命令管理每一樁事情[16]的人並不相同,一些管理居民和耕作,同時向居民徵稅;另外一些則指揮武裝衛隊。

16　指農政和軍政。

　　「倘使防衛司令沒有能力保衛疆土，負責民政和耕作的長官會分 10
別指責防衛司令，指出由於缺乏安全，沒法子工作。另一方面，倘使
防衛司令提供和平的耕作環境，而政務官卻令土地人口稀少，作物不
蕃，這樣防衛司令便反過來指責。因為一般說來，田地種得不好，便 11
無法供養防衛的士兵，也無法支付軍餉。當地如果設有總督，總督會
兼顧二者[17]的。」

　　這番話之後，克里多戶羅說：「蘇格拉底，要是大王這麼做，起 12
碼我覺得他關心農耕的程度不比關心戰爭的程度低。」

　　蘇格拉底說：「還有，他居住和巡行之處建造稱為巴拉迪士的苑 13
圍[18]，裏面充滿地面生長得出的種種珍異美好的東西。要是年中季節
不妨礙，他大部分時間在這些地方生活。」

　　克里多戶羅說：「蘇格拉底，大王生活的地方，苑圍肯定需要弄 14
得盡善盡美：有諸般樹木和其他所有地面生長得出來的好東西。」

　　蘇格拉底說：「克里多戶羅，有些人說大王賞賜的時候，首先宣 15
召勇敢作戰的人；因為如果沒有防衛的人，即使得到大片土地，也是
一無用處的。其次宣召完善地墾闢土地和使土地生產的人；說沒有工
作的人，勇士便無法生活。據說當時最超卓的王侯居魯士[19]有一回對 16
召令前來受賞的人說他本人理應接受兩種賞賜，因為他既善於墾闢耕
作土地，又善於保護墾闢耕作的土地。」

17　二者：農耕與防衛。
18　巴拉迪士，有圍牆的園子，即所謂苑圍。裏面有花草樹木禽畜，供君主遊憩
　　賞玩。
19　波斯另有國王名居魯士，跟這裏的居魯士不是同一人。這裏的居魯士是波斯
　　名王大流士次子。

17　　　克里多戶羅説：「蘇格拉底，如果居魯士這麼説，那麼他推許自己使用和墾闢土地，不下於推許自己作戰。」

18　　　蘇格拉底説：「真的，居魯士如果不死，他會成為一個出色的統治者的。眾多證明中，其中一項是：當他起兵跟他的兄弟爭王位

19　時，據説沒有一人從他這邊投奔大王，但由大王那邊來的則數以千計。我認為統治人物品德最大的證明是：危難之際，部眾願意聽命，立心駐留。他活著時，朋友跟他一起作戰；他被殺後，所有人圍著他的屍體作戰而死，只有剛好被編在左翼的阿里埃奧例外[20]。

20　　　「據説黎珊鐸羅解送各同盟的貢禮到居魯士那裏[21]，這位居魯士作出各種友好的款待，以致黎珊鐸羅有一回在默加拉向一個外地人講述

21　這件事，還説居魯士指給他看沙爾地的苑囿。由於黎珊鐸羅驚嘆苑囿中的樹木：距離相等，行行筆直，角度整齊，兩人步行之際諸般甜美的芳馨籠罩全身，他在驚歎之餘説：『居魯士，我真的讚歎所有美好

22　的東西，我尤其讚賞替你策劃和安排每一椿事物的人。』居魯士聽了，心裏高興，説：『黎珊鐸羅，所有一切，那是我策劃和安排的；有些還是我親自種植的。』

23　　　「黎珊鐸羅望著他，見到他所穿外袍的華麗，感受到他身上氣味、項鏈、臂釧和其他飾物的美好，説：『居魯士，怎麼？你真的用雙手種植了一部分？』

24　　　「據説居魯士回答：『黎珊鐸羅，你對此感到驚奇麼？我向米提里斯[22]發誓，我健康無事時，總要對自己研究的一些戰爭技能或農耕事

20　色諾芬《遠征記》1.9.31 載阿里埃奧斯得知居魯士陣亡後，率領部屬奔逃。《遠征記》1.9 對居魯士為人有詳盡描寫。

21　居魯士和黎珊鐸羅的會面，見色諾芬《希臘史》1.5.1–1.5.7。

22　米提里斯，波斯的光與真理之神。

務流汗工作過，才吃晚膳；或者經常從事一些甚麼引發心意的活動。』」

蘇格拉底說下去：「這個黎珊鐸羅聽了，舉起右手向居魯士致　25
敬，說：『居魯士，你該受祝福。你是好人，你會幸福的。』」

〔五〕

> **本章大意** 蘇格拉底繼續從各個層面稱頌農事，好像農耕收成生活物產，使人們過快樂日子；好像農耕能培育出身體壯碩矯捷的士兵等等。神祇是戰爭和農事的主宰。

蘇格拉底說：「克里多戶羅，我對你講明白：就是福樂齊天的人
也不能夠脫離農事的。因為關注農事似乎表示日子過得快樂、房產增
加和有能力做種種適合自由人的身體鍛鍊。因為第一，土地向耕作的　2
人提供人類賴以生存的東西，並且提供使人過好日子的東西。其　3
次，土地提供氣味芳香形體悅目的東西，作為裝飾祭壇、塑像和人類
本身之用。再者，土地生長和飼養許多食物。又由於畜牧技術跟農
事有關，所以農夫供養犧牲博取神祇歡心，同時自己享用[23]。

「土地雖然提供極其豐盛的物產，可不讓人不勞而獲，而是要人　4
習慣忍受冬寒夏熱的。土地鍛鍊憑兩手工作的人，增加他們的力
量。至於監管農事的人[24]，土地使他們具備勇氣，清早喚起他們，強
迫他們迅速巡視。因為在田間和城裏一樣，合時永遠是最重要的
事。再者，倘使有人希望當騎兵幫助城邦，農耕最是能夠飼養馬匹的　5

23　指農夫本人享用祭品。
24　監管田間奴隸工作的人。

作業。如果希望當步卒，農耕會令身體粗壯。土地向犬隻提供輕易獲得的食物，同時供養野獸；這便在一定程度上引起人們打獵的念頭。犬隻和馬匹從農耕得到好處，同時進行回報好處給農地：馬匹一早負載主管視察，傍晚才離開；犬隻防止野獸損傷作物和羊群，同時在空曠地方提供安全。另外，由於強有力的人會搶奪長在空野上的作物，土地相當能激發起農夫拿起武器保衛田土。

「哪種技能比農耕使人更能奔跑、投擲和跳躍？哪種技能對從事的人作出更大的回報？哪種技能高高興興接待關心的人、歡迎來者拿取需要的東西？哪種技能接待外地人更慷慨大方？冬天大量生火，夏天洗浴，除了農家，哪裏更方便享用？夏日在清水涼風之中以及樹蔭之下度過，哪兒比田野更舒服？有甚麼其他技能向神祇奉獻較合時宜的新果？或者舉行最盛大的節日？哪種技能對家奴比較友善、對妻子比較和悅、或者對孩子比較懷念、或者對朋友比較隨和？

「倘使一個自由人獲得比這個[25]更可取的擁有物、發現比這個更可喜的關注點、或者在生活中得到更多好處，我會感到驚奇。此外，土地像一位神祇，向有能力學習的人教導公正，因為她[26]對侍奉周至的人回報眾多好處。如果從事農耕而又受過嚴格的且與男性相稱的教養的人偶然被龐大的軍隊搶去工作，這些無論在精神上或肉體上狀態良好的人，只要神祇不加阻撓，有能力開進妨害者的地區，拿取糧食的。許多時候在戰爭之中，用武器找口糧要比用農具尋找安全得多。

「另外，農耕訓練人們互相幫助。因為攻擊敵人，必須組合眾人；而田地工作也得集合人手才行。希望搞好農耕的人必須使勞工積

25　指土地、農田。

26　指土地神。土地一字陰性。

極和聽話，領兵攻敵的人同樣必須設法賞賜幹出勇士所幹一切的人，同時懲罰散漫無紀律的人。農夫激勵勞工，許多時候不少於將領激勵士兵的。奴隸需要美好希望的程度不能比自由人小，而是要大得多，這樣使得他們甘心留下來。有人說得對：農耕是其他技能的母親和媒傅。因為農耕搞得好，所有其他技藝繁昌；那兒土地被迫廢棄，其他水陸的技藝便幾乎消失。」

克里多戶羅聽了這番話，說道：「蘇格拉底，我認為你這番話說得好。事情很明顯：一個人無法預見大部分的農耕結果。因為雹塊、霜花、有時乾旱、霪雨、害蟲和其他許多時候毀壞了妥善計劃和安排的東西。有時養得好好的羊群染上惡疾，全部死亡。」

蘇格拉底聽了這番話，說道：「克里多戶羅，我覺得你明白到神祇作為農耕的主宰，正不遜於作為戰爭的主宰的。我認為你看到作戰的人在戰爭前的行動：取悅神祇，憑藉犧牲和徵兆，詢問該做甚麼和不該做甚麼；而農耕之事，你則認為比較不需要神祇的眷愛麼？你清楚知道：神智清醒的人會為乾濕貨農產品[27]、牛隻、馬匹、羊群和一切擁有物而尊奉神祇的。」

16

17

18

19

20

27　乾貨指麥及穀之類；濕貨指多汁果實，如葡萄之類。

〔六〕

本章大意

克里多戶羅要求蘇格拉底繼續剛才中斷了的有關「管家」的話題。蘇格拉底說先要重覆談論過並且大家同意的講法；克里多戶羅表示贊成。蘇格拉底說二人同意農耕是一個內外完美的人最好的工作，然後引到「內外完美人物」稱號上去，最後引舉伊士賀麥賀其人。

「蘇格拉底，你提點我嘗試憑藉神衹的助力去處理一切工作，因為神衹作為和平事項的主宰不遜於作為戰爭事項的主宰；我認為你講得對。我們就嘗試這麼做。至於我們談及管家而中斷了的話，請你嘗試去講完。因為現在聽了你的話以後，關於一個人要生存該做些甚麼，我覺得比先前看得透澈。」

2　蘇格拉底說：「首先如果我們重覆談論過而同意了的論點，好使我們——如果可能的話——嘗試進行餘下的討論，求取共同意見；你說怎樣？」

3　克里多戶羅說：「妙啊！正同擁有共同財富的人不會爭吵，同樣如果我們討論有共同語言的問題，進行下去，會得出共同見解的。」

4　蘇格拉底說：「我們覺得管家是一種知識，人們似乎能夠藉以增加房產的知識。我們又覺得房產就是全部的財物，而我們說財物是在生活上對每個人有用處的東西，有用的東西是指一個人懂得使用的一

5　切而言。我們同時認為不能學習所有的知識，我們跟城邦共同否定所謂器具操作技能，因為這些技能似乎徹底削弱身體和戕害靈魂。

6　「我們說最明顯的例證會是這樣：假如敵人攻侵國土，有人把農夫和工藝匠分坐兩列，然後詢問要保衛田地呢，還是從田地撤退防守

城牆。在這種情況下，我們認為跟土地相依的人投票保衛[28]；而工藝匠投票不打仗，只要安坐不動，避免吃苦和犯險，一如他們所受的訓練那樣。 7

「我們肯定一個內外完美的人最好的工作和知識是農耕的工作和 8
知識；人類生活必需的東西藉此而生。因為這種工作似乎最易學 9
習，幹起來最輕鬆愉快，令軀體最美好最壯碩，令靈魂最少煩忙；從
而得以照料朋友和城邦。另外，我們似乎覺得農耕激發勇毅，因為作 10
物的種植和長養都在防衛的區域以外。所以這種生活方式獲得城邦最
高的推崇，被認為向社區提供最高尚和最好心腸的市民。」

克里多戶羅說：「農耕生活的極度美好、極度高尚和極度愉快， 11
我認為已被充分地說服了。只是你說你透澈了解以下的原因：一些人
耕作，便能從耕種中得到大量所需的收成；另一些人同樣工作，耕種
對他們卻一無好處。我認為會高興地聽你解說兩方面的原因，好的我
們去做，有傷害性質的我們避免。」

蘇格拉底說：「克里多戶羅，首先如果我向你講述我有一回怎樣 12
碰到一個人，這個人我認為真的屬於許多足膺『內外完美人物』名號
當中的一個；你看怎樣？」

克里多戶羅說：「我十分願意聽，因為我說我要成為配得起這個
稱號的人。」

蘇格拉底說：「我要告訴你我怎樣生出這一回事的念頭。我只要 13
很少時間，便能到好工匠、好鐵匠、好畫工、好雕塑匠和其他諸如此
類的人那裏，看到他們為人稱許的製成品。我內心十分企盼接近他們 14
當中一人，考查他們怎樣得到『美』和『善』的絕好名號，究竟做了甚
麼事值得為人這樣稱道。

28　保衛田地。

15　　　「首先，由於『美』跟『善』連結一起[29]，當我看見美貌的人，於是接近他，試圖了解清楚是否在那裏見到『美』和『善』連在一起。可是事

16　實並非這樣。我似乎清楚看到一些外貌漂亮的人靈魂十分腐壞。我於是決心不理會漂亮的外貌，去到被稱為內外完美的人當中的一個那

17　裏。因為我聽到所有男女、女人、外地人、本城人都稱伊士賀麥賀內外完美的人，便決意嘗試接近他。」

〔七〕

本章大意	蘇格拉底講述他接近伊士賀麥賀，和其交談。伊士賀麥賀多在戶外過日子，家中事情由妻子處理。然後他向蘇格拉底約略覆述妻子過門之後他和妻子的談話，教導妻子怎樣處理家務。

　　有一回我見他坐在埃列夫帖里奧斯的宙斯廟的柱廊[30]。因為我覺得他閒著沒事，便走過去坐在他身邊，說：「伊士賀麥賀，你很少習慣閒著坐下的，怎麼回事啦？因為大部分時間我見到你，總在做些甚麼，不是在市場裏完全閒著的。」

2　　　伊士賀麥賀說：「蘇格拉底，要是我沒有跟一些外地人約好在這兒等候，你現在肯定也見不到我的。」

29　*Kalos kagathos* 是希臘人口中合音常語，如中國文言中的「諸」為「之乎」合音（「有諸？」＝「有之乎？」）。實為 *kalos*、*kai* 和 *agathos* 三字。*Kalos* 是「外在美」；*kai* 是「和」；*agathos* 是「內在美」，即「善」。文中說美和善連結一起，其故在此。

30　埃列夫帖里奧斯的宙斯廟柱廊是雅典人常到的聚晤地點。

我説：「當你不做這類事情[31]的時候，你會在哪裏打發日子、幹些甚麼呢？我十分想請教：你究竟做了甚麼，得到了『內外美好』的稱號；因為你不在戶內過日子，你的身體狀況清楚顯示你不是這樣[32]。」

伊士賀麥賀聽到「做了甚麼得到內外美好的稱號」一句話，似乎心裏高興，帶笑説：「一些人跟你談論到我的時候是否這樣稱呼我，我不知道。我要説的是：當人們就資助戰船和合唱隊的事情提請跟我交換財產[33]時，沒有人尋求『內外美好』的人，只是連帶我父親一起，清楚地叫我伊士賀麥賀[34]。」他繼續説：「蘇格拉底，至於你問及我的事情[35]，不錯，我從來不在戶內過日子的；因為家中所有事，我妻子一個人就能夠完全處理了。」 3

我説：「伊士賀麥賀，就是這一方面我也十分樂意向你請教：是你本人教導妻子必須這樣，還是你娶她時她已從父母親那裏學會了處理家務？」 4

他説：「蘇格拉底，我娶她時，她能懂得甚麼？她嫁給我時還不到15歲。先前的日子她在備受關懷下過活：儘量少看東西、少聽東西和少提問題。如果她過門後只知道用羊毛做衣服和眼看分配給婢女紡紗工作，你是否覺得不滿意？不過關於烹飪，蘇格拉底，她過門時已有 5 6

31　指等候別人。

32　指在戶內過日子。

33　雅典有一條法律，要求富人資助建造戰船或維持合唱隊。被要求的人可提出有人比他富有，把責任推過去。或者提出跟後者財產互換，然後履行資助責任。後者如不願意互換財產，這便表示自己較為富有，得接下前者的資助責任了。

34　希臘人沒有姓氏，提及別人名字時，前面往往會加上這人父親的名字，以作明確界定，如「梭弗羅尼士哥的兒子蘇格拉底」（Socrates of Sophroniscus）。

35　指不在戶內過日子一事。

極好的訓練。這種訓練據我看來，對於男子和婦女都是極端重要的。」

7　　我說：「伊士賀麥賀，其他的事情你會親自教導你妻子，使得她有能力照料該照料的事情麼？」

伊士賀麥賀說：「只是我要在呈奉犧牲以後、祈求我增強教導能力以後，這才開始。」

8　　我說：「那麼你妻子跟你一起呈奉犧牲和一起祈求相同的東西麼？」

伊士賀麥賀說：「當然。她向神祇多方承諾，成為和身份相稱的人。明顯得很，她不曾忽略受教的東西。」

9　　我說：「啊！伊士賀麥賀，你一開始教她甚麼？請告訴我；因為聽你講這個，比你向我描述最好的體育比賽或賽馬更有興味。」

10　　於是伊士賀麥賀回答：「蘇格拉底，沒甚麼。當她對我稔熟和馴順之後，可以交談了，我就大概這樣問她：『媳婦，告訴我：妳可清
11　楚了解為了甚麼原因我娶妳和妳父母親交付妳給我？我知道妳也明白：我們其實不難跟別人同衾共枕的[36]。我替自己設想，你雙親替你設想，我們該找哪一個室家生活和長養孩子最好的伴侶。我選中了妳，你父母親看來在可能範圍內選中了我。』

12　　「『要是神祇甚麼時候賜給我們孩子，那時我們會為他們考慮怎樣把他們教養得最好。因為幸而得到晚年最好盟友和照顧者，這是我
13　們共同的好運氣。不過現在這個家我們共同所有；我所有的一切擺在裏面共用，你帶來的一切也放了進去共用。我們不必計較究竟哪一個提供更多，但是有一點我們得清楚知道：我們之中比較好的伴侶會作出更有價值的貢獻。』

36　原文「同睡」，即成為夫妻。全句意思是：兩人可以分別和他人結婚。

「蘇格拉底，我妻子這樣回答我：『我怎能夠跟你合作？我有甚麼
能力？一切總得靠你。娘告訴我小心謹慎是我的本份。』我說：『不
錯，媳婦，爹也這麼對我說。不過不論男女，小心謹慎意味可以使
各物保持良好的情況，同時通過良好而公正的方法儘量增添其他
好處。』

「妻子說：『你看到甚麼，如果我幹了，可以增加家產的？』

「我說：『那些神祇安排你能夠同時習尚律法又容許你做的工作，
你要嘗試去做得盡善盡美。』

「她說：『那是甚麼？』

「我說：『起碼我認為不是極小價值的工作，如果蜂巢中的蜂后不
是監管極小價值的工作的話。媳婦，因為我覺得神祇撮合稱為男性和
女性成為配偶，考慮得十分慎重，好使配偶在共同生活上獲得最大的
利益。首先，為了生人不致滅絕，這一對連在一起生育孩子。其
次，通過這番結合，人們老大時起碼獲得供養[37]。再其次，人類生活
方式不像牲畜群居空地，而是明顯需要蔭蓋的。只是準備把勞動成品
搬進蔭蓋之下的人也有需要戶外工作的。翻土、播種、種植、放牧，
所有這些都是戶外工作，各種需用物品由此[38]而來。

「『需用物品搬入戶內以後，還要有人去儲藏和幹戶內要幹的工
作。照料新生嬰兒要在戶內，收穫物弄成口糧也要在戶內，由羊毛製
衣服的工作也不例外。由於內外的事都需要勞作和照管，我覺得神祇
直接給婦女安排戶內工作和料理的天性，給男子安排戶外工作和料理
的天性。因為神祇賦與男子的身體和靈魂有更強忍受冷、熱、跋涉和

14
15
16
17
18
19
20
21
22
23

37　指受兒輩供養。
38　由戶外工作。

征戰的能力，所以指派外頭工作給男子。至於婦女，因為神祇賦與她
們較小的體能來應付這些[39]，我覺得指派了戶內工作給她們。神祇賦
與婦人照料新生嬰兒的天性和指派她們這項工作，於是分給她們比分
給男子更多對新生嬰兒的愛心。由於神祇指派了婦人保管搬進屋裏頭
的東西，知道為了保管，內心戒懼不是壞事，於是分給婦女比分給男
子更多戒懼感。神祇也知道外頭有工作的男子如果受人不公正對
待，需要援助；於是再分給他較大部分的膽識。由於兩方必須付出和
接受，神祇便讓二者平均擁有記憶和關注，以致你無法區別哪一個性
別——女性和男性——在這些方面[40]更為高明。需的時候，神祇
也對二者賜予相等的自制能力。無論男女，誰在這方面表現好些，神
祇會教他由這項優點中接收更多。因為二者[41]對一切事物性向不同，
配偶彼此間互相需求便很大，達致對本身更大的好處；因為一人對事
情無能為力，另一人卻有辦法。』

　　「我說：『媳婦，咱們既然明白了神祇給我們每一個人的囑咐，便
得嘗試把各自的事做好。』他說他這麼講下去：「『男女縮合成配偶，
法律對此認可的。一如神祇讓他們一起生孩子那樣，法律要他們共同
把持家務。法律表明：神祇賦予每人各有所長的本能，那是好的。
女人最好留在家中，不在空外；男人留在家裏而不在外頭料理事情，
卻是可恥。一個人要是做出和神祇賦予相反的事情，弄得顛三倒
四，也許逃不過眾神的注意，從而施加懲罰；因為這個人忽視本身工
作，或者去做婦人的工作。』我又說：『我覺得就是蜜蜂的頭兒也同樣
去做神祇囑咐要做的工作。』

39　指冷、熱等等。

40　記憶和關注。

41　二者：男女。

「她説:『蜜蜂頭兒哪種工作跟我必須幹的工作相似?』」

「我説:『她啊[42],住在蜂巢裏,不讓蜂兒們偷懶,而是送蜂兒出去幹在外頭需要幹的工作。每隻蜜蜂帶東西回來,她知道,接下了,並且收藏起來以備不時之需。及後到了使用的時刻,便一一公平分派。另外她監管在裏面結巢的蜂兒怎樣結得又好又快;同時關心幼蜂怎樣養育。到了幼蜂長成有能力工作了,她讓他們連同一些頭兒作領導的,離開另建居所。』」

「妻説:『那麼我也必須幹這個嗎?』」

「我説:『你當然啦。你留在家裏,奴僕之中在外頭工作的,你差遣他們;必須留在家裏工作的,你看管他們。你必須收下帶回來的東西。需要使用一部分時,你要作出分配;需要剩下一部分時,你得事先想好,要儲存起來,不要一個月便花去一年的用度。羊毛帶來給你了,你得注意怎樣製成衣服給需要的人。你還得注意乾麥粉適宜食用的狀態。』我又説:『你關注的事情當中,有一椿也許令人不舒服。那就是:如果有奴僕病了,你得多方想法子醫治他。』」

「妻説:『啊,宙斯!要是獲得妥善治療的人對我感激和比往日更懷好意,我會高興不過的。』」

伊士賀麥賀説:「我讚賞她的回答,説道:『媳婦,可不是由於巢中的頭兒有其遠見,群蜂便這樣子對待她:為何她離巢而去時,蜂巢之中沒有一隻要撤離她,反而全體跟隨她?』」

「妻回答我説:『我很驚詫怎麼領導的工作不落在你而落在我身上。因為如果你不設法從外頭帶東西進來,我覺得我在家中的防護和分配看來是回可笑的事。』」

33
34
35
36
37
38
39

42　指蜂后,原字作陰性。

.

40 　　「我說：『我帶東西進來，卻沒有人儲藏帶進來的東西，我覺得是可笑的。』我繼續說：『你沒見到那些被稱作用破甄子打水的人多麼可憐[43]？因為看來徒勞無功。』

　　「妻說：『啊，宙斯！如果真的這樣做，那是活受罪。』

41 　　「我說：『媳婦，還有：當你找到一個不懂紡織的人，你教曉了她，使她對你加倍有價值；當你找到一個不懂收拾和侍候的人，你訓練她變得忠誠和懂得侍候，你於是得到一個比甚麼都有價值的下人；另外，一些謙慎而對家庭有好處的下人，你可以善待她們；某個看來

42 壞心腸的，你可以懲罰；這些私人關心的事情會令你心中快樂的。最快樂的事情是：如果你顯得比我強，使我成為你的僕人，便不必擔心隨年齡增長，在家裏受尊重的程度降低；而是具有信心：年紀大了以後，既是我和孩子的伴侶、家中出色的保護者，又是在家裏受尊敬的

43 人。』我說：『因為美和善的增積，不是由於青春亮麗，而是由於人生之中的諸般德行。』蘇格拉底，第一次跟她交談時，我好像記得說過這些話。」

43　破甄打水，當時口頭用語，即下文徒勞無功的譬喻。

〔八〕

本章大意　伊士賀麥賀的妻子聽從丈夫有關家務管理的教導。有一回丈夫向她索取一件外面帶回來的東西，她拿不出來，感到羞愧。伊士賀麥賀安慰她，同時解說處事整齊有條理的重要性，並舉軍隊作戰和腓尼基商船儲物為例。

我說：「伊士賀麥賀，自此之後，你注意到她受到啟發多些關心沒有？」

伊士賀麥賀說：「啊，有的。我知道有一回她心不舒服，滿臉通紅，因為我向她索取帶進家裏來的其中一件東西，她交不出來。我見她心中不安，便說：『媳婦，我偶然向你索取的東西，你拿不出來，千萬不要難過。因為一個人需要一件東西，卻無法使用，這明顯是貧乏；這種缺乏比起索取的東西無法得到，或者你知道本來沒有這種東西，於是根本不去索取，其可悲程度相對減少了。』我說：『這不是你的錯，是我的錯罷了。我把東西交給你，卻不曾向你指示每件東西該放在哪裏，讓你知道哪裏該放置、哪裏該拿取。媳婦，沒有別的事情像條理那樣對人們有用處和有好處。一個由多人組成的歌舞隊，每個隊員隨意表演，一種混亂和不愉快的場景便會出現；一旦表演和說唱都整齊有序，同樣的人同時顯得悅目和動聽。』我又說：『媳婦，一支最散渙的軍隊，驢子、重裝備士兵、輜重兵、輕裝備士兵、騎兵、戰車，亂糟糟一起，最容易給敵人擊潰；朋友看了最感羞恥，覺得最沒用。因為如果這個樣子[44]互相妨礙：步行者妨礙奔跑者，奔跑者妨礙

2

3

4

44　指散渙、亂糟糟。

站立者，戰車妨礙騎兵，驢子妨礙戰車，輜重兵妨礙重裝備士兵；那
麼軍隊怎能前進？如果必須戰鬥，怎能在這種情況下作戰：因為那些
在敵方推進下需要後撤的人，逃離時可能踩踏手持兵器的人？至於行
列整齊的軍隊，友人看來最覺可觀，敵人看來最覺困擾。大批重裝備
士兵行列整齊前進，哪個朋友不高興？誰不讚美騎兵結隊前進？看見
重裝備士兵、騎兵、輕盾兵種[45]、弓箭手、投擲手，分類整齊列隊跟
隨指揮官前進，哪個敵人不恐懼？隊伍整齊向前，即使人數千千萬
萬，卻像蕭靜無嘩的個體向前推進，因為後面的腳步經常填踏前人腳
步的空位之上。說到載滿戰士的三層槳戰船，為甚麼對敵人來說可
怕、對朋友來說壯觀；可不是因為航駛迅速？船上水師為甚麼不相阻
礙？可不是因為坐得整齊不亂：傾前整齊不亂，傾後整齊不亂，上船
和下船也整齊不亂？我覺得凌亂無序就像一個農夫把大麥、小麥、豆
子同時扔在一處，及後他想要大麥餅了、麵包了，或是伴菜了，便得
逐一翻檢出來，而不是一早細心分好備用。

　　「『你啊，媳婦，如果要避免這樣的麻煩，想準確處理所有東
西，需要用的時候知道容易到手；同時我問你要的時候，你會高高興
興交給我；那麼我們選擇合適放置每一種物件放置的地方，放好以後
教導下人在那裏拿取，及後再放回去。這樣我們會知道哪些確實存放
了，哪些沒有存放。因為位置上沒有東西，目光要小心查察；知道每
件東西所在，我們會很快弄到手，這樣要用的時候不會麻煩。』

　　「蘇格拉底，有一回我登上一艘腓尼基人的大船參觀，看到最美
好和最細密的器物排鋪。我見到大量器物在極小的空間內分類擺
放。」他說：「船隻泊岸或出海，無疑需要大量裝備：木製器具和繩

45　輕盾兵種：配備皮革製盾牌的兵種。

索、航行時許多稱為『吊索』的事物，抵禦敵人戰船的諸般機械裝置，供應各人的大批武器，人們在家中各樣膳食使用的所有器具，還有船上滿載船主攜帶的各種為了賺錢的貨品。」他說下去：「我提及的所有　13
東西，都得放在一個地方，面積不會超過容納十張臥牀的空間[46]。我留意到各物這樣放置的：不會彼此妨礙，不需要尋找，不會亂放，不會難以抽取，以致需要急用時有所耽誤。我發覺船長的助手，人們稱　14
為『艙前者』的[47]，是這般清楚船中每件事物的位置；要是離船了，也能說出所有事物在哪裏和有多少件；清楚程度不下於一個識字的人能說出蘇格拉底一名有多少個字母以及每個字母的排列次序。」

伊士賀麥賀繼續說：「我還見到同一個人閒日裏檢查所有船上需　15
要用上的器物。我對他的檢查感到驚奇，問他做甚麼。他說：『外鄉人，我在查看船上的東西怎麼樣，有甚麼問題沒有，是不是丟失甚麼了，或者是不是位置擺錯亂了。因為神祇在海洋發起風暴時，再也來　16
不及了，再也無法找到擺放錯亂位置的事物。神祇威嚇和懲罰笨蛋。倘使他只是放過不犯錯的人，我們十分滿足；要是他還拯救好好奉侍他的人，我們對他十分感恩。』

「我看了這樣仔細安置物品後，便對妻子說如果在空間狹窄的船　17
隻上活動的人，船身強烈搖晃之際，仍舊保持秩序；而極度驚惶一刻，仍舊拿取到需要的物品；可是我們，家中有寬廣貯物室，而房子建在堅固地基上；卻找不到方便而容易找到每件東西的地方；那不是糊塗蟲了嗎？我們真是個傻瓜了！有條不紊擺放東西，家裏每樣東西　18

46　指希臘人斜臥其上飲酒的牀。人們以房間能容納多少張這樣的牀去說明房間的面積大小。

47　守在船頭瞭望的人，其重要性僅次於身處船後艙的船長。

19　都放在容易找到的地方，那是多麼好、多麼方便；這個我説過了。鞋子擺放整整齊齊，多麼好看。看到衣服分類，看到毯子、銅壺、桌子器皿，同樣好感覺。如果我説就算是燒鍋優美地擺放，也是很好的──點靈的人聽到會發笑，嚴謹的人倒不會。真的，其他東西都

20　由於這個妥善的安排顯得格外美好，因為每一類看起來是一個團隊，當中的空間不放東西，似乎很好看；就像祭壇前作圓形移動的歌舞隊那樣，不但歌舞隊悦目，就是歌舞隊中央看來也美好潔淨。

21　　「我繼續説：『媳婦，如果我講得對，我們可以就此試一試，沒有帶來傷害，沒有多少痛苦的。』我又説：『媳婦，也不必擔心難以找到

22　這樣一個人：他知道各處位置，同時記得把每類品放回原處。我們知道：整座城邦的物品比我們家裏的多出千萬倍，可是你吩咐我們奴僕當中一人去市場買東西，他沒有感到為難，表示曉得該到甚麼地方購買每一樣物品。所以這樣，沒有別的理由，只是由於物品有固定的擺

23　放位置。再説你要找人，剛巧他也正在找你，許多時候見面之前便得放棄尋找。所以如此，同樣沒有別的理由，只是沒有定出大家必須相候的地點。』

　　「關於物品的序列安排和物品的使用，我似乎記得這樣對她説。」

〔九〕

本章大意　伊士賀麥賀繼講述怎樣教導妻子：向她指出房子的功能，要怎樣佈置和使用房間，物品要按類目收藏恰當。其次任命一名女僕為管家，妻子則像皇后，監管家中一切。

　　我說：「伊士賀麥賀，結果怎樣？你用心教導你妻子，覺得她留心聽教沒有？」

　　「還會怎樣？只有答應細心照管。她顯得十分高興，好像找到一種取代困難的容易方法；並且求我儘快安排一如我設想的那樣。」

　　我說：「伊士賀麥賀，那麼你怎樣安排？」　　　　　　　　　2

　　「我覺得除了首先要向她指出房子的功能，還有甚麼？蘇格拉底，房子沒有加上裝飾，房間只是為了最方便儲藏而間隔，這樣每一個房間容納最適合儲藏其中的東西。內室地點安全，收藏最值錢的鋪　　3
蓋和家具；乾爽不漏水的房間收藏穀物；清涼的房間收藏酒；明亮的房間給需要光線的工作和物品。我又向她指出日常活動的房間給佈置　　4
起來，使得冬暖夏涼。我還指出整座房子面向正南，這樣便清清楚楚冬天會有陽光，夏天會有陰影。我還向她指出婦女活動的地方，跟男　　5
人活動的地方用下鍵的門分開，避免不必要帶出去的東西給拿走了，也避免奴隸們在我們不知道的情況下生孩子。有用的奴隸養了孩子以後會特別忠誠，但是狡點的人同居了，有機會更壞。」

　　他繼續說：「我們說了這些，於是分別家中物品的類目。我們首　　6
先集中祭祀用品，接著是婦人在節日中華麗裳服、男人在節日和戰爭中的服裝、婦女堂室的牀鋪、男人堂室的牀鋪、女人鞋子、男人鞋子。另外一類是盔甲兵器、羊毛紡織工具、做麵包工具、烹飪工　　7

具、沐浴工具、搓捏麵粉工具、桌上用具。所有這些又分成兩堆：一

8　堆經常使用的，一堆節日才用得著。一個月用完的東西擺在一處，估
計一年才用完的東西另行擺開。因為這樣做，到年底時會少些出

9　錯。我們按類目區分家中所有物品之後，每類放在最恰當的位置，然
後交給奴隸們每天使用的工具：用來做麵包的、烹飪的、紡織的，其

10　他諸如此類；指示他們要放好，同時照管得安全妥當。節日所需的東
西，款客所需的東西，或者平常偶爾用到的東西，我們數過，逐一記
錄下來，交給女管家，指示她收藏的地點；同時告訴她給了甚麼人，
便得緊記如數收回，放歸原處。

11　　　「我們挑選女管家，觀察哪個看來對食物、酒、睡眠和男伴最能
克制；另外哪個看來心中最能記緊預先警惕不要因為疏忽而受到責
備；同時想到讓我們高興的事情，從而得到我們稱許的回報。

12　　　「我們還教導她對我們忠誠。我們高興的事，也讓她開心；我們
有煩惱，也讓她分擔。我們還教導她認真關切家務進展，讓她投入其

13　中，同時分給她一份成就感。另外，我們給她灌輸正義意識，對正義
的人表現特別尊敬，超過不正義的人；向她指出正義的人比不正義的
人生活得更為豐盛，更加自由。我們於是把她放在這樣的位置[48]。

14　　　「蘇格拉底，所有一切做完以後，我對妻子說如果她不關心每樣
事物經常保持秩然有序，所有的安排毫無作用。我教導她：一個條理
井然的城邦，即使制定良好法律，民眾覺得還是不夠，還要挑選出法

15　紀維護人來。這些人褒獎行為守法的人，而懲罰行止違法的人。我
於是提議妻子把自己看成家中所有一切的法紀維護人。甚麼時候認為
合適，便查察所有用具，好像衛隊司令員檢查衛隊那樣，又好像議會

48　即挑選她做管家。

查察馬匹和騎兵那樣，看看每樣是否都好好的。她要像一位皇后，盡其所能讚賞和尊崇有價值的人，而指責及懲罰該當如此的人。」

他說：「此外我還教她：要是我就我們的擁有物安排她比安排奴僕更多事務，不要自然覺得承擔沉重。我開導她，指出奴僕只是部分攜帶或者留心或者看管主人的財物，他們之中沒有人可以使用，除非主人給了他們。可是所有屬於主人的東西，主人想用，隨時可以。所以一個人由於保有而得最大好處，又由於毀壞而得最大傷害，這個人有責任作出極度關心的。」

16

17

我說：「跟著怎樣？伊士賀麥賀，你妻子聽了這些以後，留心信服了？」

18

他說：「蘇格拉底，她還能怎麼說。她說如果我教導她必須留心事事物物的時候，以為是給她困難工作，那便錯了。如果叫她家中事物一切不管，對她來說，比起要她留心更有難處。就像一個婦人照料孩子比不管孩子似乎更是自然的事，所以她說她認為一個女人照管自己的擁有物比起不照管，同樣似乎更加愉快。」

19

〔十〕

本章大意｜伊士賀麥賀述說：妻子有一回塗脂抹粉，希望裝扮漂亮。伊士賀麥賀告訴她本色最好看的道理；同時指出關注家務多走動，能使容色真正美好。妻子聽信了。

　　蘇格拉底說：「聽了他妻子這樣回答，我說：『伊拉啊！伊士賀麥賀，你展現了你妻子的男子識見。』」

　　伊士賀麥賀說：「我想向你陳述她別的高尚見解。有一回她聽了我的話，很快信服了。」

　　我說：「甚麼事？說啊！對我來說，了解實際生活婦女的德行比起看到塞夫克息[49]描繪的婦人畫像，愉快多了。」

2　　於是伊士賀麥賀說：「蘇格拉底，有一次我見她用許多鉛粉塗飾，使得臉孔比平常白些；又塗抹大量朱草汁，好使看來比原本臉色
3　　紅潤些；又穿上厚底鞋，讓自己看來比本來增高一些。我說：『媳婦，我們共享財物。如果我向你展示財物，不誇大數額，也不隱瞞任何東西；又如果我試圖欺騙你，誇大了目前財物數量，同時展示贗
4　　幣、鑲木項鍊和褪色的紫袍；你會判別哪一個我更值得喜歡？』她即時插話：『哎呀！甚麼話？你別這樣子。你要是這樣，我沒法打從心底喜歡你了。』我說：『媳婦，我們結合在一起，可不是也在肉體上相
5　　互連結嗎？』她說：『人們起碼是這樣說的。』我說：『要是我試圖向你展示我經過照料的軀體，健康和強壯，這樣我在你眼中容色美好；或者如果我在眼底塗抹朱紅，顯示有男兒氣概，然後跟你親密，作出欺

49　塞夫克息，伊拉克里亞人，畫家，生卒年份不詳，活動時期約在公元前五世紀後期。曾在伊拉廟中畫愛蓮妮（海倫）像，最為有名。又見《追思錄》1.4.3。

騙，讓你看到的不是我的肌膚，而是朱粉；那麼我這個和你合體的
人，哪一種表現更值得相愛？』她說：『我摸著朱粉不舒服；看見男人　　6
塗顏色不舒服，看見眼底化妝不舒服，看見你健康的樣子才舒服。』」

伊士賀麥賀說：「我想我是這樣說：『媳婦，鉛粉和朱草的顏色比　　7
不上你的本色教人愉悅。好像神祇們使得馬最喜歡馬本身、牛最喜歡
牛本身、羊最喜歡羊本身，同樣人認為人的潔淨軀體最使人愉快。
如果欺騙不受查察，此類欺騙有時能夠欺瞞別人；可是經常在一起　　8
的人，倘使試圖互相瞞騙，一定察覺出來的。因為起牀後整妝前、
汗水玷染時、淚水沖擊時、或者給人看到真正洗澡時，都會察覺出
來的。』」

我說：「神祇們啊！這個她怎麼回應？」　　9

「除了說以後她永不會這樣做，只是極力嘗試恰當地展現純淨的
一面，還有甚麼？她還問我是否可以提議她怎樣可以真正漂亮，而不
是僅僅似乎漂亮。」

他又說：「蘇格拉底，我勸她不要像奴隸那樣永遠坐著不動，而　　10
是憑藉神祇的幫助，嘗試像個女主人樣子站在紡織機旁，教導自己強
過別人的事情，而學習比不上別人的事情。看緊製麵包的人；家務助
理量度時站在她身邊；四周巡視，看看每件東西放置地點恰不恰當。
我覺得這樣子走動和關注便結合起來了。我說配麵粉、搓麵包、抖揚　　11
或摺疊衣服和被鋪都是很好的運動，我說這樣子運動之後，胃口好
了，大大健康了，容色看來就是真正美好。跟女奴相比，主婦容色遠　　12
為潔淨，穿著合適，使人動心，特別是她自願取悅而不是像奴僕受強
迫服侍的時候。經常大模大樣坐著的女人使人有裝飾與虛假形象的判
斷。」他繼續說：「蘇格拉底，可以肯定，我妻子現在仍然像我所教導　　13
的同時也像我現在向你描述的那樣安排她的生活。」

〔十一〕

本章大意 人們稱許伊士賀麥賀為內外完美的人，蘇格拉底想了解人們稱許的原因，請伊士賀麥賀講他的所作所為。伊士賀麥賀首先說他尊崇神衹，然後在蘇格拉底引導下，講他日常生活：怎樣下地、怎樣鍛鍊身體、怎樣在城邦中發言等等。

我說：「伊士賀麥賀，首先，你妻子的工作，我認為聽得差不多了，你們兩人都值得稱許。其次關於你的工作，也請告訴我，好得愉快地說明你受稱道的原因。我在完全聆聽一位內外美好的男子的工作 —— 如果能夠的話 —— 以後，會十分感激你的。」

2　　伊士賀麥賀說：「啊，宙斯！我會十分高興向你，蘇格拉底，敘說我日常的作為。要是你認為我所作所為有甚麼不好，請指正。」

3　　我說：「一個內外美好的人完美的工作，我怎能公正地指出錯處？何況我是個給看成游談無根和量度空氣的人[50]。人們還叫我做『窮

4　　鬼』——這個似乎是最沒有理性的咒罵。伊士賀麥賀，最近要是我沒有碰見外地人尼基亞[51]的馬兒，我對這樣的咒罵會十分傷心。我見到很多旁觀者跟著馬匹，聽到許多講馬匹的話，於是上前問馬伕這匹馬

5　　是不是很有錢。他望著我，似乎我問得沒頭沒腦，說：『馬匹怎會有錢？』聽了這句話，我腦海生出一個想頭：馬兒品性如果本來優良，

6　　窮馬可能變成好馬的；同樣推想，我也可能變成好人的。請你詳盡地講述你的工作，讓我如果聽得明明白白的話，好好學習，從明天起，嘗試模仿你。這是一個開始從事道德的好日子。」

50　阿里士多芬尼《雲》劇 225 行說蘇格拉底「凌虛而行，注視太陽」。

51　尼基亞，其人未詳。

伊士賀麥賀説：「你講笑了。不過我還是盡我所能，嘗試向你講　　7
述我生活過程中的實踐。由於我似乎了解到神祇不允許人類有好表　　8
現，除非人類明白他們應當做甚麼並且完成他們的工作；以及了解到
神祇照顧小心謹慎的人，賜給他們悦樂，別的人不賜予；於是我開始
崇祀神祇，嘗試所作所為循規蹈矩。我向神祇禱告，得到身體健康和
體力、城邦榮譽、朋友的好意、戰爭中一無損傷、正當方式增加財
富。」

我聽了以後，説：「伊士賀麥賀，你關心財富，賺了很多錢，也　　9
得關心由此而生的事項？」

他説：「絕對是。蘇格拉底，我關心你問的事情。因為我覺得盛
大尊崇神祇、幫助有需要的朋友、看到城邦在我可以提供資助時而整
飾美觀，是樁愉快的事情。」

我説：「説得好，你是個極有影響力的人。可不是嗎？許多人沒　　10
有別人施予便不能過活，好些人能自給自足便覺滿意。至於那些
人，他們不僅可以管理自家的家業，還進一步關注到城邦的整飾美
觀，怎麼不該認為是沉厚強力之輩？」我又説：「我們很多人無疑會　　11
稱許這些人。不過，伊士賀麥賀，請你從頭説起，你怎樣關心自己的
健康和身軀的堅強有力？怎樣正當地在戰爭中好好保住性命？至於賺
錢的事情，日後總有時間聽到的。」

伊士賀麥賀説：「蘇格拉底，我看所有事項互相關連，一個跟一　　12
個。因為一個人吃飽以後，正正經經辛勤工作，據我看來，便會保持
健康。越是辛勤工作，軀體益發堅強有力。他接受了良好的軍事訓
練，足以自救。他處事認真正當而不軟弱，大有可能增加房產。」

我説：「伊士賀麥賀，我跟得上你的話。你是説一個人辛勤工　　13
作、認真關注、接受訓練，會有機會獲得好結果。只是我希望知

道：需要通過怎樣的勞苦才達致健康和軀體強壯有力？需要通過怎樣的諸般軍事訓練？需要通過怎樣的認真處事而幹得出色，從而幫助了朋友、壯大了城邦？這些都是可喜的事。」

14　　伊士賀麥賀說：「蘇格拉底，我習慣起牀的時刻是：我想要碰見哪個人，在家裏都見得著。倘使要進城辦點事，我會趁辦理事務之便，步行前往。要是無須進城，童僕牽一匹馬到田裏，我則沿路走過
15
16　去。蘇格拉底，這可能比在城中廊柱間漫步更好。及後我到地裏，無論他們剛好種植、收割、播種、收藏，我會細細觀察每項工作怎樣
17　進行。如果我有比目前更好的方法，我提出修正改善。跟著我上馬鍛鍊騎術，儘可能做得跟戰爭中的騎兵要求那樣，儘可能謹慎乘騎，
18　避開山間彎路、斜坡、叢林、溪溝，以免馬匹跛了腳。這些做過以後，童僕讓馬兒轉轉圈子，牽回家去，同時裝載城中需要用的田裏的東西；我則有時步行、有時跑步回家，用水全身沖乾淨。蘇格拉底，跟著我用早餐，不讓肚子空空的，也不讓肚子脹飽；吃的份量恰好維持過日子。」

19　　我說：「啊，伊拉！伊士賀麥賀，你種種作為很合我心意。你在同一時間內作出必須的安排：增進健康、強身、作戰訓練和留心財
20　富；所有種種我認為都值得讚賞。你提供了有力的證明：證明你對每樁事情正確的關注。因為憑藉神祇的幫助，我們見你十分的健康和強壯。我們也知道人們說你騎術最是超卓以及財富最是豐厚。」

21　　伊士賀麥賀說：「蘇格拉底，你也許以為我會說不少人稱我為內外完美的人；可是我如此作為，卻受許多人的錯誤指責。」

我説：「伊士賀麥賀，我想問你會否對這個有所關注：倘使有時　22
需要面對別人，你會發言陳述和聆聽陳述[52]？」

他説：「蘇格拉底，你不覺得我實踐完成了這些事：給自己辯護
沒有對人不公正，儘可能善待各人；執意控告一些人，當我知道他們
對許多私人或者城邦不顧公義，對誰都沒有好處？」

我説：「伊士賀麥賀，要是你真的仍然從事釋説的事情，請明確　23
告訴我。」

「蘇格拉底，我從未停止過言詞釋説。當我聽到家裏一名奴僕給
自己辯護或者責備他人，我會嘗試批駁質問；或者當著朋友面前責備
或稱許某人；或者在熟人間進行調解，嘗試教導他們彼此結成朋友要
比彼此是敵人更有益處。或者我們聚集一起審問將領[53]；或者某人受　24
到不公正對待，我們替他申辯；或者某人受到不公正的尊崇，我們相
繼指責。有些事我們想幹，稱許這些事；有些事不想幹，加以譴
責。」他繼續説：「蘇格拉底，許多時候我被判決必須受到懲罰以及　25
罰款。」

我説：「伊士賀麥賀，給甚麼人判決了？我對此一無所知。」

他説：「給妻子判決了。」

我説：「你怎樣抗辯？」

「講老實話而對我有利，那好得很。要説假話才有利，啊，宙
斯！我沒法把壞話變成好話。」

我説：「伊士賀麥賀，也許你沒法子弄假成真。」

52　指受到指控發言為自己辯護及指控他人聆聽他人陳述。
53　指在軍事法庭。

〔十二〕

> **本章大意** 伊士賀麥賀談及自己田地的管工：他親自訓練，教導他對自己忠誠和關心負責的事務；並就關心負責一事和蘇格拉底討論。

我説：「伊士賀麥賀，這樣：你想離開的話，我不耽誤你了。」

他説：「啊！蘇格拉底，市場完全關門前，我不會離開的。」

2 　我説：「啊，宙斯！你被稱為內外完美的人，你對這個稱號倒是守護得緊緊，不會拋棄的。你眼下也許有很多事情需要操心，只因要會晤外地人，你等候他們，以免失信。」

他説：「蘇格拉底，我也不會忽視你講過的話，因為我田裏還有管工。」

3 　我説：「伊士賀麥賀，你需要一名管工之時，你打聽哪裏有做管工經驗的人，嘗試找他回來；好像你需要木工之時，我清楚了解，你便打聽哪裏會有木工技能的人，嘗試找他回來；還是：你親自訓練管工？」

4 　他説：「蘇格拉底，我親自訓練他。因為當我離開之後，這個人有足夠能力替我處理事務。他除了知道我所知道的方法，還需要甚麼？因為如果我有領導工作的能力，我便可以就我所知教導別人。」

5 　我説：「這個人可不是首先需要有對你和你的[54]忠誠，要是他足以代替你出現的話？欠缺忠誠，一名管工儘管有知識，有甚麼用處？」

伊士賀麥賀説：「啊，宙斯！沒有。不過我首先嘗試教導的就是對我和我的忠誠。」

---

54 「你的」甚麼，原文沒説。

我說：「你到底怎樣教導一個你想教的人對你和你的抱有忠誠？」　　6

伊士賀麥賀說：「顯示善意。無論甚麼時候，神祇總會賜給我們大量好處的。」

我說：「你是說：那些感受好意的人變得忠誠，並且有心想對你　　7
做好事？」

「蘇格拉底，我見到這是最好的忠誠的工具。」

我說：「伊士賀麥賀，就算他對你忠誠了，他因此便能夠做好田　　8
地管工了嗎？你沒見到──一如人們所說──所有人都忠於自己本身，當中卻有些人不操心他們想要獲得於己有關的好處？」

伊士賀麥賀說：「當我想指派這樣的人做管工時，我也教導他們　　9
關心這個。」

我說：「怎麼回事？我可認為『表示關心』這等事完全沒法教導的。」　　10

他說：「蘇格拉底，『關心』不是所有人都能一個接一個受教的。」

我說：「那麼，哪些人可教？請清清楚楚向我指出。」　　11

他說：「蘇格拉底，首先，飲酒沒節制的人你不能夠使他們關心事物，因為醉酒讓這些人忘記所有該做的事情。」

我說：「只有這些對這個[55]沒有節制的人不能有所關注，抑或還　　12
有其他人？」

伊士賀麥賀說：「還有渴睡的人。因為一個躺著睡覺的人不能幹必要幹的事，也不能夠讓其他人去做。」

我說：「怎麼樣？就是這些人我們將難以教導他們關心事物，還　　13
是除了他們還有別的？」

伊士賀麥賀說：「據我看來，一味沉迷色慾的人也不可能教導他

55　「這個」指飲酒。

14　們關注色慾之外其他事情。因為不容易找到一種企盼或關注比起關注孩子之愛[56]更為愉快；而當做了這種事，很容易發現：再沒有懲罰比隔絕愛侶更為嚴酷了。所以我從來不動念嘗試留心那些我認識到的是如此這般的人。」

15　　我說：「熱衷利益的人怎樣？這些人也不能教導他們關心田裏的工作嗎？」

　　伊士賀麥賀說：「啊！不是。絕不。他們一下了便關心這個了，因為只須向他們指出關注就是利益。」

16　　我說：「至於其他人，對你宣示的事情自我節制以及一定程度上貪受利益，你怎樣好好教育他們如你所要求的那樣關注事情？」

　　他說：「蘇格拉底，十分簡單。我見到他們操心，稱讚他們；並且嘗試獎勵他們。當他們不在心，我嘗試講話了，並且做有傷他們感受的事。」

17　　我說：「伊士賀麥賀，來，轉個話題，不談人們受教關注的事，且搞清楚教育：不關心事情的人能否使他人關注事情？」

18　　伊士賀麥賀說：「啊，宙斯！不能。就像沒有音樂感的人不能使他人有音樂感。因為老師表現差勁，很難使人學習有成績；而主人疏

19　忽的榜樣，僕人很難有所關心。總而言之，我不覺得曾經獲悉主人差勁而奴僕有用，我倒見過好主人和不免受懲罰的奴僕。任何人想訓練奴僕操心事情，他自己必須監視和查察工作，對願意完成工作的奴僕

20　表示善意，而對懶散的人絕不猶疑加以恰當的懲罰。」伊士賀麥賀繼續說：「我覺得一名外國人的回答好得很。有一回波斯王得到一匹良馬。國王想馬匹儘快肥壯，於是詢問眾多似乎了解馬匹的當中一人馬

56　「孩子之愛」指年長男子和年輕男子之間的情愫。

匹怎樣會儘快肥壯。據說這人回答：『主子的眼睛。』蘇格拉底，就這樣，我覺得主子的眼睛產生最完美的工作。」

〔十三〕

本章大意

伊士賀麥賀繼續敘說他教管工：管工得知道他該做甚麼；管工起碼必須學懂管理工人，通過獎勵和懲罰，讓工人服從。伊士賀麥賀提出一個具體使用的獎罰方法。

我說：「當你把你要求的事項必須關注這樣一種意念灌注給某人，而且是強有力的灌注，這個人就能管理事務？或者還要學習其他方面，才能是勝任的管工？」

伊士賀麥賀說：「是的，他還得知道他該做甚麼、甚麼時候做和怎樣去做。要不是這樣，管工不知道這些，能有甚麼好處？就像一名醫生照顧病人，日夜訪診，卻不知道要病人做甚麼最好；不是這樣嗎？」

我說：「如果他學懂了田間的工作，還要增補甚麼？或者對你來說，他已經是完全合資格的管工了？」

他說：「我認為他起碼必須學懂管理工人。」

我說：「那麼你教導管工們有管理能力？」

伊士賀麥賀說：「我嘗試著哩。」

我說：「眾神啊！你怎樣教導管治眾人之事？」

他說：「蘇格拉底，十分簡單，你聽了也許會發笑。」

我說：「伊士賀麥賀，事情絕對不值得發笑。因為一個人能夠使他們有管治別人的本事，這個人顯然能夠有教人成為主子的本事。一

個人能夠使人有當主子的本事，便能夠教出做國王的本事來。所以一個有能力做這回事的人，我以為值得大大讚美多於嬉笑。」

6　　他說：「看，蘇格拉底，其他生物從這兩方面學會服從：一是他
7　們嘗試不服從時，受到懲罰；一是願意聽話服務，受到良好對待。佻皮的幼馬學會服從馴馬師：他們聽話，得到甜美東西；不聽話嘛，有
8　麻煩；直至遵從馴馬師的心意為止。至於小狗，儘管在意識及語言方面遠不如人類，卻是在一定程度上學會繞圈子跑步、翻筋斗和其他許
9　多事情。因為他們聽話，得到想要的東西；他們不理睬，會受懲罰。對於人類，最有可能通過語言指使，指示他們服從怎樣對他們有利。而施於牲畜身上的教導，似乎對教導奴隸順從同樣有效。因為滿足他們口腹之欲，他們會給你辦好事情。本性追求榮譽的人重視讚美。性好榮譽的人對讚頌的飢渴程度不低於其他人對食物和飲料。
10　這是我用的方法，我認為最有可能得到服從的人。我教導心目中的管工，同時還採用別樣輔助辦法：我把必須提供給工人的衣著和鞋子製得不完全相同，有的好些，有的差些。這樣我用好東西獎勵幹得好的
11　人，給幹得不好的人差勁東西。」他接下去說：「蘇格拉底，好工人見到自己好好的工作，而一些人既不動手，有需要的時候也不想犯險，
12　卻是得到同樣的回報；我認為他們會感到沮喪的。我個人無論如何不認為好工人和壞工人同樣受尊重。我見管工分給最值得的工人好東西，我讚許；要是見到有人因為奉承而提前受稱讚或者見到毫不恰當的惠予，我不會置之不理。蘇格拉底，我會斥責和嘗試教導，指出這樣做對他自己沒有好處。」

〔十四〕

本章大意：伊士賀麥賀談管工的忠誠、訓練奴僕忠誠公正種種方法。

我說：「伊士賀麥賀，當他有能力管理，其他人聽話了，你認為他是優秀的管工呢，抑或這個你提及的人還需要點甚麼？」

伊士賀麥賀說：「啊，宙斯！遠離主人財物，別偷竊。因為一個處理莊稼的人膽敢吞沒收成，以致一番勞作無所獲利，由他管理耕種有甚麼益處？」

2

我說：「這樣，你提出忠誠[57]之類教他？」

3

伊士賀麥賀說：「當然。但我發現不是所有人準備好留心聽我教導。只是我引用特拉孔一些法律，又引用梭倫一些法律[58]，嘗試使家中奴僕走向正直。」他繼續說：「我覺得這些人[59]制定許多律令，著眼於教導如此之類的忠直。因為律文寫明偷竊得受懲罰。一個人要是偷竊給抓到了，得坐牢；如果拒捕，判處死刑。」他又說：「律令這樣寫明顯得很，他們想把可恥的貪婪對不忠直之輩無利益可言。」他又說：「我這裏的採用一些，也採用一些大王[60]的法律。我嘗試訓練奴

4

5

6

57　原文本義「公正」，但「公正」跟上文的「別偷竊」不呈對立意義，故改為「忠誠」。下文「忠直」、「公正」等詞，與「忠誠」同為一字，隨句意而變動。

58　特拉孔及梭倫同是公元前七世紀的雅典立法者。

59　指特拉孔等人。

60　波斯王。

7　　僕公公正正管理事務。因為希臘人[61]的法律只懲罰做錯事的人，而大
　　王的法律不但懲罰做錯事的人，還對公正的人賦予好處，以致許多行
　　止不公的人或者唯利是圖的人見到了公正的人變得越來越富有，便十
8　　分在心戒除行止不端。」他還説：「要是我覺得有些人儘管獲得優待，
9　　卻仍舊試圖為非作歹；這些貪婪無可救藥的人，我停止使用他們。另
　　一方面，如果我知道有人被引向公正，不但由於公正而自我提升，還
　　希冀得到我的嘉許；我會拿他們作自由人看待，不但讓他們富有，還
10　　像對內外美好的人那樣尊重他們。」他繼續説：「蘇格拉底，愛榮譽的
　　男子和愛賺取的男子分別是：前者由於讚美與榮譽，願意接受痛苦和
　　危險，排拒不光采的取獲。」

〔十五〕

本章大意	蘇格拉底要求伊士賀麥賀教他實際農耕技能。伊士賀麥賀首先稱許農耕技能友善高尚，指出它容易學習，而掌握這種技能的人樂於向人指點。

　　「你向一些人灌輸你會大好的企盼，還讓他關心你要完成的事
情；還使他掌握每種工作怎樣做最為有利的知識；除此之外，你培養
他有管治能力。種種過程之後，他向你指出土地上美好收成，像你一
樣高興。我不會問這樣的人還缺少了甚麼，因為我覺得這樣一個人是
極有價值的管工。可是伊士賀麥賀，有一點我們談話時隨隨便便拖了
過去，別要疏忽了。」

61　原文作「他們」，意義不明晰。伊士賀麥賀這裏拿希臘人和波斯王的法律作比
　　對，所以把「他們」一字原意顯出。

伊士賀麥賀說：「哪一點？」　2

我說：「你說過最要學習的是必須怎樣完成每件工作；而一個人除非曉得該做的事情和該怎樣去做，否則關注不會帶來好處。」

這時候伊士賀麥賀說：「蘇格拉底，你叮囑我教導農事的技能？」　3

我說：「這種技能也許讓熟悉它的人富有，而不熟悉它的人儘管諸般勤苦，仍然過著一無所有的生活。」

他說：「蘇格拉底，聽我說這種技能的友善。從事這種技能最受　4
益最愉快，這種技能對神祇和人類最可親；另外最容易學會；所以它怎麼不是高尚呢？我們稱為高尚的生物，指偉大有益、同時對人類溫和的生物。」

我說：「伊士賀麥賀，我似乎能夠領會你關於教導管工重點的說　5
法。我似乎了解你要使他學習對你好感、留心事物、有管理能力，而且忠誠。只是你說過一個準備關心農務成功的人必須學習做每樁事情　6
該怎樣做和甚麼時候去做。」我又說：「所有這些，我覺得談話當中隨隨便便拖過去，忽略了。就像這樣：要是你說一個會默寫的人和一個　7
會閱讀書寫文字的人必須認識字母。假如我聽到這個，就是我聽到了這人一定要認識字母。即使我明白了，我可不認為他對字母認識得更好。現在我想一下子讓你說服：一個準備關心農事的人必須了解農　8
作；儘管了解了，但必須怎樣耕種，沒有進一步認識。如果當下對我　9
來說最好從事農耕，我就像一名遊方郎中給病人診視，可不知道甚麼才對病人有好處。」我繼續說：「為了不會讓我這樣子，你教我農耕的各項事情吧。」

他說：「蘇格拉底，農耕不像其他技能，受教的人工作得到有價　10
值回饋之前必須學習不倦怠；農事不是這樣難以學習。一方面看看工作的人，一方面直接聽聽人們講話，你便學會了。如果你願意，也就

11 可以教人了。」他接著說：「我認為你知道很多技能，可是你全不曾在
意。因為其他技工會隱藏他們技藝中最關鍵部分，可是耕地最出色的
農夫如果有人觀察他，他會特別高興；最會播種的農夫也是一樣。如

12 果你詢問所有的出色表現，沒有人會向你隱瞞怎樣幹活。蘇格拉
底，就是這樣子，農耕對從事這一行業的人提供最高尚的品質。」

13 我說：「很好的前言，不會讓提問人聽後放棄追問。既然農務容
易學習，你便大有道理全面指點我。因為你教導我容易的事情並不
可恥；但對我來說，連這個也不懂卻是可恥不過，特別是它有時很有
用處。」

〔十六〕

本章大意｜伊士賀麥賀和蘇格拉底談論具體的農耕工作，指出首先要知道土壤的性質，蘇格拉底同意他觀點。跟著詢問穀物如果要好收成，怎樣在田裏勞作？伊士賀麥賀作具體指說。

伊士賀麥賀說：「首先我想向你表明：不曾到過田裏幹過活的演
說家用精準的語言指出農事最為複雜，因為他們說準備正確種地的人

2 首先要知道土壤的性質。其實這不是一件難事。」

我說：「他們講得對啊。因為一個人不知道土地能出產甚麼，我
認為他會弄不清楚該播種甚麼和該種植甚麼。」

3 伊士賀麥賀說：「絕不困難。看看一旁的田地種植的莊稼和樹
木，便明白能夠出產甚麼、不能夠出產甚麼。當一個人懂得了，便不
會違逆神意。因為這個人有所需求，通過播種耕作，得到不會多過土

地的生長和供養的食糧。如果由於田主的怠惰，土地無法盡展其
力，許多時候可以從鄰田了解這塊地更真實情況，比詢問鄰人更好。
土地就是荒廢了，仍舊顯示它的本質，因為能夠長出美好的野生植
物，還可以 —— 要是關心的話 —— 帶來人們培育的美好植物。這
樣，完全沒有農耕經驗的人都能夠認清土壤的性質。」

我說：「伊士賀麥賀，我似乎對此有足夠的信心：就是我不必害
怕因為不了解土壤的性質而疏離農事。」我繼續說：「真的，有人向我
提及漁人的事情。他們海上幹活，但當船靠田地行駛時，他們不停觀
望，目光不放鬆。見到田裏莊稼，絕不遲疑對土壤的好壞表示意
見：指責這一塊，誇許那一塊。我注意到他們對優良土壤表示的意
見，跟對農事有經驗的人多數相合。」

伊士賀麥賀說：「蘇格拉底，你想我從哪裏開始提醒你？因為我
知道我向你講農耕必須之事，許多你已經懂得了。」

我說：「伊士賀麥賀，首先我（特別是搞哲學的人）想我會愉快地
學習：倘使我想收成最多的大麥和小麥，怎樣在田裏工作？」

「你可知道必須翻鋤休耕地準備播種？」

我說：「知道。」

他說：「假如我們冬天開始翻土怎樣？」

我說：「那會成泥濘。」

「那麼你認為夏天呢？」

我說：「土壤太硬，耕具推動不了。」

他說：「看來這項工作春天做最好。」

我說：「這時候翻土，泥土容易散碎。」

他說：「蘇格拉底，草在這時節給翻轉了，給土壤提供肥料。因

4

5

6

7

8

9

10

11

12

13　為還不曾散播種子，不會冒長。我以為這個你也懂得：就是休耕地如果要好好的話，雜草要清除，並且讓太陽儘量烘乾。」

　　我說：「當然。我認為一定得用這個方法。」

14　　他說：「你認為這些事情除了在夏天盡可能多次翻土，還有更好的處理方法嗎？」

　　我說：「我準確地明白：要把雜草翻鋪泥面和接受熱力烘枯，同時土壤給太陽烘炙，再也沒有比盛夏中午之時鋤翻田土的方法好了。」

15　　他說：「人們如果在休耕地上鋤土幹活，不是明顯得很他們必須做分開泥土和雜草的工作？」

　　我說：「是的，他們一方面把雜草翻鋪泥面，讓雜草烘枯；另方面翻轉泥土，好使下層受烘炙。」

〔十七〕

本章大意	伊士賀麥賀和蘇格拉底討論具體農耕問題：播種時間、撒播種子、割除田裏雜草。

　　他說：「蘇格拉底，你看：關於休耕地的事情，我們大家看法似乎多麼一致。」

　　我說：「似乎正是這樣。」

　　他說：「蘇格拉底，說到播種時間，所有前代和現在的人經驗累
2　積下認為最好的時間之外，你認為還有別的時間嗎？因為秋天到來時，所有人祈望神祇甚麼時候降雨下地面，好讓他們播種。」

我說：「伊士賀麥賀，所有人都有同樣心願：不在乾土上播種。人們在神祇囑咐之前下種，肯定要跟巨大的損失搏鬥。」

伊士賀麥賀說：「正是。所有人同意這回事。」　　3

我說：「人們由此一同想到神祇的教導。譬如說，所有人覺得如果可以的話，冬天穿厚衣服好些；要是有柴枝，都想生火。」

伊士賀麥賀說：「蘇格拉底，播種到底是早些好，還是晚些或中間時段好，許多人意見不同[62]。」　　4

我說：「神祇安排時年沒有定則，某年早播種好些，某年中間時段好些，某年很遲才好。」

他說：「蘇格拉底，有人無論撒播種子多或少，只選擇一個時段完成；另外有人開始由最早到最晚時段，相繼下種。你看哪個好些？」　　5

我說：「伊士賀麥賀，我認為分時段播種好些，因為我覺得經常有穀物收成，遠勝於一時收成過量，一時大大不足。」　　6

他說：「蘇格拉底，儘管你首先向我表達意見，你作為學生，到底和作為老師的我心意相合了。」

我說：「怎麼回事？撒種有複雜技巧嗎？」　　7

他說：「當然。蘇格拉底，讓我們檢察這回事：種子必須從手中撒播，你知道的。」

我說：「我見過。」

他說「一些人能均勻撒播，一些人不行。」

我說：「這樣手就像豎琴師的手那樣需要訓練，使得手可以服務心意。」

62　指雨季的不同時段。希臘雨季在秋冬而非春夏。原文無「雨季」一詞。

8　　　他說：「正是。不過有些泥土薄些，有些泥土厚些，那怎麼樣？」

　　　我說：「你這樣說甚麼意思？是不是薄些就是瘦瘠些，厚些就是肥沃些[63]？」

　　　他說：「我說的就是這樣。我問你：你會每片田土平均撒播種子，還是對某些田土撒播多些？」

9　　　我說：「我以為比較濃烈的酒多注清水；比較強壯的人負重多些，如果必須背負東西的話。倘使一些人需要供養，我會指示有較多能力的人供養大多數。不過一個人在田裏放置大量種子，像負重的牲口那樣，瘦土是否就會變為肥沃些？這你得教我。」

10　　　伊士賀麥賀笑了，說：「蘇格拉底，你開玩笑。不過你得知道清楚：在田裏撒播種子之後，土壤從天空得到大量養分，種子長出青綠嫩芽。這時你再翻一遍土，它們便成為田地的食糧，田地從中增強力量，像從肥料增強力量一樣。不過你要是讓田地繼續長養種子直至最後作物收成，那便很難在瘦瘠田土上最後長出大量穀物。同樣，一頭瘦弱母豬很難養出一堆健壯小豬。」

11　　　我說：「伊士賀麥賀，瘦土必須少播種子？」

　　　他說：「當然。蘇格拉底，你同意的，你說過你認為分給較弱的人少點工作。」

12　　　我說：「平日割草的人，你為甚麼讓他們去麥田裏工作？」

　　　他說：「你肯定知道冬天多雨水？」

　　　我說：「怎麼不知道？」

　　　他說：「我們設想部分作物由於雨水而給泥濘蓋住了，部分作物根部受水沖刷露出土面。許多時候雜草得到雨水，在作物當中冒出，使作物窒息。」

63　譯文的「瘦瘠些」，原文作「弱些」；譯文的「肥沃些」，原文作「強些」。

我說：「所有的事情似乎都會發生。」 13

他說：「在這種情況下，你認為作物需要一些幫助嗎？」

我說：「當然。」

「你覺得人們會做甚麼去幫助泥濘的作物？」

我說：「移除泥土。」

他說：「根部外露的怎麼樣？」

我說：「堆回泥土。」

他說：「要是雜草混雜作物生長，搶去作物養料，使作物窒息； 14
就像沒用的雄蜂搶走工蜂勞動之後貯藏起來的食糧那樣；怎辦？」

我說：「啊，宙斯！一定要割除雜草，正如要趕走蜂窩裏的雄蜂
一樣。」

他說：「這麼說來，安排除草的人，我們是不是認為適當合理？」 15

我說：「合理。另外，伊士賀麥賀，我會想到：這引發起極好的
類比。你提到雄蜂的事例，比起你只提雜草本身，使我對雜草更加
不滿。」

〔十八〕

<table><tr><td>本章大意</td><td>伊士賀麥賀和蘇格拉底談論收割、打穀等事，最後蘇格拉底承認：自己一向不曾察覺竟然懂得這些事。</td></tr></table>

我說：「之後看來是收割了。這方面你教點我甚麼？」

他說：「除非你顯示出對這方面的認識跟我一樣[64]。你知道穀物一
定要收割的。」

64　下面隱含「我才教你」之意，原文未寫出。

我說：「怎麼會不知道？」

他說：「收割穀物時你向風還是背風站著？」

我說：「不向風。因為我覺得收割時顆粒和梗桿吹撲臉孔，眼睛和手都不好受。」

2　　他說：「你靠近麥穗處刈割，還是近泥土處刈割？」

我說：「如果麥稈短，我會靠近底部刈割，好使麥稈有用處。如果麥稈長，我以為恰當做法是中間刈割，讓收成者或簸播者不必浪費多於一些不需要的勞力。至於留在田裏的，我認為焚燒對土壤有利。留作肥料，會增加肥沃份量。」

3　　他說：「你看，蘇格拉底，可不是給你抓個正著：對於收割，你看法和我一樣。」

我說：「差不多啦。我還想搞清楚自己是否知曉打穀這回事。」

他說：「你知道的：人們用馱畜打穀物。」

4　　我說：「怎會不知道？所謂馱畜，包括牛、騾子和馬。」

他說：「你認為牲畜受驅使時，只知道踩踏穀物這回事？」

5　　我說：「馱畜還會知道其他甚麼？」

他說：「馱畜怎知道得刈割恰當數量和平鋪碾磨？這讓甚麼人去處理？」

我說：「顯然讓碾穀的人。因為他不時翻轉不曾踩踏的穀物，撒到牲畜蹄下，使得地面明顯保持平鋪狀態，工作快速完成。」

6　　他說：「這些事情你知道的不比我少。」

我說：「伊士賀麥賀，之後我們簸揚穀物，使穀物不摻雜物。」

他說：「蘇格拉底，告訴我：你可知在打穀場向風開始工作，穀殼會吹落滿地？」

我說：「非這樣不可。」 7

他說：「有些也許會跌到穀物之中。」

我說：「穀殼大有可能吹到場圃的空地上。」

他說：「一個人如果背風開始簸揚怎樣？」

我說：「穀殼顯然立時去到收集的地方[65]。」

他說：「你把半個場圃穀粒弄乾淨之後，立刻簸揚本來鋪在場上 8
的剩餘穀粒呢，還是把乾淨的穀粒堆放在場子一角，好使佔最小的
空間？」

我說：「自然是把乾淨穀粒堆放一角，使秕穀能鋪在場子空地
上；不必簸揚同樣的穀粒兩次。」

他說：「蘇格拉底，你真個可以教人穀粒怎樣最快變得乾淨。」 9

我說：「我真個不曾覺察我懂得這些事情。有時我會覺得是否自
己不曾察覺，卻懂得鎔鍊金屬、吹笛子和繪畫。因為沒有人教我這些
項目，也沒有人教我農耕；不過我見過人們從事其他各種技藝，一
如我見過人們從事農耕[66]。」

伊士賀麥賀說：「我剛才不是對你說了耕種田地最為高尚、那就 10
是最容易學習？」

我說：「好了，伊士賀麥賀，這個我知道。有關播種的事情明白
了，儘管先前不曾察覺。」

---

65 所謂「收集的地方」，大概是場圃某處低凹的角落。

66 意為：如果通過一旁觀察可以學會農事，怎能不是通過一旁觀察學會其他
技藝。

〔十九〕

| 本章大意 | 伊士賀麥賀和蘇格拉底談論種果樹，蘇格拉底表示不懂這項農藝，伊士賀麥賀採用詢問回答的教導式，通過層層詢問、回答、再引領、再回答，最後說服了蘇格拉底，讓蘇格拉底承認自己實在了解這項農藝。 |

我說：「植樹是農藝一部分？」

伊士賀麥賀說：「是的。」

我說：「我連種植都不懂，怎能會了解播種？」

2　　伊士賀麥賀說：「怎麼？你不懂嗎？」

我說：「怎麼會懂？我連需要種在甚麼土地，需要鋤土多深、多闊，種植時樹苗要多長，怎樣植入地裏才冒長；全不懂得。」

3　　伊士賀麥賀說：「來！學習你不懂的東西。你一定見過人們為種植而挖掘的土坑。」

我說：「經常見到。」

「你見過其中有超過三布斯[67]深的沒有？」

我說：「噢，沒有超過兩布斯半[68]的。」

「你見過闊度超過三布斯的沒有？」

「噢，沒有超過兩布斯的。」

4　　他說：「來！回答我這個：你見過深度小於一布斯的沒有？」

我說：「啊，宙斯！小於一布斯半的也沒有。因為植物如果種得太淺接近土面，翻土時會根部外露的。」

67　布斯，長度名。一布斯約 30 厘米。

68　原文作「五個一半布斯」。

他說：「蘇格拉底，這樣子：土坑深度別深過兩布斯半，淺度別 5
淺過一布斯半；你清楚知道了？」

我說：「如此分明，我不能見不到。」

他說：「怎樣？你見到泥土，能分出比較乾和比較濕的麼？」 6

我說：「我覺得黎加維多斯[69]周圍的泥土和與之相似的泥土是乾
土，而法里朗[70]中的低地和與之相似的是濕土。」

他說：「你在乾土上還是在濕土上挖深坑種植？」

我說：「噢，在乾土上。因為在濕土挖坑，會看到地下水；不能 7
在水裏種植的。」

他說：「我認為你說得好。那麼土坑挖好之後，甚麼時候每類植
物必須種植；你注意到沒有？」

我說：「當然注意到了。」

「你想這些種植的東西生長得最快，你以為在下面鋪上處理過的 8
泥土，葡萄枝的嫩芽會從軟土裏冒長得快呢，還是從未經處理的硬土
快？」

我說：「顯然，從經過處理的泥土冒芽要比從未經處理過的泥土
快速。」

「那麼泥土應該鋪在植物之下。」 9

我說：「難道不這樣嗎？」

「你把所有的葡萄枝梗弄得直立向天，覺得更好長根；還是部分
斜放早已鋪在坑內的泥土之中，像放置倒轉的字母『伽瑪』[71]那樣？」

---

69 黎加維多斯，雅典城內小丘。

70 法里朗，阿提基半島西面小港。

71 伽瑪，希臘第三個字母，大寫「，小寫 γ。但古代寫法不是兩畫成直角，
而是 Y 模樣。所以葡萄一枝梗插入坑內，另一枝梗成一斜角冒出，不是直立
向天。

10 「宙斯啊！就是這樣[72]。因為土下層會有更多苗芽。我見到植物苗芽向上冒長，我以為土裏的嫩苗跟這個一樣。土裏冒長大量嫩苗，植物會生長迅速和健壯。」

11 他說：「如此說來，你在這些方面所見恰好和我相同。你只是堆上泥土，還是舂實泥土包圍植物？」

我說：「要舂實。要是不舂實，一方面雨水把泥土變成泥漿；另一方面太陽使泥土乾到底層；以致植物由於雨水的浸潤有腐爛的危險，和根部受熱烘炙有枯萎的危險。」

12 他說：「蘇格拉底，你種葡萄的知識恰好也和我相同。」

我說：「無花果也必須這樣種植？」

伊士賀麥賀說：「我以為是。其他果樹也一樣。因為種葡萄某些好方法，何必在種其他植物時拒絕不用？」

13 我說：「伊士賀麥賀，我們怎樣種橄欖？」

他說：「這樁事你考我，你其實懂得很。因為橄欖樹通常種在路邊，你一定見到人們給挖深坑。你見到所有嫩芽附生在樹幹底部；你也見到濕泥蒙蓋著所有植物的尖端，所有植物地面部分受到保護。」

14 我說：「一切都見到了。」

他說：「你見到了，當中有甚麼不明白的？蘇格拉底，你不懂得放一塊瓦片在泥土之上嗎？」

我說：「伊士賀麥賀，你說的我全懂。不過我再思考：剛才你向我提問我懂不懂種植，而我說『不』這回事。因為應該怎樣種植，我覺得自己搭不上話；及後你嘗試逐一每項詢問，我回答了你。如你所

15 說，我講的跟你這樣一個高明農夫所知相合。伊士賀麥賀，詢問就是

---

72 「就是這樣」，原文表達方式，指枝梗斜出。

一種教導方式，是嗎？因為剛才我弄清楚了：你逐項詢問，由我了解的東西開始引領，指出我自以為不知的與之相似，從而讓我信服這些東西我實在了解的。」

伊士賀麥賀說：「這樣，如果我問你錢幣的好壞，我是不是能夠說服你：你通過測試懂得判別真與膺？同樣問及笛師，我是不是能說服你：你是懂得吹笛子的？同樣問及畫師或諸如此類的人[73]？」   16

我說：「你或者能夠。因為你已經說服了我知道農務了，儘管從來沒有人教過我這種技藝。」

他說：「蘇格拉底，這不可能[74]。我剛才告訴你農耕是這樣的富有   17
人性和優雅的技藝，一旦耳聞目見，便會了解。她[75]會多方指引一個   18
人怎樣好好的對待她。葡萄藤攀緣附近樹木，直接指引我們需要支撐。枝條仍舊柔軟時葉子散開，指引我們這個時段遮擋陽光。葡萄   19
串在陽光之下轉甜時，葉子脫落，指引摘去葉子讓果實成熟。葡萄串大量成長過程中，有些先熟，有些仍舊帶酸；這指引我們採摘葡萄像採摘無花果那樣，經常採摘成熟脹滿的。」

73　句意似乎是：同樣問及畫師或其他諸如此類的人，我是不是能說服你：你懂得繪畫或其他諸人的技藝？

74　謂在其他技藝不一定能教導或說服。

75　「農耕技藝」中「技藝」一字屬陰性，擬人化時作「她」。

〔二十〕

本章大意　伊士賀麥賀解説人們同樣務農，可是有人成功致富，有人不成功處貧；其中原因在於用心從事或者不用心從事。他又舉自己的父親作例子。

這裏我説：「伊士賀麥賀，倘使農事這麼容易學習，而所有人同樣知道該做甚麼，卻不是所有人同樣做得成功：有人生活大是寬裕，超出需要；有人無法提供一己所需，還得借債。這怎麼説？」

2　　伊士賀麥賀説：「蘇格拉底，我告訴你：不是因為有農耕知識或

3　者沒有農耕知識，使得有人寬裕，有人不寬裕。你大抵不曾聽過這樣的傳言：房子坍毀了，因為播種者不均勻播種，栽植行列不直；或者因為有人由於不知道合適種葡萄的土壤，種在不合適的地裏；或者因為有人不了解保留休耕地的好處；或者因為有人不明白土壤施肥多麼

4　有益。但是你會經常聽到：一個人田裏無所收穫，因為不曾在播種或施肥上用心；一個人沒有酒，因為他不在種植葡萄或者在使舊枝結子上用心；一個人沒有橄欖或無花果，因為他於此不用心，完全不幹活

5　求取。蘇格拉底，這就是農夫之間不同程度成功的區別，而不是人們在工作中似乎找到聰明的方法。

6　　「至於將領之間的區別，同樣不是由於他們擁有高明或平庸的軍事知識之異，而是用心；這是清楚不過的。因為有些事情，所有將領和普通士兵都知道，可是指揮官去執行，其他人不會。譬如説：所有

7　人都知道行軍之時，隊伍排列最好的陣式前進，必要時打場漂亮的

8　仗。儘管人們都知道這回事，可是有人照做了，有人卻不做。又所有人都知道軍營之前日夜設置守衛最穩妥，有人對此關心，可有人不

關心。再者，軍隊通過狹路時，很難找到一個人不知道要先行佔領前方據點比不佔領好，可是有人留心這樣做，有人不留心。還有，所有人都說肥料對農耕最有好處，而目中所見，肥料自然生成。儘管人們清楚知道怎樣生成，並且很容易大量生產；但還是有人用心收集，有人不放在心上。另外，天上神祇賜降雨水，所有窪地變為沼澤，地面長出諸般叢草。準備播種的人必須把地面清理好。他要扔棄的東西如果丟進水裏，那麼時間本身會製造出土壤喜愛的東西。因為積水之中，哪種叢草、哪種泥土不變成肥料？還有，人們都知道必須怎樣護理土壤。播種時土壤濕潤過了頭，種植時土壤鹽份過多；於是用溝渠排水，於是把全無鹽份乾的或濕的物質拌勻減低鹹度。但是這樣的事情，一些人關注，一些人不然。

「一個人即使完全不知道土地能夠出產甚麼，也不曾見過地裏種出的穀物和植物，也不曾聽說過土地的真實情況；對任何人來說，測試泥土不是比測試馬匹容易麼？不是比測試人類容易得多麼？因為土地永不標示欺騙，只是直接而真實地表明能力所及和不及的事。土地提供便於理解和學習所有的一切，我認為是壞人和懶人的最佳測試對象。不像其他技能，不幹活的人藉口不懂得；農耕則不然，所有人都知道善於使用土地，土地作出回報；不下地工作是對卑鄙靈魂的明顯控訴。由於沒有人可以說服自己：人類可以缺乏生活必需品而生存；所以一個人如果不懂得其他賺錢技能，又不想耕地，明顯得很，會被認為靠偷竊、欺詐、求乞或者其他所有非理性手段過活。

「農耕有盈虧的巨大分別。當監管人下面有大批工人，有的人注意在工作時段內工人有沒有工作，有的人則不注意。因為在十人群組中的這個人全時工作還是提早離開，很容易有所分別。容許工人整天

9
10
11
12
13
14
15
16
17

18　懶散地工作，工作量容易只及全部工作量的一半[76]。正如恰好有兩個人走路，他們同樣年青和健康，二百士塔第昂[77]的路程，彼此有一百士塔第昂步速之別。因為一個人要達成起步時的目標，繼續前行；而另一人慢條斯理，時而在泉水旁邊和樹蔭之下休息，時而舉目四顧，

19　時而追尋柔和的微風。同樣在完成農事方面也有巨大分別：一些人做完規畫好的工作；一些人沒有做，還尋找不工作的藉口，容許自己偷

20　懶。真的，工作得好和工作差勁，其間有一個積極投入和徹底怠惰如此巨大的差異。種葡萄時要把地上雜草割乾淨。一個人如果這樣割，到頭來雜草更多更茂密，這怎能說不是怠惰？

21　　「這種事[78]比起極度無知對房產的損害程度更大。因為房產開支既不減省，而這些工作又不足以補助開支。這樣做下去，不敷代替增

22　長便不足為異了。對於能夠關心農務並且努力務農的人來說，農耕是最有效的賺錢途徑。我父親這樣實踐過，也這樣教導我。因為他從不允許我買一塊好好墾闢過的田地，但鼓勵我購買因擁有者缺乏照顧

23　或者無力照顧，以致荒蕪和不種植的田地。他說：『墾闢過的田地價錢高，而且不會進一步改善。』他認為不會進一步改善便不能提供類似悅樂的效果，可是一個人的擁有和家畜一定要不斷大幅度向好才

24　行。沒有甚麼比一塊荒廢的土地變成十分肥沃更為進一步改善。蘇格拉底，好生了解：我們已經令好些田地價格比從前漲了許多倍。蘇格拉底，這樣的想頭大有價值，也容易學習。你現在聽我說了，便和

76　句意是：如果容許工人懶散地工作，則只能做了本來一天工作的一半。這樣的工作份量跟本來一天要做的工作份量大有分別。

77　士塔第昂，希臘古代運動場跑道的長度，約 184 公尺。古人常用作距離的量度單位。

78　似指農務的怠惰。

我所知道的一樣。離開之後，倘使你願意，可以教導別人。我父親 25
不曾從別人那裏學懂這回事，也不曾經過深思才察覺；他說他只是熱
愛耕作，不怕辛勞，渴望有這樣的田地，讓他幹些事情，同時獲益並
且心中愉快。蘇格拉底，我認為我父親是雅典人中天生最熱愛務農 26
的人。」

我聽了這番話，問道：「伊士賀麥賀，你父親保留所有田地耕
種，還是有好價錢的話，賣出去？」

伊士賀麥賀說：「自然賣出去咯。不過由於熱愛勞動，他很快又
買回其他荒蕪的田地。」

我說：「伊士賀麥賀，你說你父親真個是天生喜愛農耕的人，那 27
便不會低於商人喜愛穀物的程度。商人由於超逾常情地喜愛穀物，只
要聽到那裏有大量穀物，便出海搜求，跨渡愛琴海、埃夫克司挪海[79]
和西西里海。然後他們竭其所能儘量收購，帶著穀物穿洋過海，穀物 28
貯放在他們乘航的船隻內。他們需要錢財時，不是就地賤賣，而是打
聽那裏穀物最受重視，人們最有需求，前往散貨。如此看來，你父親
熱愛農耕似乎也是這樣。」

伊士賀麥賀對此回應：「蘇格拉底，你開玩笑了。我仍然相信一 29
個人出售了他剛建造的房子，接著另建其他房子，這個人同樣是個喜
愛建造的人。」

我說：「啊，宙斯！伊士賀麥賀，我向你起誓：我說我相信你的
話。所有人認為自己天生喜愛某些東西，他們會從這些東西受益的。」

79　即今黑海。

〔二十一〕

本章大意　蘇格拉底表示給伊士賀麥賀完全說服了。伊士賀麥賀補充說明管治之術的基本：管治者要做到讓被管治的人心悅誠服。

我說：「伊士賀麥賀，說起來，我覺得你支持話題而發表的全部議論，講得多麼好。你指稱農藝是所有技能中最容易學習的，我聽完你的話，完全給說服了。正是這樣。」

2　　伊士賀麥賀說：「蘇格拉底，對於農耕、政治、治家和戰爭種種的共同作為，也就是管治之術，我跟你意見一樣，就是人們見解彼此

3　不同。譬如戰船跨洋越海，船上的人必須整天划船。有些指揮官通過語言和動作去振奮人們甘心吃苦的心靈；有些指揮官全不理會，以致同樣的航程需要多一倍時間才完成。一方面指揮官和被勸服者登岸，滿身汗水，相互稱許；一方面船員登岸，滴汗不流，憎恨頭領，頭領也憎恨他們。將領在這方面也彼此有分別。一些造成手下不想

4　吃苦；不覺得服從有價值，除非必要，否則不願意這樣做；同時極端

5　自以為是，反對服從領導。如果有可恥之事發生，這些將領令人們不識羞恥。另一方面，超乎常人的、勇敢的和博識的領導者率領同樣隊伍，許多時候或者率領其他隊伍，士兵對可恥的行為感到羞愧，認識到服從才對。他們高興地表示個人的服從，也表示整體的服從；要吃

6　苦的時候，甘心吃苦。正如愛好勞苦在個人心中萌生，同樣在勇敢將

7　領影響之下，也在全體士兵心中萌生。士兵希望在領導眼下幹事表現出色，求取嘉許。追隨者如果這樣心向領導，領導會是最強勢的人。那可不是一些比士兵體格還要好的人、比士兵投槍和射箭還高明

的人；不是騎駿馬馳騁衝陣、率先犯險的人；而是能夠勸信士卒跟隨、無論蹈火或其他所有危險在所不辭的人。這類人該稱作意志堅強的人，許多隨從的人與之同心。要是有許多願意支持他意志的手，那便可以説這個人以『強手』前進。能夠憑藉意志而不是體力幹大事的人，才是真正偉大的男兒。

「私人工作也是這樣，不論是工目還是總管的管理層，如果能引發工人的激動、活力和堅毅，這些人就是使工作做得完美和創造大量盈餘者。可是，蘇格拉底，如果一個對素質差工人和激動工人擁有絕對懲罰和稱揚之權的主子現身田裏工作，完全得不到工人積極反應，我不會讚美他。然而當工人看見主子時，都感興奮，喜愛爭勝，渴求比別人突出，這個人我會讚美他有王者氣度。我以為這是人們做所有工作 —— 包括耕種 —— 之中最要緊的一點。我可不是説光靠目見耳聞，這回事一下子便學會了；我是説一個行將具備這方面能力的人必須接受教導，具有最好是超凡入神的天賦。我覺得管治甘心服從的人這回事，不是全人類的天生本事，而是神靈的賦予。神靈明顯賦予一些真正傾向克制的人。我又覺得神靈給予暴君式管治不順從的人；這些人神靈認為值得像坦塔羅斯[80]那樣在地府[81]過日子。據説坦塔羅斯懷著別再有第二次死亡的恐懼，在地府度過無盡的年期。」

8

9
10

11

12

80　坦塔羅斯因為洩露天界的祕密，或者拿神饌給凡人享用，因而受罰困在地府，永受飢渴之苦。他身旁有水流和鮮果，就是無法飲食。

81　地府，希臘文作阿地斯。阿地斯是地府之神，遂為「地府」代稱。

3 會飲

前　言

色諾芬在30歲前曾經和蘇格拉底同遊過一段比較長的時期，儘管他似乎不是蘇格拉底最親密的追隨者，卻對這位哲人抱有極深的懷念。蘇格拉底受誣而死後，他也一如其他忠誠的崇拜者那樣，提筆撰寫紀念性和申辯性的文字。《會飲》是他四種「蘇格拉底作品」之一，以篇幅長度言，比不上《追思錄》和《治家之道》，只能排列第三，超過《蘇格拉底辯詞》。

有些學者這樣看：本書不是獨立性的作品，只能算是《追思錄》的一部分；主要理由可舉兩點：一、《追思錄》說過蘇格拉底「就是開玩笑，對一起生活的人益處也絕不比嚴肅談話小」(4.1.1)；本書的蘇格拉底談話時口吻輕鬆，時雜戲笑，正好證實《追思錄》的說明。二、《追思錄》結束時寫道：「我看他(指蘇格拉底)是這樣的人：一個最好和最快樂的人」(4.8.11)。這兩句話既是對蘇格拉底為人的總評，也是全書寫作目標的總結；用以收束全書，至為恰當。反觀本書，結尾的句子是「會飲就在這個時候結束」，這無論對蘇格拉底的為人或對全文的寫作目標，都不曾作清晰的交待，顯然不像全書的恰當收筆方式；所以與其把《會飲》看成一書，不如看成另一書的部分來得恰當。

與此同時，抱相反看法的人為數也不少，總之意見紛紜，不易遽下定論。我個人比較傾向於《會飲》是一本獨立作品這種見解。首先，上述的兩點理由都含有濃重的推論性質，不能看成為無可避免的申引。其次，即使根據《追思錄》

某些總結性的句子作補充說明，也不妨礙補充說明的文字蔚為大國，獨立成書。本書開始時強調描述內外美好人士「歡樂時刻的言行」，正好和記載日常而言行比較嚴肅的《追思錄》相對，成為性質各異而又足以並列的著作。還可以這麼考慮：《追思錄》和本書有用意相同之處，有語句相同之處，有引詩相同之處；二者同編為一冊，實有重複之嫌，分作兩書，這便不算甚麼；就算是缺點，程度也相對地減低。

　　本書甚麼時候寫成？沒有直接而明確的資料幫助說明。有一點不妨肯定：成書的日期不會在諸人會飲之後不久。書中的會飲，多數學者認為在公元前421年舉行。作者在本書一開始時便表示要作「追憶」，可見會飲和寫作日期必然相距頗久。事實上色諾芬也不可能在公元前421年晚一點的時間寫作，他生於公元前431年甚至稍後，諸人會飲時，他不過十歲左右，就是再過十年八載，還只是20歲或者不到20歲，絕不可能寫出像本書這樣的作品來的。另外一點也可注意：柏拉圖也寫過一本《會飲》。一般的見解，認為色諾芬動筆之前，已看過柏拉圖的同名之作，這可從本書中的某些敘說和安排得出結論。譬如本書的蘇格拉底提出愛神有一個還是兩個，屬天的和屬人的講法(8.9)；詩人阿加頓的施愛者巴夫山尼亞替放蕩無節的人申辯的講法(8.32–8.34)；都顯得文意突兀，前無所承，倘使說那是有意無意間指向柏拉圖書中的討論，文意的突然便可理解。此外柏拉圖《會飲》全書環繞著「愛」這一主題進行深入探討，本書也用了五分之一左右的篇幅去探論同一問題。讀者固然可以懷疑：色諾芬心中既有柏拉圖作品的影子，怎麼還會重複對方的論題？懷疑不能說沒有道理，不過古人並不以重複他人論題為嫌，這在古代著作中盡有例子；所以本書同樣論「愛」，仍然可以是後出的作品。或者問題還可以從另一角度

觀察，從而對本書後出的說法起支持作用：正因柏拉圖已經從各方面對「愛」的問題作充分的討論，留給別人發揮的餘地不多，色諾芬有見及此，不免避重就輕，在談「愛」之外另立話題，使得自己的作品在內容上不盡和柏拉圖的相同。

我看本書成書時間晚於柏拉圖同名之作的說法可以成立。柏拉圖的書在公元前 384 或 383 年寫成，然則色諾芬撰寫本書當在該年之後了。關於本書撰寫年份的下限問題，有些學者這樣進行推想：本書的蘇格拉底明確而堅定地否定屬人的肉體之愛，只肯定屬天的靈魂之愛。相比之下，柏拉圖在他的《會飲》中對上述兩種層面的愛所抱有的取捨態度顯得不夠分明。柏拉圖對靈魂之愛的肯定態度和鮮明取向，要在稍後的著作如《理想國》、《費鐸羅》和《律法》之中才呈現。柏拉圖對靈魂之愛的逐步肯定，固然是他思想發展的結果，然而也不排除他讀了色諾芬的作品後，從而對自己的論點作出補充的可能。要是這樣，則本書的完成，當在公元前 375 年間《理想國》和《費鐸羅》成書之前（《律法》寫作時間很後，這裏不論）。就是說：本書可能寫於公元前 383–384 到 375 年之間。

會飲的場面、會飲者的言行，色諾芬在本書開始時說自己耳聞目見；然而這不是事實。上文指出：色諾芬那時不可能參加這樣的酒會；即使參加了，也不可能理解和記下各人的談話內容。色諾芬為甚麼要這樣說，一時難以明白，我們只能指出：書中的敘述，不能全作事實看待，不過也不能像小部分的評論家堅持的那樣：全部出於幻想和虛構。書中各人談話的主要內容，大抵是色諾芬在離開雅典前從蘇格拉底或個別與會的人口中聽到，後來又得到其他資料以及柏拉圖的同名作品，於是選取揉合，撰寫成書。至於書中加插己見，增刪原來

語句，或是基於創作上的要求而作出若干的變動，這在古代作品中屢見不鮮，本書不作例外，並非出奇。

會飲是共同飲酒之意，那是指一群男性的朋友或熟人晚上聚集一起喝酒談話，同時觀賞或參與主人家準備好的節目或遊戲；這可看成雅典人——尤其是社會上層人物和知識界——的一種社交方式。會飲的風尚可以遠溯至荷馬詩歌時代，以後逐漸流行，並且逐漸形成了一套進行的程式。公元前五世紀時會飲的情況大抵這樣：

會飲是晚宴的第二部分，吃過晚飯才開始。古人用飯時不喝酒，喝酒是飯後的事。客人赴會，固然可以既吃飯又喝酒，像本書蘇格拉底等人那樣；但是也可以只參加一部分，這時以參加飯後的會飲居多。可以在開始飲酒時加入，也可以中途加入，像柏拉圖《會飲》中的阿奧基維阿第，就是在會飲接近尾聲時才進入屋子裏的。

吃過了飯，奴僕重行打掃飯廳一遍，端上清水讓客人洗手，或者替客人洗腳，然後大家喝一點純酒，唱謝神歌，斜靠在長牀之上；這樣會飲便正式開始。

客人正式喝的是清水和純酒混合的淡酒，水和酒一般作二和三的比例混合。希臘人認為喝純酒是外族人的風尚。淡酒不易即時喝醉，這樣大家便可以在輕快陶然的心情下交談討論。喝酒時奴僕一旁侍候，輪流給主客兩方斟酒。會飲的時間很長，通常很晚才散，有時甚至延續到天亮。

每張長牀原則上斜靠兩個人，也可以一人獨據或三人合用，視乎人數多少而定。各人左手手肘支撐在一具軟枕上，手掌輕托面部；右手舉杯飲酒，或者有時放下酒杯，隨意探取牀邊矮几上的下酒物如乾果、乳酪之類。長牀依正方形或長方形的三邊排列，缺出一邊作為入

口。在這樣的安排下，每個人都能面面相向。主人的位置通常定在
進口處右方的第一張長牀上。他又是會飲的主持人，會中種種節目遊
戲都由他安排：或是賭博下棋，或是猜謎語説笑話，或是請藝人表
演，不一而足。在知識性和學術性較強的聚會中，各人談論問題時的
進行程序，基本上也得遵從主人的吩咐。

　　本書會飲的人，根據第三章的描述，位次如下：(一)加里阿、
(二)尼基拉多、(三)克里多戶羅、(四)安堤西典尼、(五)哈爾米第、
(六)蘇格拉底、(七)非立波、(八)黎剛、(九)阿夫多里哥、(十)埃
爾摩演尼。然而室中有多少張牀，人與牀的組配怎樣，已不可知。
為了解釋得比較明白具體，讓讀者有一個較為清晰的印象，姑且作以
下的假設排列：

	(七)	(六)	(五)	(四)	
(八)					(三)
(九)					(二)
(十)					(一)

　　這是在假定黎剛、阿夫多里哥父子同據一牀的情況下定出來的。
就是説：室內本來有六張牀，作正方形的三邊排好，最初加里阿、蘇
格拉底、埃爾摩演尼各佔一牀，稍後非立波進來，獲得加里阿接納，
便靠到蘇格拉底的牀上去。

　　有一點必然引起讀者的注意：第四章的發言次序和發言者跟第三
章的不盡相同，依次是：(一)加里阿、(二)尼基拉多、(三)克里多
戶羅、(四)哈爾米第、(五)安堤西典尼、(六)埃爾摩演尼、(七)非
立波、(八)西拉古謝人、(九)蘇格拉底。這裏見出四點相異之處：

安堤西典尼和哈爾米第的發言先後倒轉了；蘇格拉底變成最後的發言者；埃爾摩演尼提前發言；黎剛父子不講話，但藝人領班無名字的西拉古謝人和會飲者交談。

要弄清楚的是：這不表示西拉古謝人靠到長牀上去。他要內外打點，跑出跑進，又不是會飲的客人，所以即使和眾人交談，大抵還是站在場地中間的。這也不表示黎剛父子不在場，事實上本書明載他們在會飲快結束時才離開。還有，這也不表示會飲中途各人曾經互換位置。關於最後一點，最好這樣理解：第三章記載的位次始終未改，第四章的變動只是出於作者寫作上的需要和考慮而已。以下幾項分析，或許能夠說明問題。

一、第三章中，安堤西典尼引以自豪的是「財富」，而哈爾米第則對「貧窮」深感自豪。然而安堤西典尼所稱的「財富」只是一個自慰性的名詞，實質上仍屬世人眼中的「貧窮」；所以色諾芬在第四章中便首先讓哈爾米第解釋他的屬於正常性質的「貧窮」，再讓安堤西典尼解釋他的屬於特殊性質的「貧窮」——自稱為「財富」的「貧窮」。先寫一般，再寫特殊，由正常到特別，正是寫文章的通常規矩。

二、本書目的在推揚蘇格拉底，自然要把蘇格拉底的發言視為最重要最精彩的部分；而最重要最精彩的部分放在最後，理所當然。

三、非立波是個小丑，西拉古謝人跑江湖賣藝，都談不上甚麼學問識見，必然講不出甚麼道理。埃爾摩演尼則不然，他同樣是個有教養的自由人，發言吐辭和加里阿等人一樣有內涵，而且又是會中各人的朋友，安排他在非立波和西拉古謝人之前講話，把他的意見和各人意見拼在一起，頗有物以類聚之意。

四、在蘇格拉底談大道理之前，讓非立波等二人隨便講些話，稍作輕鬆調劑，正合為文弛張之道。

本書各人談論的話題，主要圍繞在「引以自豪之處」和「愛」兩方面。前者望文知義，後者本也易懂。但古人所謂「愛」和後世的理解頗不相同，可能需要就其含意稍加說明。實在說來，無論色諾芬書中的「愛」也好，無論柏拉圖書中的「愛」也好，指的都不是男女之間的異性的愛，而是指存在於男性之間的同性之愛；這在當時稱為「孩子之愛」，那是說成年男子對少男所表現的帶有情愫的友誼關係。成年男子稱為「施愛者」，少男稱為被「愛者」或「愛侶」。在提維和伊里兩地，這種關係為社會觀念所接受；而在斯巴達，則不僅在觀念上接受，並且為法律所承認。雅典作家如梭倫、梭孚克里都歌唱過這種關係。不過一般雅典人，如本書所反映，對這種關係還是持否定的態度的。

古人對男性俊美的外貌深感興趣，本書的克里多戶羅表白得清楚；甚至蘇格拉底也不例外。本書開始時寫美男子阿夫多里哥引得所有人的目光朝向他，沒有人不因他而中情動盪。這樣的敘述，應該理解為蘇格拉底也包括在內。柏拉圖《哈爾米第》一書中寫蘇格拉底初見美少年哈爾米第時，也是「熱焰升起」，似乎「無法抑制」，而有「給一種獸慾征服」的感覺 (公元155)。不過這種興趣，並不能純粹看成基於自然衝動的慾念。希臘人有這麼一種看法：完美的身體是完美的靈魂的必須條件。反過來說，完美的靈魂只能居於完美的軀體之中。所以肉體的平衡與和諧，是希臘人追求的目標。一個人有俊美的外貌，已具備了靈魂完美的先決條件，容易得到別人的稱羨。蘇格拉底見到哈爾米第時，在讚美他的外貌之餘，還要看看他的內心，就是這個道理。

「孩子之愛」有其黑暗庸俗的肉慾一面，但也有純正的一面。施愛者被愛所激動，願意無條件地成為對方的導師。另外，由於年齡的不同，施愛者往往帶著一種父愛的心理，希望對方成為自己整體的再

現，而且是更高層次的再現。基於這種心理，施愛者自然負起了教導被愛者的責任。說到被愛者對施愛者，由於心中充滿熱誠的讚美和崇敬，把對方作為榜樣，於是奮發向上，力求做到對方的樣子。這麼一來，「孩子之愛」便具有了教育上的積極意義了。

蘇格拉底對俊美的少男顯然不懷有黑暗庸俗的念頭，他從嚴肅純正的一面去肯定「孩子之愛」。柏拉圖《會飲》結尾時，醉醺醺的阿奧基維阿第闖進屋子，毫不掩飾地敘述他企圖誘惑蘇格拉底的經過；那是一場肉體的誘惑，然而動搖不了蘇格拉底；這就是一個例子。在本書中，蘇格拉底用開玩笑的口吻，指出因為胳臂碰過克里多戶羅的胳臂，竟然疼了超過五天，於是宣布不要再次靠近。他推崇加里阿心中有的是屬天的靈魂之愛，而「靈魂之愛比肉體之愛好」(8.13)，因為存在於施愛者和愛侶之間的愛如果是屬天的範疇，則兩人的友誼不僅能維繫下去，直至老大；而且能夠互相扶持，幹出偉大而光輝的事業。從施愛者方面說，施愛者抱著純潔的用心，總企望愛侶變得更美好。要愛侶美好，施愛者先要有美好的德行，才能起楷模作用；然則靈魂之愛對施愛者也是大有好處的。從愛侶方面說，施愛者要是懷有肉慾的念頭，那只會給被愛者帶來羞恥，這樣被愛者便不可能作出愛意的回報，而且還對施愛者產生輕視之心，友誼、事業等等都談不上了。

會　飲

〔一〕

本章大意　富人加里阿請蘇格拉底和其他朋友到家裏吃飯。眾人裏面，有一個是他的愛侶，美貌少年阿夫多里哥。各人接觸到阿夫多里哥的容光，都感中情動盪。稍後還有一個搞笑的人非立波不請自來，他多番嘗試，才引得賓客之一的克里多戶羅發笑。

　　我認為內外美好人士的言行值得追憶；不光是嚴肅的言行，也包括了歡樂時刻的言行。其間我親身經歷過[1]而又熟悉的，我希望加以描述。

　　那回舉行大型全雅典涅亞節[2]賽馬，邑波尼哥的兒子加里阿[3]帶領

2

1　書中的會飲在公元前421年舉行，色諾芬那時不過10歲左右，不可能參加。

2　全雅典涅亞節是崇祀女神雅典娜的節日，分大節和小節兩種。小節每年一次，大節每四年一次，都在現行曆法的七八月間舉行。每逢大節，雅典各盟邦均派代表前來參加。大節中還舉行各種體育比賽。

3　加里阿，雅典富豪，家勢顯耀。他繼承了其父豐厚的遺產。因為他太富有，雅典人有時稱他為「富人」而不名。性喜交納智士，他的家是智士集中地。

他愛上的少年[4]阿夫多里哥去參觀。阿夫多里哥最近贏了混鬥[5]比賽。賽馬結束，他和阿夫多里哥、阿夫多里哥的父親[6]回去在比列埃塢[7]的住所。跟他結伴的還有尼基拉多[8]。當他看到蘇格拉底、克里多戶羅、埃爾摩演尼、安堤西典尼和哈爾米第[9]在一起，便吩咐人給阿夫多里哥他們引路，自己向蘇格拉底等人走過去，說：「碰到你們真好，我正準備請阿夫多里哥和他的爸爸吃飯。我相信客廳有像你們這樣子靈魂潔淨的人點綴，要比有將領、騎兵隊長和鑽營公職的人點綴，我的安排顯得更見姿采。」

蘇格拉底說：「你不把我們放在眼裏，經常嘲笑我們；因為你為了智慧，給波羅塔哥拉、哥爾以亞、波羅迪柯和其他許多人送了不少金錢[10]，而把我們看作自己摸索哲學的人。」

4　「少年」一字，據原文含意，指 14 歲到 18 歲之間的男性。阿夫多里哥，名字只見本書，後來事跡不詳。他是加里阿的愛侶。

5　混鬥，一種允許同時使用拳擊和摔跤的運動。

6　阿夫多里哥的父親即下文的黎剛。黎剛是個平凡的演說家，也是後來三個蘇格拉底的控告人之一。但是在本書 (9.1) 他似乎對蘇格拉底相當推許。

7　比列埃塢，雅典外港。

8　尼基拉多，雅典將領尼基亞之子，公元前 403 年為三十人執政團所殺。

9　克里多戶羅是蘇格拉底的老朋友、富人克里頓的長子。蘇格拉底受審時，父子二人同在法庭聽審，和其他人一同促請蘇格拉底提議罰款，並願意作保證人。埃爾摩演尼：加里阿的兄弟，由於經濟破產，變得十分貧窮。他是蘇格拉底的忠實追隨者，對蘇格拉底被控告一事很是關心。蘇格拉底臨死時，他陪伴一起。安堤西典尼，雅典人，蘇格拉底崇拜者之一。蘇格拉底死後，他在雅典城外設立學校，主張排拒物欲，生活清簡。哈爾米第，柏拉圖舅父，雅典世家子，名字屢見柏拉圖對話集，其中一本且以他的名字命名。公元前 404 年，他協助三十人執政團的領袖人物克里底亞施政。公元前 403 年，為民主派軍隊所殺。

10　三人是當時著名智士。

加里阿説：「真的，先前我一直向你們隱瞞我的滔滔而睿智的言　6
談，現在要是到我家來，我會向大家顯示我是個十分值得注意的人。」

蘇格拉底身邊的人自然首先感謝他的邀請，卻不答允同去吃飯。　7
由於大家不去，加里阿顯得很不高興；最後都跟他去了。不久這批做
完運動用油擦過身[11]或者沐浴過的人來到他家。阿夫多里哥坐在父親　8
身旁，其他人一如習慣那樣斜靠牀上。一個人會即時察覺當時的情
景：美貌當然是一種支配因素，特別是如果美貌的擁有者，好像阿夫
多里哥，還帶著羞怯與自持。因為首先，一如夜間一道光芒顯現、招　9
引所有人的眼睛那樣，阿夫多里哥的美貌那時牽引著所有人的目光朝
向他；其次，見到他的人，沒有那一個不因他而中情動盪。有些愈發　10
沉默不言，有些神情舉止變化不定。所有受眾神支配的人都認為能夠
引人注目，只是受別的神祇支配的人目光比較嚇人，言語比較可怕，
舉止比較粗暴；而一些受純潔的愛意[12]所感染的人則具有比較友善的
目光，發出比較柔和的聲音，保持適合自由人身份的儀態。加里阿一
片愛意，當時正是這樣表現，為崇奉同一神祇的人所注目。他們默默　11
地用飯，好像有一個強有力者命令他們這樣。

這時非立波那個搞笑的人拍門了。他叫應門的人進去説他是甚麼
人以及為甚麼他想入內。他説他準備好一切必需品前來，可以在別人
家裏吃飯了。他還説他的僕人十分難過，因為既沒有帶備東西，又沒
有吃過早餐。

加里阿聽到這番話，説：「諸位，拒絕蔭庇實在可恥；讓他進來　12
好了。」説時望了阿夫多里哥一眼，顯然要看看他對笑話的反應。

11　運動後用橄欖油擦身是古人的習尚。
12　此處文意順著上文的「神祇」而來，「純潔的愛意」指愛神愛洛斯。

13　　　　非立波站在飯廳，説：「我是搞笑的人，大家都知道了。我不請自來，因為我認為不受邀請赴宴，要比受到邀請有趣得多。」

　　　　加里阿説：「那麼靠著吧。你見到了，現場各人充滿嚴肅，也許稍欠歡笑。」

14　　　　各人繼續用飯。非立波為了滿足人們每回請他赴宴的要求，立即嘗試説笑話。可是他引不起歡笑，登時顯得不高興。稍後他再試講另一個笑話，由於還是沒有人跟他笑，於是停止進食，蒙著臉[13]躺下來。

15　　　　加里阿説：「非立波，怎麼啦？得了痛症嗎？」

　　　　非立波大聲呻吟，説：「是的，加里阿，疼得很呢。因為如果歡笑在人間消失，我的生意完了。以往人們為了這個[14]邀請我赴宴，拿我取笑，讓同伴開心。可是現在為了啥別人邀請我？因為我沒法子板起臉孔，正如我沒辦法長生不死一樣；也沒有人希望獲得回敬而邀請我，因為所有人知道根本不能指望我在家裏供應晚飯。」説時抹去鼻

16　涕，聲音明顯表示哭泣。大家慰解他，表示下次會笑，同時催他吃飯。克里多戶羅給他悲苦的模樣引得大笑。非立波聽到笑聲，不再蒙臉；心中鼓舞，認為還有供應[15]，便再次吃起東西來了。

13　用外衣蒙臉是悲痛或失望的習慣表示方式。

14　「這個」指歡笑。

15　宴會之中，搞笑的人或藝人經常預備一個盤子，讓客人依次傳遞，求取客人的賞賜。

〔二〕

本章大意 | 吃過東西後，藝人進來表演。蘇格拉底一面稱許表演的精彩，一面和各人談笑。非立波也插科打諢、諸般造作，一旁助興。最後蘇格拉底提議慢慢飲酒，不要很快為酒所醉。

　　拿開桌子後，各人奠過酒和唱謝神曲，然後一個西拉古謝[16]人進來為大家表演助慶。他帶了一個出色的吹笛子女郎，一個屬於能夠作驚人表演的藝人圈子裏的跳舞女郎，和一個十分漂亮、擅長豎琴及舞蹈的年青人。上列節目演出後，他收取精彩演出的費用。

　　當笛子女郎吹笛子、年青人彈豎琴、而兩人似乎極度娛悦眾人時，蘇格拉底説：「加里阿，你款待我們盡善盡美，不但供給無可指摘的晚飯，還提供最愉快的視覺和聽覺的節目。」

　　加里阿説：「叫人弄些香油[17]來，讓我們在芳香之中進食怎樣？」

　　蘇格拉底説：「不必。正如衣服那樣，某種對男人合適，某種對婦女合適；同樣某種氣味對男人合適，某種則對婦女合適。事實上沒有男人會為別的男子塗香油的。至於婦女，如果剛剛出嫁，好像這兒尼基拉多和克里多戶羅的妻子，本身芳香，還需要甚麼香油？體育場裏的橄欖油氣味，對婦人來説，呈現時比香油的更甜美，消失後更生渴望的念頭[18]。因為如所周知，塗香油的人，無論是奴隸或自由的人，

2

3

4

16　西拉古謝，城邦名，在今意大利西西里島。

17　古人喜歡在身上塗香油。

18　這裏的意思是：在體育場上的青年人通體塗上橄欖油，油的氣味和青春身體的氣味混合一起，令婦人們覺得十分甜美。缺少了這股混合的氣味，婦人們會心生渴求之念的。

都即時嗅到同樣的氣味。不過從自由人的勞動而生的芳香，如果希望使人愉快而又符合自由人身份的話，首先需要艱苦鍛鍊和時間的。」

黎剛說：「這些自然適合青年人。我們這批不再運動的人要聞些甚麼？」

蘇格拉底說：「當然是美和善。」

「一個人會從哪兒得到這些香液？」

蘇格拉底說：「當然不從香油商人那裏。」

「那麼到底從哪兒？」

「帖鄂尼說：你會從好人那兒學好；要是跟壞人混在一起，你會連自己的心智喪失掉[19]。」

5   於是黎剛說：「孩子，聽到了？」

蘇格拉底說：「當然，他這樣做啦。當他立意要成為混鬥的勝利者時，他跟你參詳；現在再一次，誰像最有能力教導他這些[20]，便跟誰作伴。」

6   這時許多人發言。其中一個說：「他會從哪裏找到這門東西的教師？」另一個說這是不可教導的。還有人說如果其他事情可學，這件事也可學的。

7   蘇格拉底說：「既然此事還可爭論[21]，以後再提好了，現在讓我們完成眼前的事。因為我見到這裏一位跳舞女郎等待著，又見到有人給她圈圈兒。」

---

19 帖鄂尼，公元前六世紀後期至五世紀前期詩人，現存詩約1,500行(不論真偽)。蘇格拉底所引，見帖鄂尼存詩35–36行。這兩行色諾芬《追思錄》1.2.20也引述過，這裏的譯文字句略異。

20 「這些」指甚麼，原文未明白指出。參閱上下文，似指「美和善」。

21 美和善(即道德)是否可以通過教導而獲致，是蘇格拉底等人經常討論的問題。

於是另一個女子給她吹笛子，一個男子站在跳舞女郎旁邊，給了 8
她12個圈圈兒之多。她接過圈圈兒，一面跳舞，一面向上旋轉拋
出，估計需要拋得多高，以便一一順序收回。

蘇格拉底說：「諸位，根據許多其他事情和根據這位女孩子的表 9
演，婦女的本能顯然不比男子的低，只是需要識力和體力。所以你們
之中有妻子的人，可以抱著信心，教導她你想她需要知道的東西。」

安堤西典尼說：「蘇格拉底，你既然這樣看，為甚麼不親自教導 10
克山堤邑比，而安於一個我認為在現在、過去和將來的婦人當中都屬
於最難惹的妻子[22]？」

他說：「因為我看到那些想成為騎師的人，收容的不是最馴良的
馬匹，而是性氣傲烈的馬匹。他們認為能夠控御這類馬，便能容易對
付其他馬匹了。我本人希望跟人們相處結伴，所以娶了她。我十分
了解，倘使我忍受得住她，便很容易跟其他所有人共處了。」

這番話似乎說得不算離題。跟著搬進來一個周邊滿插長劍而劍鋒 11
上指的圓圈。跳舞女郎在劍圈內翻筋斗，又在劍上騰躍。一旁觀看
的人都怕她出事情，她卻堅定地而又安全地進行表演。

蘇格拉底向安堤西典尼打個招呼，說：「我真的不相信看到這 12
個[23]的人，依然反對勇敢可以教導的說法[24]。眼前這個人，儘管是個女
子，竟然這般膽識過人，衝向劍叢之中。」

---

22 克山堤邑比，蘇格拉底妻子，年歲似乎比丈夫小很多。古人（如第鄂湮尼·
拉耳底奧）也有說她是蘇格拉底第二任妻子的，不過再沒有別的記載作旁
證。據安堤西典尼的話看來，克山堤邑比該是相當的潑悍。不過從蘇格拉底
教訓長子要尊敬母親（《追思錄》2.2）和克山堤邑比在丈夫最後的日子裏探監
時所表現的悲痛（柏拉圖《費頓》60A），似乎又不像那麼難惹。
23 指女郎的表演。
24 蘇格拉底認為勇敢可以通過學習和練習而提高，見《追思錄》3.9.1–3.9.3。

13　　安堤西典尼說：「這位西拉古謝人向城邦[25]展示跳舞女郎時，如果說雅典人給他金錢，他會使所有的雅典人膽敢一起衝向槍林之中，不是更好嗎？」

14　　非立波說：「對。如果我看到政客比山鐸羅[26]學習在劍陣中翻筋斗，我呀，可高興啦；這個人因為不能望槍矛一眼，不想參軍呢。」

15　　跟著男孩子跳舞了。蘇格拉底說：「大家看到了，這孩子多好看；他作出諸般姿態時要比靜止時顯得更好看，是嗎？」

　　哈爾米第說：「你似乎在讚揚舞蹈教師。」

16　　蘇格拉底說：「對的。我還注意到另一樁事情：跳舞時他身體各部位沒閒著，頸、腿、手同時運動，正如希望身體更靈活的人必須跳舞的那樣。」他繼續說：「西拉古謝的朋友，倘使我能跟你學習這些姿態，我會十分高興的。」

17　　這人說：「你用這些幹嗎？」

　　蘇格拉底說：「跳舞嗎？」

　　這時所有人笑了。蘇格拉底面色十分凝重，說：「你們笑我？可是因為我做運動，想身體健康些，而不是高高興興想進食和睡眠？或者因為我企求這些運動，避免像長跑家那樣腿粗臂細，和像拳擊手那樣臂粗腿細；而是整個身體鍛鍊，使得全體均衡？或者你們笑我，因18　為我沒有需要找尋做運動的同伴；同時年歲已高，也不需要寬解衣

25　指雅典。

26　比山鐸羅，公元前 411 年成立的寡頭政治集團成員之一，這個集團統治了雅典一段短暫時期。民主政權重建，比山鐸羅逃往斯巴達。喜劇家阿里士多芬尼在《鳥》劇中把他寫成一個可怕然而沒有腦筋的人（1556 行以下）。

服[27]，而一間小屋子[28]——就像眼前這孩子所使用的——已足夠供我流汗之用；冷天我將在屋蓋下鍛鍊，大熱天時則在陰影內鍛鍊？或者你們笑我先前肚子大了，我想肚子減縮些？不久之前這兒的哈爾米第一早抓我跳舞去，或者大家不知道？」 19

哈爾米第說：「確是這樣。最初我心裏驚異，同時害怕也許你瘋了；後來聽你說出跟今天相同的話，於是我回家，舞不跳了——因為我從來沒有學過，只是揮動兩手；而這個[29]我是懂得的。」

非立波說：「真的，你兩條腿看起來跟兩隻臂膀的重量一樣，我覺得：如果你讓市場監督員分別稱下面部分和上面部分，像稱麵包那樣，你不會受罰的[30]。」 20

加里阿說：「蘇格拉底，當你準備學習跳舞，通知我，讓我做你的舞伴，跟你一起學習。」

非立波說：「好啦，給我吹笛子，讓我跳舞。」於是站起來，模仿男孩子和女孩子的舞姿旋轉。剛才人們稱賞男孩子連同舞姿顯得更加好看，相反，非立波擺動全身，顯示出比自然的動作更加可笑。另一方面，因為女孩子模仿圓圈形狀拗身後仰，非立波也嘗試模仿圓圈形狀，卻是屈體向前。最後，因為大家稱讚男孩子在舞蹈中鍛鍊全身，非立波便吩咐吹笛子女郎節拍吹得快些，同時擺動身體所有部位，包括腿、手和頭。 21 22

27　古人赤身做運動。

28　「小屋子」，意譯；原文作「七張牀的屋子」，即空間狹小的屋子之意。

29　指揮動兩手。

30　市場監督員執行檢查商販斤兩是否老實的職務。麵包每件重量不一定相同，但有些商販故意咬定每件重量相等，把最重的放在上面，所有的都根據上面一塊的重量定價。這種做法要是被市場監督員發現了，會罰款的。這裏非立波取笑哈爾米第的腿和臂同樣細弱。

23　　後來他累了，便躺下來說：「朋友，這是證明：我的舞會好好鍛鍊的[31]。我渴啦，讓下人給我倒一大杯來。」

加里阿說：「真的，也給我們倒好了。因為你，我們笑得喉嚨乾了。」

24　　蘇格拉底再說：「諸位，飲吧，我十分同意。因為事實上酒在澆潤靈魂之餘，一方面催眠煩憂，像曼陀羅花使人入睡那樣；一方面又

25　引起愉悅，像油引發火光那樣。我認為酒會中人們碰到的情況跟地面植物碰到的相同。神祇過量灌澆植物時，植物無法直立，也不能在微風中呼吸；可是當植物吸取本身滿意的水分，便挺直生長，並且繁茂

26　旺盛；達到結果的狀態。同樣我們要是注酒即滿，身體和意識很快垮掉，既不能呼吸，又不能講話。倘使下人經常灑進[32]小杯子裏面——讓我借用哥爾以亞的話，我們便不會很快為酒所醉，而是神志不亂，進入更為趣妙之境。」

27　　所有人同意這番話；非立波補充說斟酒的人該模仿高明的馬車伕，快些繞杯子轉。斟酒的人[33]照辦了。

31　指鍛鍊身體。

32　「灑進」即「注進」之意。蘇格拉底這裏引用高爾以亞的話；高爾以亞講話或演說，著重文辭的精巧華美，句子用「灑」字，表示分量極少。

33　斟酒的人指侍酒的奴隸。

〔三〕

本章大意　藝人開始表演，但蘇格拉底認為如果會飲的人談論問題，更有好處。然後大家就以下的話題初步發言：甚麼是本人最引以自豪的。自我表白的人依次為：加里阿、尼基拉多、克里多戶羅、安堤西典尼、哈爾米第、蘇格拉底、非立波、黎剛、阿夫多里哥、埃爾摩演尼。

　　然後男孩子依笛子調琴音，邊彈邊唱，所有的人稱許不已。哈爾米第於是說：「各位，像蘇格拉底說到酒那樣，我覺得這些孩子的青春和歌聲的混合催眠了煩憂，引發了愛慾。」

　　蘇格拉底這時再次發言：「各位，他們似乎真個能令我們開心；可是我肯定地知道：我們自認比他們好得多。我們聚在一起，如果不嘗試做些有益對方之事，只是互相娛悅，不可恥麼？」　　2

　　這時許多人說：「我們要做到這點，該抓住甚麼話題？你給我們指示好了。」

　　他說：「我會很高興，如果看到加里阿履行諾言。他說倘使我們跟他吃晚飯，他會顯示他的智慧[34]。」　　3

　　加里阿說：「我會顯示的，如果你們所有人其間也提出每個人知道的優點的話。」

　　他說：「沒有人反對你，而不肯說出每人認為所知道最有價值的一方面。」

34　本書1.6。

4　　　加里阿説：「告訴你們我最引以自豪的一點：我以為有辦法使人們好些。」

　　　安堤西典尼説：「你教某種工藝技能³⁵，還是教美與善？」

　　　「如果美與善就是正義的話³⁶。」

　　　安堤西典尼説：「當然，絕無可疑。勇敢和智慧好像有時還會對朋友和城邦有所危害，至於正義，絕不絲毫跟非正義混在一起。」

5　　　「當你們每人説出那一點有益於人之後，我不會拒絕説明我完成這回事³⁷的技巧的。尼基拉多，輪到你了。你説，你對哪種知識深感自豪？」

　　　尼基拉多説：「我父親要栽培我成為好人，強迫我學習全部荷馬敘事詩。現在我還能夠背誦整本《伊利亞特》和《奧德賽》³⁸。」

6　　　安堤西典尼説：「你可忘了所有的詩歌吟誦者³⁹都懂得這些敘事詩這回事？」

　　　尼基拉多説：「我幾乎每天都聆聽他們，怎會忘了？」

35　如製革、建造等手工技藝。這種技藝對提高一個人的心靈品格，對教育人所以成為一個人，古人認為沒有用處。

36　句意不完全。整句的意義應為：教美與善，如果美與善就是正義的話。

37　指上文「使人們好些」這回事。

38　荷馬的兩種詩歌。古人認為荷馬詩歌具有教育功能，因為書中的英雄事跡，能激發起學子的嚮慕之情，從而模仿英雄的言行。柏拉圖指出詩人鋪揚古人的豐功偉蹟，從而教育了後人（《費鐸羅》245A）、《波羅塔多拉》（326A）也有同樣的見解。

39　詩歌吟誦者指穿越城邦、以吟誦詩歌娛人為職業的一個階層。他們彈琴唱詩，謀取生活。最初吟誦的是自己的作品，後來則吟誦其他人的作品特別是荷馬的兩部敘事詩。到了這時，吟誦者本身已經不是詩人，不是創作者，而只是個照本宣科的人。這些人不一定能明白詩歌文字的意思，即使明白，還是不學無術的人（《追思錄》4.2.10）。正因這樣，在蘇格拉底圈子中的人眼裏，詩歌吟誦者是一種可輕視的對象。

安堤西典尼說：「那麼你知道哪個階層的人比起詩歌吟誦者更沒有頭腦的？」

尼基拉多說：「啊，沒有，我看沒有。」

蘇格拉底說：「顯然他們不了解詩歌的深意。你還給了西狄希姆窩羅多和安納希曼鐸羅[40]和其他許多人不少金錢，所以你不會忘記任何有價值的論點。」他又說：「克里多戶羅，你怎麼樣？你對甚麼最感自豪？」　　　　7

克里多戶羅說：「美貌。」

蘇格拉底說：「你真個斷言，你能憑藉自己的美貌，使我們好　　　　8
些嗎？」

「如果不行，我將顯得一無可取。」

蘇格拉底說：「安堤西典尼，你怎麼樣？你對甚麼深感自豪？」

安堤西典尼說：「財富。」

埃爾摩演尼問他是否有很多錢，他發誓說連一個奧窩羅[41]也沒有。

「那你擁有大量田地？」

「也許足夠讓這兒的阿夫多里哥用來塗抹泥塵[42]。」

「我們一定要聽你的，哈爾米第。你怎麼樣？你對甚麼深感自豪？」　　　　9

哈爾米第說：「我則對貧窮深感自豪。」

40　西狄希姆窩羅，公元前五世紀塔梭島人，對當時的政治家如帖米西多克里、貝利克里寫了一些譏謗性的文字。安納希曼鐸羅，生平不詳，大抵是紀傳家或是智士。公元前六世紀有一個哲學家，米里多人，也名安納希曼鐸羅，但和本書提及的不是同一人。

41　雅典幣制如下：一打蘭頓值60摩那，一摩那值100得勒米，一得勒米值6奧窩羅。蘇格拉底時代，一般雅典人一天收入平均約一個得勒米。

42　混鬥和摔角運動員練習或比賽時，身上塗抹幼細的泥塵，通常在地上抓幾把便足夠。這裏安堤西典尼說俏皮話，以表示自己最多只有這麼一丁點兒田地。

蘇格拉底說：「啊！可喜的對象。因為這回事最少引起嫉妒，最少惹起紛爭；不必收藏而存在不失，不必理會而愈發強大。」

10　　加里阿說：「蘇格拉底，那麼你對甚麼深感自豪？」

蘇格拉底十分嚴肅地拉下臉孔，說：「拉皮條[43]。」

因為大家都笑他，他說：「你們儘管笑，我可明白如果我要用這法子，那便賺錢很多。」

11　　黎剛對非立波說：「顯然你對搞笑深感自豪。」

非立波說：「我認為比那個絕頂神氣、以為能教許多人下淚的演員加立比底[44]更有理由。」

12　　安堤西典尼說：「黎剛，你不說說對甚麼深感自豪？」

黎剛說：「你們所有人難道不曉得，我對這裏的兒子感到自豪？」

一人說：「阿夫多里哥顯然會因為身為勝利者而自豪。」

阿夫多里哥臉紅了，說：「絕不。」

13　　所有人聽到他的聲音，很是高興，向他望過去。有人問他：「阿夫多里哥，那麼你對甚麼呢？」

他說：「我父親。」同時身子靠過去。

加里阿看到了，說：「黎剛，你可知道你是人類中最富有的一個？」

黎剛說：「這我可真的不知道。」

「你難道忘了不會拿兒子交換，接受大王[45]的金錢？」

黎剛說：「從事實看，我似乎是人類中最富有的一個。」

43　這個詞古今一樣，都有不好的含義。從下文看，蘇格拉底實指自己牽引朋友和青年趨向智慧和德行。

44　加立比底是公元前五世紀末著名的悲劇演員，亞里斯多德《詩學》第 26 章提到他。

45　大王指波斯王。在希臘人眼中，波斯王統治遼闊的國土，是世上最富有的人。

尼基拉多説：「埃爾摩演尼，你對甚麼特別高興？」14

埃爾摩演尼説：「對朋友的德行和能力。他們是這樣[46]的人，便會關心我。」

這時所有人望著他。不少人同時還問是否指他們言。他説他不會拒絕。

〔四〕

本章大意

大部分人就自己在前章説過的重點作詳細説明和解釋，其間穿插了各人嚴肅的和取笑的問話以及講者的回答。講話次序：加里阿、尼基拉多、克里多戸羅、哈剛米第、安堤西典尼、埃爾摩演尼、非立波、西拉古謝人、蘇格拉底。蘇格拉底基本上是通過和各人問答來闡明自己的看法的。

蘇格拉底接著説：「我們剩下來的該是由每個人答應過提出的十分有價值的説明。」

加里阿説：「不妨先聽我的。我在聆聽大家對甚麼是公正覺得困惑的時候，已使人更加公正了[47]。」

蘇格拉底説：「怎麼回事，朋友？」

加里阿説：「我送錢呀。」

安堤西典尼坐起來，用認真考查的態度問道：「加里阿，你認為 2 人們有公正，公正在靈魂中還是在口袋裏？」

加里阿説：「在靈魂中。」

---

46 「這樣」指「有德行和能力」。
47 意謂在這次會飲之前。

「可是你放錢入口袋，從而使靈魂公正些？」

「是的。」

「怎麼回事？」

「因為人們知道，得到了這個[48]，購買需要的東西；便不想冒險幹壞事。」

3　安堤西典尼說：「他們拿走你的，可曾歸還？」

加里阿說：「啊，說真的，沒有。」

「怎樣？感激代替金錢？」

加里阿說：「真的，連這個也沒有，而且有些人比拿錢前更懷敵意。」

安堤西典尼像是考查他那樣望著他，說：「奇怪，你能使他們對其他人公正，可是對你本人不這樣。」

4　加里阿說：「這有甚麼奇怪的？你沒見到許多木匠和建築工人，他們給其他許多人建房子，卻不能給自己建造，而要租賃居住？智士[49]，接受考驗[50]吧。」

5　蘇格拉底說：「噢，他一定要接受。因為據說預言者替別人預測未來，卻不能預見降臨到自己身上的事[51]。」

48　指金錢。

49　「智士」一名，源於智慧，最初本是一個含有敬意的稱號。但自公元前五世紀以後，許多智士教學收費，把知識當成貨品販賣；再加上不承認有客觀真理和標準，因此受到一些人，特別是蘇格拉底圈子內的人所輕視，成為嘲笑的對象，而「智士」一詞也就含有貶意。加里阿就是抱著不尊敬的態度使用此詞的。

50　「接受考驗」四字直譯，有「接受自己被駁倒」的意思。

51　實際說來，安堤西典尼的話是對的。智士詭辯的味道，反而見於加里阿的談話。這裏蘇格拉底插言，含糊其詞，頗有替主人打完場之意。

談論到此完結。接著尼基拉多說：「諸位請聽：要是諸位跟我作 6
伴，會在那方面有所改善。諸位當然知道最具智慧的荷馬[52]寫出所有
跟人事有關的事情。諸位當中誰想成為善於治家的人、公眾演說
家、軍界人物，或者和厄希列夫、埃亞、聶西多爾、奧第謝夫[53]看
齊，讓他跟我，因為所有這些，我全曉得。」

安堤西典尼說：「你知道荷馬稱頌阿加緬農是個好國王和勇猛戰
士[54]，那你也曉得統治之術了。」

他說：「當然啦，我還曉得人若要駕駛馬車，一定要靠近終點的
標誌轉彎，

他靠著漂亮的馬車，

偏向左方，而刺策右方的馬，

大聲呼喝，手中繮繩鬆開。[55]

除此之外，我還知道別的，你們可以立刻加以測試。荷馬在某處說過 7
洋蔥是下酒的肴饌[56]。所以那位如果帶了洋蔥來，諸位即時便可受
惠，因為大家喝酒會喝得更加甜美。」

哈爾米第說：「諸位，尼基拉多希望帶著洋蔥的氣味回家，使得 8
他老婆相信沒有人想要親吻他。」

---

52 荷馬受到古人極高的推崇。阿里士多芬尼在《蛙》劇中稱他為「神聖的」（1034
　　行），柏拉圖在《理想國》推他為「希臘的教師」（606E）。荷馬的作品是學童
　　必讀之書。

53 四人都是荷馬《伊利亞特》詩中的人物。厄希列夫和埃亞是希臘人圍攻特洛
　　城大軍中第一號和第二號的勇猛戰士；聶西多爾是個老人，明敏純良；奧第
　　謝夫則聰慧多智，也是荷馬另一敘事詩《奧德賽》的主角。

54 見《伊利亞特》3 卷 179 行。《追思錄》3.2.2直引原詩文字：「二者兼具：好國
　　王，勇猛戰士。」

55 《伊利亞特》23 卷 335–337 行。

56 同上 11 卷 603 行。

蘇格拉底說：「不錯，可是我們會有另外一種可笑印象的危險。洋蔥似乎真的是肴饌[57]，因為它不但使麵包好吃，也使酒好喝。要是我們餐後吃洋蔥，注意有人不會說我們到加里阿家裏痛快享受呢。」

9

加里阿說[58]：「蘇格拉底，不是這樣的。一個出發作戰的人，最好先吃個洋蔥；正如一些人安排公雞搏鬥[59]，先餵大蒜一樣，引起公雞搏鬥。不過我們也許想親吻別人比互相爭鬥多些。」

10

這番談論大約這樣子停止。

於是克里多戶羅說：「好，我再次說明憑甚麼我對美貌深感自豪。」

各人說：「講吧。」

「如果我不漂亮——實際上我認為漂亮的，你們該被控犯了欺詐之罪，因為沒有人要你們起誓，你們偏偏經常發誓說我是個漂亮的

11

人。我當然相信啦，因為我認為你們是內外完美的人。倘使我真個漂亮，而諸位對我所感受到的，一如我對一個我心中認為是漂亮的人的感受那樣；我向眾神發誓，我寧願要美貌，不要大王的統治權力。

12

現在我看著克里尼亞[60]，比看著其他所有人間美好東西，更加愉快。要我除了克里尼亞一個人，其他東西一無所見，我會接納。我討厭夜，因為見不到他；但對白天和太陽深深感激，因為二者使克里尼亞再次向我呈現。

---

57 「肴饌」是一個不大明晰的譯法，卻也不能譯作「下酒物」。古人所謂肴饌，總指主糧以外而連同主糧吃下去的食物。主糧是麵製品，所以無論蔬菜肉類以至乳酪等等，都算是肴饌，這和中文在傳統上把肴饌看成肉食略有不同。喝酒時以酒為主，和酒相配的其他下酒物，也可以說成肴饌。

58 原文只有「說」字，沒有提及說者。一般的見解認為說者是加里阿，譯文從之。

59 阿里士多芬尼《騎士》一劇中 494 行以下提及此事。

60 克里尼亞是美男子阿奧基維阿第的堂兄弟，一說是阿奧基維阿第的兒子。《追思錄》1.3.8 即作如此暗示。

「我們漂亮的人還值得為以下的事深感自豪：要得到好結果，強 13
壯的人需要吃苦；勇敢的人需要冒險；智慧的人需要講話；可是漂亮
的人安安靜靜的，便能完成一切。我雖然知道金錢是一種愉快的擁 14
有，不過我把所有送給克里尼亞，要比從別人那裏收取其他愉快得
多，倘使克里尼亞想支配我，那我接受奴役，要比作為自由人愉快得
多，因為為他辛勞工作要比安閒度日更加容易，為他面對艱險要比平
穩生活更加歡暢。

「說起來，加里阿，你能使人公正而深感自豪，我比你更有資格 15
引導人們趨向所有的德行。因為我們漂亮的人感發愛侶，使得他們對
金錢更加隨便，碰到危險時更加吃苦和更加重視榮譽，同時還更謙
遜、更節制；甚至極度需要的東西，他們也羞於求索。

「人們不選漂亮的人當將領，那是瘋了。我跟著克里尼亞，就是 16
火裏也去。我知道諸位跟著我也是一樣[61]。所以我的美貌對人們有好
處，蘇格拉底，你不用懷疑。

「另外也不必以為美貌很快會萎謝，因而必須貶抑。正如孩子長 17
得好看，青少年、成年人和老年人也不例外。證明如下：在慶祝雅典
娜的節日裏，選出漂亮的老年人拿嫩枝[62]；可見美貌伴隨所有的年
齡。如果一個人在別人自願的情況下完成需要的事情是一樁愉快的 18
事，蘇格拉底，儘管你話說得多，而且說得有智慧；我不發一言，但
肯定現在會比你更快勸服這兒的男孩子和女孩子親吻我。」

蘇格拉底說：「怎麼回事？你吹這牛皮，好像要比我漂亮？」 19

61　一樣蹈火不辭。
62　崇祀雅典娜的全雅典涅亞節中有遊行的項目。遊行隊伍中有老年人參加，一
　　些好看的老年人被挑選持橄欖枝遊行。

克里多戶羅說：「當然，否則我比諷刺劇中所有的西里挪[63]難看了。」

〔蘇格拉底倒跟他們相像[64]。〕

20　蘇格拉底說：「好吧，當話題回轉時，記住跟我弄清楚美貌這回事。評判我們的人，不要是比里阿摩的兒子阿歷山鐸羅[65]，而是這些你認為渴望親吻你的人。」

21　克里多戶羅說：「蘇格拉底，你不讓克里尼亞評判？」

蘇格拉底說：「停止惦念克里尼亞不行嗎？」

「就算不提他名字，你認為我便惦念他少些了嗎？你不知道他在我心底的影像是這般的鮮明，如果我是雕塑家或是畫家，我會完成他的肖像，或者跟影像一無差缺，或者跟眼前所見的相同？」

22　蘇格拉底作出回應：「既然你有他這麼準確的影像，幹嗎還給我麻煩，帶我去你要見他的地方？」

「蘇格拉底，因為他的真人能使我愉快，而他的影像不會給我快慰，只引發渴望。」

63　西里挪是個遠古的神秘神靈，在有諷刺性的笑劇中，歌舞隊扮成他做領頭人，散髮扁鼻，醉酒狂亂，相貌醜陋。另外有一種說法，他是神祇第昂尼梭的保傅，通曉音樂，深具智慧。後世的西里挪不止一個，但都具有同樣的特性。

64　這一句雖見於今本，但極有可能是後人的評語，不是色諾芬原文。有些譯者索性略去不譯，這裏仍加保留，但加〔〕號表示文字的可靠性成疑。蘇格拉底相貌醜陋，但智慧過人，這點倒跟西里挪相像。柏拉圖《會飲》中的阿奧基維阿第也拿西里挪和蘇格拉底相比（215B）。

65　比里阿摩，特洛城之王。伊拉、雅典娜和阿芙羅荻蒂三位女神各誇自己最美麗，請阿歷山大鐸羅評定，阿歷山大鐸羅評定阿芙羅荻蒂最美。阿芙羅荻蒂感激他，便幫助他帶走了美麗的愛蓮妮（海倫），由此而引起希臘人和特洛人的戰爭。

埃爾摩演尼説：「蘇格拉底，我沒想到你讓克里多戶羅這樣子被 23
情愛折磨。」

蘇格拉底説：「你可是認為他自從跟我結伴，便是這個樣子？」

「要不，甚麼時候？」

「你沒見到他初長的鬚毛現在蔓延到了耳旁；而克里尼亞的已經
向上長到背面[66]？他跟克里尼亞上同樣的學校，當時便燃起強烈的愛 24
火。這回事他父親覺察到了，把他交給我，看看能否幫忙得了甚
麼。事實上他已經大為好轉了。以往他像石頭般盯住克里亞尼，就
像人們望哥爾歌[67]那樣，並且〔像石頭般〕緊靠不離。現在我見他已經
假作不見了。」蘇格拉底繼續説：「諸位，我們之間不妨説，他似乎已 25
親吻過克里尼亞；沒有別的比這回事[68]更為可怕的情愛易燃品了。因
為這回事不能饜足，卻提供一些甜美的希望。〔也許這更有價值，因 26
為在所有行為之中，只有身體接觸喚作靈魂親吻。〕所以我説一個人
要頭腦清醒，必須避免漂亮人物的親吻。」

哈爾米第説：「蘇格拉底，你這樣子恐嚇我們——你的朋友—— 27
避開漂亮人物，究竟為甚麼？啊，阿波羅！我見到你。在學校裏，你
們兩人在同一本書中尋找甚麼，你的頭靠著克里多戶羅的頭，你裸露
的胳臂靠著他裸露的胳臂。」

蘇格拉底説：「噓！就是因為這個，我像給野獸咬中了胳臂，疼 28

---

66 以上兩句的描述使人生疑，因為就文字看，克里多戶羅似乎比克里尼亞年
輕，而事實上克里多戶羅是施愛者，年紀要比作為愛侶的克里尼亞為大。

67 哥爾歌是斯帖諾、埃芙立阿莉和葰杜莎三姊妹的合稱。這三人樣子醜惡，頭
上盤著毒蛇作為頭髮，嘴裏長著像野豬牙那樣的長牙。誰望上她們一眼，便
會變成石頭。

68 「這回事」（指親吻）三字原文沒有，譯文加上去，以求文義明晰。下句「這回
事」三字，原文也是沒有的。

了超過五天；心裏似乎也有像咬痛的感覺。克里多戶羅，面對這些證人，現在我向你宣布：在你的鬍子長得像頭髮那樣之前，不要接觸我。」

他們就是這樣子，取笑之中，混雜嚴肅。

加里阿說：「哈爾米第，輪到你說明為甚麼對貧窮深感自豪？」

哈爾米第說：「人們承認，有勇氣比心中害怕好，享有自由比身受奴役好，受人侍候比侍候別人好，被邦國信賴比不信賴好。我從前富有時，在這個城邦裏，首先便擔憂是否有人鑿牆入屋，拿去錢財，同時做出對我本人不利的事；其次便得跟譖謗者拉好關係，因為我知道我受到損害要比我能夠損害他們的程度大得多。此外，城邦經常命令我出錢支付一些事項[69]，同時不批准我到外地去。現在由於我失去了邊境以外的物業[70]，境內的又沒有收入，家裏的東西也變賣掉，我躺直身子，睡得挺舒暢。城邦信賴我了，我再不受到恐嚇，相反，我恐嚇別人；作為一個自由人，我可以去外地或者留在本土；富人們站起來讓坐給我，也給我讓路[71]。我現在像個僭主，以往明顯地是個奴隸。以往我向民眾納稅，現在城邦科稅供養我[72]。再說，我富有的時候，人們指責我跟蘇格拉底作伴，現在我成了窮光蛋，再不理會跟誰

---

69 城邦除了要求富人繳交經常性稅款外，還強迫富人出錢支持體育比賽、節日演出和城牆修築之類，數目不小。《追思錄》3.4.1便提到安堤西典尼曾出錢贊助歌舞隊。

70 因為雅典和斯巴達戰爭的緣故。

71 因為害怕哈爾米第反過來成為不利於己的譖謗者。

72 城邦提供以下的工作給市民：一、擔任議員，每天一個得勒米；二、當選為法庭審判人，每天三個奧窩羅；三、參加市民大會，一次三個奧窩羅。此外沒有工作或辦事能力的市民有時也會獲得城邦小量的津貼。在一些大節日裏，城邦有時還會向生活無靠的人分發作為祭品的穀物或肉食。

了。還有，我家財多的時候，或者由於城邦，或者由於運氣，錢財經常有所損失；現在我一無所失，因為我一無所有；倒常常希望得到點甚麼。」

加里阿說：「那麼你祈求永遠不要富有；倘使你作了個好夢，便向防範壞事的神祇獻祭[73]？」　　33

他說：「啊，不，我沒有這樣做。相反，我要是希望在哪兒得到點甚麼，我會樂意冒大大的危險去等候。」

蘇格拉底說：「好吧，安堤西典尼，你再告訴我們：怎麼你財富這麼少，卻對此深感自豪？」　　34

「諸位，我認為人們富有和貧窮，不在家裏，而是在心裏。因為我見許多人，他們錢很多，但自以為這般的貧窮，以致有承受一切的辛勞和危險，從中獲取得更多。我也見過兄弟倆領受同樣的遺產，一個足夠用不完，一個一切缺乏。我覺得一些僭主是這般的渴求錢財，以致比最窮的人幹出更可怕的事。因為如所周知，由於貧乏，有人偷竊，有人鑿牆入屋，有人賣人為奴隸；而有些僭主則破毀所有的房子，集體屠殺，許多時候為了金錢還奴役所有的城邦。我本人對他們十分嚴重的病症極表憐憫。我覺得他們所患的，和一個物資豐盈、吃得許多而永不饜飽的人所患的一樣。我只是有這麼多，連我本人也不容易找出來[74]，然而結果是：我吃足以止飢；飲足以解渴；穿著衣服，在外頭不會比這兒最富有的加里阿寒冷些。當我留在家中，我覺得牆壁是十分溫暖的中衣；屋蓋是十分厚的外袍；牀褥具足，以致要起牀很不容易。假使有時身體有性慾的需要，目前情況足　　35　36　37　38

73　指所有的神祇，特別是阿波羅。
74　意思是：自己擁有的財物極少。

以解決：無論我接近哪些婦人，他們都會極度歡迎我，因為沒有別的
人願意接近她們。所有這些我認為是這般的美妙，以致我每做一項
時，不祈求更多的愉悅，而是少一些。我覺得其中一些愉悅，已超過
了好處。

「在我的財富之中，我估計最有價值的擁有是：倘使有人搶走我
目前所有，我看不到會有這樣一份卑微的工作，不能向我提供足夠的
口糧。因為當我想過得舒舒服服，我不從市場裏購買昂貴的東西，那
是奢侈的；我從靈魂的庫藏中提取。當我有所等待而向需要靠近
時，跟當我使用一些昂貴東西——就像眼前這種塔梭[75]出產的酒，我
有機緣碰上便喝了，倒不是由於口渴之故——時，快感大不相同。

「再說，追求儉約的人要比追求大量金錢的人大抵更為正直，因
為事實上對目前覺得足夠的人極少會覬覦別人財富的。值得理解清
楚：這樣的財富使人自由自在。我從這兒的蘇格拉底獲得這種財
富[76]。他不在數量上和重量上向我提供，而是我能拿多少，他便給多
少。現在我不妒恨任何人，只是向所有的朋友展示我的慷慨，把我靈
魂之中的財富分給想要的人。還有一項最奢華的擁有：空閒。他們
常常看到空閒跟我一起。我看值得看的，聽值得聽的。另外我認為
最有價值的：我有空閒整天伴蘇格拉底過日子。他不欽羨那些數得出
最多黃金的人，只是跟他喜歡的人結伴相處。」

安堤西典尼說了這番話。

加里阿說：「啊，伊拉，由於你的財富，我在其他事情上妒羨
你。因為城邦不會發號施令，像奴隸那樣對待你；而你不借出東

---

75 塔梭，愛琴海中島嶼名，所產的酒，美譽僅次於希奧島。
76 指蘇格拉底的教導。

西，人們也不會生氣。」

尼基拉多説：「不要妒羨，因為我會去向他借全不需要的東西。荷馬這樣教我算數目：

> 七具未經火烹煮過的大釜，十打蘭頓金子，
> 二十隻光亮的燒鍋，十二匹馬。[77]

我不停渴望在重量上和在數量上十分富有，因為這個，有些人也許認為我比較喜歡金錢。」

這時所有人都大笑起來，認為他講出老實話。

接著有人説：「埃爾摩演尼，輪到你説誰是你的朋友，同時請 46指出他們巨大的能力和對你的照顧，使你覺得為了他們，有理由深感自豪。」

「好的。十分明顯：希臘人和外族人都認為神祇知道現在和將來 47一切的事情，所以所有的城邦和國家都透過占卜，詢問神祇甚麼該做甚麼不該做。而我們相信神祇能為福為禍，也清楚不過。所有人總是祈求神祇驅除災禍，賜給嘉福。這些全知全能的神祇對我這般的友 48善，不管是黑夜，不管是白天，不管我到哪裏，不管我準備做甚麼，在他們的關懷下，我永不會忘記他們。因為他們前知，每樁事情的結果，他們向我發送聲響、報夢、鳥兒顯徵兆，提示我該做甚麼和不需

---

77 《伊里亞特》9 卷 122–123 行。打蘭頓是荷馬詩中一種計算金子重量的單位，重量多少不詳。到了後世，打蘭頓成為銀子的重量單位，同時也是金錢的計算單位。一打蘭頓銀子約為今天的 37 公斤左右。

要做甚麼。我聽信他們，永不懊悔；有時我不相信，便受到懲罰[78]。」

49　　蘇格拉底說：「這些[79]當中，沒有不可置信的。我高興地想知道的是：你得到這般朋友，怎樣去侍奉他們。」

埃爾摩演尼說：「啊，很經濟。我讚美他們，不作任何花費。他們的賜予，我經常作出回報，儘可能頌讚他們；請他們見證時，永不故意說謊話。」

蘇格拉底說：「真的，如果你是這樣的人而獲得神祇為朋友，似乎他們會因為內外完美而高興。」

50　　這個話題是這樣子嚴肅討論。

輪到非立波時，人們問他怎樣看搞笑這回事，同時為此深感自豪。

他說：「所有人知道我是搞笑人物。人們遇上好事，主動請我參與；碰到壞事，頭也不回避開我，害怕或者不是自願地笑出來；這不是很有意義嗎？」

尼基拉多說：「真的，你有理由深感自豪。至於我的朋友，當中
51　運氣好的，拔腿離開我；碰到不順遂事情，總跟我拉上親屬關係，絕不棄我而去。」

52　　哈爾米第說：「得了。好，你吧，西拉古謝的朋友，在哪方面你深感自豪，可不是明明白白就是這個孩子？」

78　埃爾摩演尼所說的，正是蘇格拉底所相信的，《追思錄》(1.1.3–1.1.5)：「事實上他（蘇格拉底）不比其他人引進的更新。其他人相信占卜，使用鳥兒、回應、碰見的東西以及犧牲作手段。這些人曉得不是鳥兒或碰見的東西知道甚麼會對占問者有好處，只是神祇通過這些提示好處吧了；而他就是這樣相信的。大多數人說他們受鳥兒和碰見的東西所制止或鼓勵，蘇格拉底也直言所知，說神祇向他提示。由於神靈提示，他向許多同遊者先行指出要幹哪些和不要幹哪些。聽他話的人獲益，不聽他話的人懊悔。」

79　「這些」指上文的聲響、夢之類。

他說：「啊，宙斯！不。相反，我極度替他擔憂，因為我覺得有些人想法子腐壞他。」

蘇格拉底聽了，說：「人們認為你的孩子對他們幹了甚麼了不得 53 的壞事，立心要殺他？」

他說：「不是立心殺他，而是想說服他跟他們睡覺。」

「要是發生這回事，你似乎認為孩子給腐壞了？」

他說：「當然，絕對是。」

蘇格拉底說：「那麼你本人沒跟他睡過？」 54

「有，整個晚上和所有的晚上。」

蘇格拉底說：「你真夠運氣，長有這樣的皮膚，只有你才不會腐壞跟你同睡的人。這麼一來，值得使你深感自豪的，如果不是別的東西，就是你的皮膚了。」

他說：「不，我不以此深感自豪。」 55

「究竟因為甚麼？」

「一些沒有腦筋的人。這些人觀看我的木偶，養活了我。」

非立波說：「怪不得先前我聽到你向神祇禱告：無論你去哪兒，賜給豐盛的果實和空洞的頭腦。」

加里阿說：「得了。蘇格拉底，關於你提到的這般不光采的技 56 能，你怎樣解釋那是值得你深感自豪的？」

他說：「甚麼是鴇兒的工作，讓我們首先取得一致意見。」他又說：「為了知道我們同意了多少，別遲疑回答我的問題。你們可認為這樣？」

各人說：「當然。」說過一次「當然」，其後都這樣回答。

他說：「好鴇兒的工作是：介紹男的或女的伴客時，得到客人的 57 喜歡；諸位認為是嗎？」

各人說：「當然。」

「得人喜歡，其中一項，可不是跟頭髮和衣著的合適有關？」

各人說：「當然。」

58　「我們也知道一個人用眼睛友善地或敵意地看別人？」

「當然。」

「怎樣，一個人用同樣的聲音，可以說得客氣或傲慢？」

「當然。」

「怎樣，不是有些話令人憎厭，有些話引致友誼嗎？」

「當然。」

59　「那麼一個好鴰兒會在這些方面教導討人歡喜的表現？」

「當然。」

「誰會好些：有本事使手下討一個人歡喜還是討許多人歡喜的人？」

這裏意見分歧，有些人說：「顯然是討多數人歡喜的人。」另外有些人說：「當然。」

60　蘇格拉底表示既然這點獲得同意，繼續說：「假如一個人能夠指點他們，討得整個城邦歡喜，這個人可不是最好不過的鴰兒嗎？」

所有人說：「顯然啦。」

「假如一個人能夠訓練他的人成為這樣，他有理由對他的技能深感自豪嗎？有理由索取大量薪酬嗎？」

61　因為所有人同意這點，蘇格拉底說：「我看這裏的安堤西典尼就是這樣的人。」

安堤西典尼說：「蘇格拉底，你把技能傳給我？」

他說：「不錯，因為我見你對以下的技能操作得很好。」

「甚麼技能？」

他說：「拉皮條。」

安堤西典尼十分生氣，問道：「蘇格拉底，你知道我幹過這種勾當？」

他說：「我知道你拉過這裏的加里阿給智士波羅迪柯，當你看見一個愛戀哲學、另一個需要金錢的時候。我還知道你拉過他給伊里人邑比亞[80]。加里阿從邑比亞那裏學會記憶術；這使他變得更為好色，因為他永不會忘記見過的漂亮東西。最近，你對我稱讚來自伊拉克里亞的外地人[81]，引發起我對他的傾慕以後，便帶他和我見面。我真的感激你，因為我覺得他是個內外都十分完美的人。你又對我稱讚菲立奧人埃士希羅[82]，又對他稱讚我；這麼一來，不就是由於你的話，我們心生愛慕，像狗一般追逐尋覓？我就是看見你能夠幹這些，認為你是個好的皮條客。因為一個人知道他人互有裨益，同時能夠使他們互相傾慕，這個人我認為能夠使城邦結成朋友，能夠牽合成功的婚姻，對城邦、朋友和同盟，都是最值得爭取的人物。可是我說你是個好皮條客，你以為我講壞話，生氣了。」

安堤西典尼說：「不，現在不。要是我有這個本事，我的心靈會全部裝滿財富了。」

這輪談話於是終結。

62

64

80　伊里，在貝羅波尼梭半島西北部。邑比亞，著名智士，學問淵博，才辯縱橫，生卒年份不詳，年輩大抵和蘇格拉底相若。柏拉圖《小邑比亞》書中提到邑比亞的記憶術（368D）。

81　這個來自伊拉克里亞（今意大利南部）的人，注家或以為指畫家塞夫克息波（或簡稱作塞夫克息）。《追思錄》中蘇格拉底要阿里士多第摩舉出一些由於智慧而使他欽佩的人，阿里士多第摩舉了五個人，其中便包括了塞夫克息波（1.4.3）。

82　菲立奧，城邦名，在貝羅波尼梭半島東北部。埃士希羅，不詳。

〔五〕

| 本章大意 | 加里阿提議蘇格拉底和克里多戶羅作美貌比賽。蘇格拉底帶著開玩笑的態度，指出自己的眼睛、鼻子和嘴巴都比克里多戶羅好看。最後由會中的女孩子和男孩子用選票表示意見。結果是：所有人都承認克里多戶羅漂亮些。 |

加里阿說：「克里多戶羅，你不反對跟蘇格拉底作美貌比賽吧。」

蘇格拉底說：「當然[83]。也許因為他見到鴇兒獲得評判的好感。」

2　克里多戶羅說：「我不會退避的。如果你有甚麼高見，請指教你怎樣比我漂亮。」他繼續說：「只是把燈移近些。」

蘇格拉底說：「首先宣召你進行案情偵詢[84]，你回答問題。」

3　「你問吧。」

「你以為美貌見於人類，還是也見於別的東西？」

克里多戶羅說：「我肯定也見於馬匹、牛隻和許多無生命的事物。我知道有漂亮的盾牌、劍和槍。」

4　蘇格拉底說：「這些東西彼此之間無處相同，怎能都是漂亮？」

克里多戶羅說：「假如事物製作完美，我們因此每件都擁有了；或者事物天生完美，適合我們的需要；這些事物就是漂亮的。」

5　蘇格拉底說：「你可知道我們為甚麼需要眼睛？」

他說：「顯然為了看望。」

「這麼說我的眼睛要比你的漂亮。」

83　即「當然，他不反對」之意。

84　這裏蘇格拉底故意用上查案的術語。

「怎麼回事？」

「因為你的眼睛只是向前直看，我的眼睛因為突出來，可以斜視。」

克里多戶羅說：「你說螃蟹在生物中有最好的眼睛？」

蘇格拉底說：「當然，因為從力量言[85]，螃蟹有天生最美好的眼睛。」

他說：「好吧。那誰的鼻子漂亮些，你的還是我的？」6

蘇格拉底說：「我認為我的，如果神祇為了聞氣味而給我們製造鼻子的話。你的鼻孔朝地面看；我的向上張開，能從各個方向接受到氣味。」

「扁平的鼻子怎麼比挺直的鼻子更美？」

蘇格拉底說：「因為扁平鼻子不阻礙視線，讓眼睛直接看到要看的東西；而高鼻子一副不屑的模樣，像一堵牆隔開了眼睛。」

克里多戶羅說：「說到嘴巴，我退讓了。因為如果嘴巴為咬嚙而7設，你比我咬的多得多。再說，由於你有厚嘴唇，你不認為你的親吻更加柔和？」

蘇格拉底說：「根據你的話，我的嘴巴似乎比驢子的更難看。可是你不考慮納以亞[86]眾女仙生出像我多於像你的西里挪，正是我比你漂亮的證明？」

克里多戶羅說：「我沒法子再反駁你，讓大家投票好了，好讓我8立刻知道必須吃甚麼苦頭還是罰款。」他繼續說：「只是要採用秘密票選，因為我害怕你和安堤西典尼的財富也許壓倒我。」

85　「從力量言」四字意義不清晰，或以為螃蟹眼睛能夠移動，可以避開侵害，姑備一說。

86　納以亞，水中仙靈的泛稱。

9　　　　於是女孩子和男孩子暗中表示意見。蘇格拉底同時安排：把燈移近克里多戶羅，好使評判員不受矇騙。評判員不要給勝利者頭戴花環，而是親吻。

10　　　　選票倒了出來，所有人都站在克里多戶羅一方。蘇格拉底說：「哎唷，克里多戶羅，你的錢似乎不像加里阿的；他的錢使人正直些，而你的錢像大多數的錢那樣，足以腐壞審判員和評判員。」

〔六〕

> 本章大意
>
> 埃爾摩演尼不發一言，蘇格拉底逗他講話。另一方面，西拉古謝人以「思想人物」作話題向蘇格拉底求證，提到蘇格拉底不關心神祇的流行見解。蘇格拉底替自己申辯。最後以蘇格拉底和非立波的簡短對話結束本章。

　　　　跟著一些人催促克里多戶羅接受勝利的親吻，一些人催促主人家勸他，一些人則說別的調侃話。可是在場的埃爾摩演尼不發一言，蘇格拉底叫他的名字說：「埃爾摩演尼，你可以告訴我們甚麼是醉酒嗎？」

　　　　「如果你問那是[87]甚麼，我不知道；但我可以說說我的看法。」

2　　　　蘇格拉底說：「說你的看法好了。」

　　　　「因為酒而使同伴困惱，這我判定為醉酒。」

　　　　蘇格拉底說：「那麼你知道你現在不講話，正是使我們困惱嗎？」

　　　　他說：「甚至在你們講話的時候？」

87　即「醉酒的定義」之意。

「不，當我們暫停的時候。」

「你沒有注意到你們交談之間，別人連一根毛髮也插不進去，更不要說一個字了？」

蘇格拉底說：「加里阿，你會幫助一個在談論中受質難的人不？」 3

他說：「我會。笛子吹響時，我們完全靜默。」

埃爾摩演尼說：「你們是否想我像演員尼柯士特拉多[88]和著笛子誦讀四音節的詩行那樣，也在笛聲之中跟大家交談？」

蘇格拉底說：「好呀，這樣做吧。因為我認為歌曲配合笛聲會更 4 為甜美，同樣你的言辭在樂聲之中，也會甜美的；特別是如果你像吹笛子的女孩子那樣，配合言辭做出姿勢。」

加里阿說：「當安堤西典尼在飲宴中質難他人時，會是怎樣的笛子 5 聲？」安堤西典尼說：「對受質難的人，我認為必須是絲絲般聲響[89]。」

談話這樣子進行著。西拉古謝人看到人們不理會他的表演，只是 6 互相娛悅，心裏嫉妒，對蘇格拉底說：「蘇格拉底，人們稱你為思想人物[90]，是嗎？」

蘇格拉底說：「這比起如果稱我為沒思想的人好些。」

---

88 尼柯士特拉多，不詳。

89 安堤西典尼剛才對加里阿提出過嚴厲的質問(4.1.5)，幸虧蘇格拉底打完場。這裏加里阿的問話頗有回敬的味道，意思似乎是：「安堤西典尼質難他人時，笛子聲會是甜美的嗎？他的言辭也是甜美的嗎？」然而安堤西典尼反應迅捷，立即以「絲絲般聲響」作答。不過這「絲絲般聲響」究竟算是怎樣的效果，色諾芬卻又語焉不詳。

90 這裏的「思想人物」是個貶詞，含有「異端想法」之意。公元前423年，喜劇家阿里士多芬尼寫成「雲」劇諷刺蘇格拉底。劇中把蘇格拉底描繪成一個崇奉異神、研究星象的人物。蘇格拉底開辦學校教學生，阿里士多芬尼稱這所學校為「思想的地方」，而作為主持者的蘇格拉底便是「思想人物」了。

7 　　「當然，如果你不認為自己是探究高天的人[91]的話。」

　　蘇格拉底說：「你知道有甚麼比神祇在天上更高？」

　　他說：「沒有。可是人們說你不關心神祇，只關心最沒有用處的事物。」

　　蘇格拉底說：「就算這樣，我也是關心神祇的。雨由上方降下，霑益世人；火也由上方賜贈[92]。如果我說得冷漠乏味，那是你的錯，因為你給我麻煩。」

8 　　他說：「好，這個算了。只是告訴我，一隻跳蚤跳離我有多少『布斯』，因為人們說你會在地面量出來的[93]。」

　　安堤西典尼說：「非立波，你是擅長比擬的，你不覺得這人像是個想受責罵的人？」

　　他說：「不錯，其他許多人也這樣覺得的。」

9 　　蘇格拉底說：「可是你不要比擬他，以免你也像可責備的人。」

　　「可是如果我拿所有漂亮的人或好人去比擬他，別人便理所當然地拿我去比擬受稱讚者多於受責備者。」

　　「如果你說所有事情都比他好，現在你就像一個可責備的人了。」

10 　　「你想我拿他跟比較壞的人比擬？」

　　「不是跟比較壞的人。」

　　「那麼不跟任何人？」

91　指研究星象。柏拉圖《蘇格拉底辯詞》中蘇格拉底親口說出有些人誣衊他「研究高天，探索重泉」(18C)。

92　古代典籍一般都說神祇普羅米帖夫從天上盜取了火，帶到人間；也有只說火是普羅米帖夫「賜贈」給人類的「禮物」，不曾提及盜竊之事(柏拉圖《政治家》274C)。後說和本書的記載相近。不管怎樣，火總是由上天而來的。

93　「布斯」，長度單位，原義為「腳」，指舉步時兩足之間的距離，約三分之一公尺強。《雲》劇 145 行以下描述蘇格拉底試圖量度跳蚤跳躍的距離。

「不要拿任何事物去比擬他。」

「可是我實在不明白，我不開聲，怎能表現出會飲的價值？」

蘇格拉底說：「這很容易。不需要說的，你不作聲就是。」

醉態就這樣子給抹掉了。

〔七〕

本章大意	藝人準備表演，蘇格拉底對西拉古謝人表示希望看到輕快而平靜的演出，倒不必過於驚險，西拉古謝人同意了。

這時其他人當中，一些催促他比擬，一些則加阻止。吵鬧之中，蘇格拉底再說：「既然所有人渴望講話，如果我們現在一起唱歌，不是更好嗎？」說完隨即開始唱歌。

唱完了歌，一個給舞女用的陶製輪子拿了進來；舞女會在上面表演特技。這時蘇格拉底說：「西拉古謝的朋友，正如你所說，我恐怕真個是思想人物。我現在正在思索你的男孩子和這兒的女孩子會怎樣輕鬆地進行表演；而我們觀看他們，又會怎樣特別愉快——我深知這個是你希望的。我覺得在劍叢中翻筋斗是一種危險的表演，不適合會飲的場合。在旋轉的輪子[94]上繪畫和閱讀也許是可觀的項目，不過我還是不能理解這會提供怎樣的愉悅。再說，看漂亮和青春的人扭彎身體和模仿輪子，不比看他們平靜時更為愉快。事實上如果一個人需要的話，碰到可驚異的事物並非十分罕有。眼前的東西可能立刻使我

2

3

4

94　即上文的陶製輪子。

們覺得驚奇：究竟為甚麼燈因為有明亮火焰而發光，而明亮的銅製反射片[95]不發光，可是允許其他物體在其中顯現[96]；怎麼液體的橄欖油增長火焰，而液體的水卻滅火。不過這些現象不會由酒類引起[97]，要是孩子們隨著笛聲跳舞，跳出哈莉迪斯、奧萊、矗音菲[98]刻畫的形象，我相信他們會進行得輕鬆，而會飲會益發令人高興。」

西拉古謝人說：「蘇格拉底，說得好，我會介紹你們賞悅的演出項目。」

〔八〕

本章大意	蘇格拉底以「愛」為話題，作出長篇講話。他指出愛神有兩個：屬天的和屬人的。屬天的愛神遣送靈魂之愛，屬人的愛神遣送肉體之愛；而靈魂之愛比肉體之愛更高尚。施愛者和愛侶之間存在靈魂之愛，則能彼此勉勵，彼此修德，在品格上共同提高。

西拉古謝人出去準備，蘇格拉底再次開始新話題：「諸位，有一位偉大的神靈在我們面前。這位神靈在歲數上跟永恆的神祇們一樣大，在形體上卻最年青。就偉大性說，他掌握一切；就人類的靈魂說，他身處其中；這就是愛神。如果我們對他不加理會，這公平

95　指銅製燈台。

96　明亮能照物之意。

97　原文直譯是：「這些不會引致酒類相同的。」原文採用意譯，以求明暢。

98　哈莉迪絲，美惠三女神的總稱。這三位女神是阿格賴綺亞、埃芙弗羅仙尼和塔莉亞；她們是甜美、可愛、歡樂的象徵。奧萊，季節三女神的總稱，這三位女神是塔蘿、阿芙克梭和加爾坡；她們使生物按季節生長繁茂。矗音菲，居於山林水澤眾女仙的總稱。

嗎？更何況我們所有人是這位神祇的狂熱追逐者[99]？我不能説出一段
我沒有繼續愛別人的時間[100]。我知道這兒的哈爾米第有許多愛慕者，　　2
而他也渴望愛一些人[101]；克里多戶羅現在被人愛慕，他也渴望愛別人。
至於尼基拉多，據我聽到的，他愛妻子，妻子也愛他。我們之中誰不　　3
知道埃爾摩演尼消融在愛慕美和善之中 —— 不管怎樣的美和善？大
家沒見到他眉額多麼嚴肅，眼睛多麼寧靜，言辭多麼有分寸，聲音多
麼平和，神氣多麼愉悦；他雖然跟最尊高的神祇結成朋友，卻也不看
輕我們凡人？安堤西典尼，你單獨一個人，不愛任何人嗎？」

他説：「愛，特別是你。」　　4

蘇格拉底像是賣弄風情，開玩笑説：「現在這一刻別煩我，你見
到啦，我有其他的事情幹。」

安堤西典尼説：「你這皮條客，明顯得很，你經常幹這些事；有　　5
時藉口神靈[102]，有時心放到別人身上，不跟我交談了。」

蘇格拉底説：「呀唷，安堤西典尼，只是別刺傷我。你別的粗野　　6
不情，我忍受了，將來也會友善地忍受。不過讓我們掩藏你的情
愛，因為那不是愛我的靈魂；而是愛我的優美形體[103]。加里阿，你愛　　7
阿夫多里哥這回事，全城皆知，我看許多外地人也知道；原因是你們

---

99 以上一段話，柏拉圖《會飲》177–178、195–196行亦具此意。

100 《追思錄》(4.1.2)：「他（蘇格拉底）常常説愛某一個人，顯然不是愛那些有天
生美好身體的人，而是愛那些有天生傾向德行的靈魂的人。」

101 可參閱柏拉圖《哈爾米第》154行以下。哈爾米第年青時以美貌著名。

102 蘇格拉底相信自己體內存在神靈，經常向他提示該做甚麼和不該做甚麼。他
既沒有明確説出是哪一位神祇，而神靈又只是出現在他的體內，這便不免受
人誤會，認為他體內的神靈是一位新神，而不是眾人所信奉的神祇。「引進
新的神靈」正是蘇格拉底被控的罪名之一。

103 蘇格拉底這裏故意講反話逗笑取樂。他形體不美，人所共見。

8　　兩人身為著名父親的兒子，而本身又是出色的人物[104]。我經常讚賞你的本性，現在更是這樣；因為我看到你愛一個人，這個人不縱情豪奢，不耽溺柔靡，而向所有人展示體力、堅忍、勇敢和克制。渴求這些就是施愛者心性的證明。

9　　「我不知道有一個阿芙蘿荻蒂還是兩個[105]：屬天的和屬人的，因為宙斯似乎同是一位，卻有許多稱號[106]。不過我知道對二者分別各有祭壇、廟宇和獻祭：對屬人的阿芙蘿荻蒂比較隨便些，對屬天的阿芙蘿

10　荻蒂比較虔敬些。你可以猜想屬人的阿芙蘿荻蒂遣送肉體之愛，而屬天的阿芙蘿荻蒂遣送靈魂之愛、友誼之愛和高尚事業之愛。

11　　「加里阿，我認為你被這種情愛[107]所佔有。我從你的愛侶的德行獲致結論的：我看到你跟他作伴時，帶同他的父親；因為一個高尚的施愛者在這方面沒有東西要隱瞞對方的父親的。」

12　　埃爾摩演尼說：「蘇格拉底，其他許多方面我讚賞你，而此刻在恭維加里阿的同時，你教他該做的事情[108]。」

　　蘇格拉底說：「不錯。為了讓他更加高興，我想向他證明靈魂之

13　愛比肉體之愛好。所有人都知道缺乏友情的結伴是沒有價值的。愛悅品性的人之間的友情稱為甜美的和自發的需求，可是許多渴求肉體

---

104 加里阿熱愛知識，交遊廣闊；他的父親邑波尼哥生前以財富知名。阿夫多里哥贏出混鬥比賽，也算出類拔萃。只有黎剛，蘇格拉底說他「著名」，略帶客氣成份。

105 阿芙蘿荻蒂，美麗之神和愛神。柏拉圖《會飲》180行以下提到兩個阿芙蘿荻蒂的問題。

106 古人把宙斯看成公私生活中一切事情的保護者，所以宙斯獲得許多稱號，譬如友誼之神宙斯、室家之神宙斯、好客之神宙斯之類。

107 指屬天之愛。

108 文意未完，句後還包含這樣的意思：「這一點尤其為我所讚賞。」

的人責備和憎厭愛侶的舉止。要是兩者[109]都喜愛，青春的璀璨無疑很　14
快會褪減；這個隱沒之後，友情非連同萎謝不可。至於靈魂，隨著時　15
間日趨理智，更增愛意。還有，一個人著意形體，會處於饜飽的狀
態，對心愛孩子必然感受到像肚飽時對食物所感受到的那樣[110]。至於
靈魂的友情，因為是純潔的，比較不會饜飽。但這不像別人所想的那
樣，由於這個，便相對地缺乏了魅力了；相反，我們要求女神[111]賜給
具有魅力的言詞和舉止的禱告明顯地應驗了。一個人靈魂[112]健全開　16
揚，具有自由活潑的形態、謙遜和勇敢的性質；而在同年紀的人當
中，顯出領導才能和友善的特點；這樣的靈魂讚賞和友愛它的愛侶，
不在話下。我會向你解說這樣的施愛者得到愛侶愛意的回報，那是合
理之事。

　「誰能憎厭這樣一個人：首先，從他那裏曉得自己被人認為內外　17
完美；其次，看到他關心孩子的美好遠遠超過本人的逸樂；此外，不
管由於青春消逝，不管由於疾病而形狀醜陋，總相信友誼不會減退？
具有共同愛悅之心的人，怎會不需要愉快地彼此觀望、善意地交談、　18
互相信賴、彼此關心；一起對美好行為感到高興；如果一個人犯了甚
麼錯失，一起覺得懊惱；兩人結伴時身體健康，便一直欣慰；如果其
中一人染病，便更加經常在一起；而兩人分開時的關懷程度，甚至超
過在一起的時候？所有這些不是魅力嗎？正是由於這些表現，使得
喜愛友誼的人維持友誼，直至老大。

---

109 「兩者」是甚麼，不很明白，有些注家說指肉體享受和愛侶的不良舉止；姑存
　　此說。

110 就是說：肚子飽了不想吃東西；看慣了愛侶的身體，也就不想「佔用」了。

111 指阿芙羅荻蒂。

112 「一個人靈魂」五字原文無，譯文為了使文意清晰而加上去。

19　　　　「一心牽掛肉體的人，孩子為甚麼要向他回報愛意？因為他分給本人渴求的東西，還是因為他分給孩子最大的羞恥？或者因為他急急

20　忙忙在孩子身上幹過的事，使得孩子徹底地撤離自己的親人？他不用暴力，只作勸說，因此應該益發可恨；因為用暴力的人表明本身是個

21　壞蛋，而作勸說的人則腐壞被勸說者的靈魂。一個為了金錢而出賣青春的人為甚麼要比一個在市場中販賣的人更愛他的顧客？青春年少的人跟華年消逝的人在一起，漂亮的人跟不再漂亮的人在一起，前者自然不愛後者了。孩子也不會像婦人一樣，跟男子分享到性交的樂趣。他頭腦清醒，注視沉醉於肉慾之中的人。由於這個，如果他對

22　施愛者生輕視之心，便無足怪了。一個人如果作考查，會發現沒有一椿壞事是那些由於心性而為人所愛的人幹的；而由於無恥的交接，許多褻瀆神靈的事幹了出來。

23　　　　「我現在要表明：跟喜愛肉體的人結伴要比跟喜愛靈魂的人結伴鄙野不當[113]。教導必須怎樣講話和做事的人理當受到像厄希列夫對希隆和非尼克士那樣的尊敬[114]；貪求肉體的人自然像乞丐般對待，因為他經常跟在後面，乞取和懇求親吻或別樣的愛撫。

24
25　　　　「如果我說得過分大膽直率，諸位不要驚奇，因為一則酒氣上湧，一則經常和我相處的愛刺激我對它的對立面大膽指說[115]。真的，

113　差不多的意見又見《追思錄》（1.2.29）：「有一回，他（蘇格拉底）察覺克里底亞對埃夫提第摩有愛意，並且企圖像那些要享受肉慾的人那樣對他，於是加以勸阻，指出一個內外美好的人希望在愛侶跟前顯得超卓可取，要是向對方求索，像乞丐一樣哀懇和要求施捨東西，特別是毫無可取的東西，便是鄙野和不當。」

114　希隆是神衹，有智慧和擅長醫術，相傳是厄希列夫的老師。非尼克士是厄希列夫的保傳，特洛伊戰爭時，他和厄希列夫一起，提供意見。

115　和蘇格拉底經常相處的愛是靈魂之愛，它的對立面是肉體之愛。蘇格拉底其實是從靈魂之愛的角度去反對肉體之愛的。

我覺得專意在外表的人好像出錢租田地的人那樣。他自然不去照料，使得田地有最大的價值；他只管怎樣獲得最豐熟的收成。至於渴求友誼的人則更像田土，從各處盡可能拾取，使愛侶成為最有價值的人。此外所愛的孩子當中，誰了解到具備外貌可以支配施愛者，自然隨隨便便做其他的事情；可是誰如果知道倘使內外不完美便維繫不了友誼，大抵會更加留心德行。

「對一個企望使愛侶變得美好的人來説，最大的好處是他本人非修德不可。因為他本人幹壞事，便不能指點同遊者做好；他表現得無恥和放縱，便不能使愛侶有克制和知恥。」

蘇格拉底繼續説：「加里阿，我希望向你引用神話，説明不光是人類，就是神祇和英雄看重靈魂友誼的程度，也超出肉體接觸之上。所有因為外貌而被宙斯愛上的人間女子，宙斯跟她們結合以後，仍舊讓她們作凡人；所有因為高尚的靈魂而為宙斯喜愛的人，宙斯教他們長生不死。伊拉克里和第奧士古鋭就是其中的例子[116]，據説還有其他的人。我説格尼米第給宙斯帶到奧林坡上[117]，不是由於他的肉體，而是由於他的靈魂。他本人的名字可以證明，因為在荷馬詩有這樣的句子：

> 聽後悦樂。[118]

26

27

28

29

30

---

116 伊拉克里是宙斯的兒子，他集合了勇敢和其他所有德行於一身，既能堅毅吃苦，又能降妖服怪。《追思錄》2.1.21 以下有關於他一段很長的記載。第奧士古鋭指兩兄弟：加士托爾和波里迭夫基。根據荷馬詩歌，兩人是宙斯和莉迪的兒子，而莉迪則是斯巴達王的妻子，也是美麗的愛蓮妮的母親，所以加士托爾和波里迭夫基兩人是愛蓮妮的異父同母兄弟。關於他們兩人的長生不死，荷馬的記載前後不同。《伊利亞特》提到兩人死後（3.237 行以下）；但《奧德賽》則説二人生存，享有和神祇相同的尊榮（11.300 行以下）。

117 格尼米第，特洛城建造者特洛斯的兒子，荷馬稱他為「人間最美的人」（《伊利亞特》20.230 行）。宙斯帶他到奧林坡山上作為斟酒侍者。

118《伊利亞特》8.278 行。

意思是聽後心裏高興。在別的地方還：

> 心中知道聰敏的勸告。[119]

這再一次說『心中知道明智的想法』。由於二者相連的關係，格尼米第在神祇中受到尊重，不是獲得『身體悅樂』的稱號[120]，而是獲得『心靈悅樂』的稱號。還有，尼基拉多，荷馬塑造的厄希列夫不是以愛侶的身份，而是以朋友的身份為死去的巴多羅柯羅極端莊嚴地復仇[121]。奧列士底、比拉第、提謝弗、比銳圖和其他許多半具神性的高尚人物受到讚頌，也不是因為睡在一起，而是因為互相欽佩，共同幹出偉大而光輝的事業[122]。

31

---

119 未詳。

120 蘇格拉底在本節的話，主要想從格尼米第的名字證明賈尼米第是個有頭腦的人，所以宙斯會帶他到奧林坡山上去。格尼米第這個名字由「格尼」和「米第」兩部分合成。「格尼」是「格尼迭」一字的字根，「格尼迭」就是前引詩句中的「悅樂」的希臘文發音。「米第」是「米第亞」一字的字根，「米第亞」就是前引詩句中的「聰敏」的希臘文發音。然則格尼米第一名有「悅樂」和「聰敏」的含意。「聰敏」和心靈有關，所以說「心靈悅樂」。既是聰敏，自是有頭腦的了。茲再把上述的希臘字轉為拉丁字母寫法，以見其離合的情形：「格尼米第」*Ganymedes*=*Gany*(a)+*medes*(a')；「悅樂」*Ganytai*=*Gany*(b)+*tai*(b')；「聰敏」*Medeia*=*med*(c)+*ea*(c')。顯然，a+a'=b+c。至於名字中的 *es*，那是轉為陽性專有名詞時必須具備的形式，與意義無關。

121 厄希列夫和巴多羅哥羅是特洛城戰爭陣營中的勇士。兩人感情極好。及後巴多羅哥羅為特洛城主將埃克陀爾所殺，厄希列夫殺了埃克陀爾為好友報仇。厄希列夫在荷馬詩中稱巴多羅哥羅作朋友（《伊利亞特》18.98 行），柏拉圖《會飲》179E 則用「愛」字去描述兩人的關係。

122 奧列士底和比拉第：奧列士底是米堅湼王阿加緬農的兒子。阿加緬農的妻子和人通姦，殺死了丈夫。奧列士底被人送到姑丈那裏，他姑丈讓他和兒子比拉第同受教育，表兄弟兩人於是建立起深厚的感情。奧列士底長大後，得到比拉第的幫忙，潛回米堅湼，終於殺死母親和姦夫，替父親報了仇。奧列士底還有其他英勇的事跡，他的故事為古代劇作家經常使用的題材。提謝弗和比銳圖：提謝弗，雅典王，幹過許多英雄事跡，像殺死土匪和米諾牛神等都是。比銳圖是拉比帖王，曾領兵侵略雅典，提謝弗率眾迎敵，不料兩人在戰場上一見如故，日後竟成了最親密的朋友。

「當代的光輝事業怎樣？人們不是發現所有都是由願意吃苦犯險的人幹出來，目的為了獲得稱揚；而不是由習慣選取逸樂代替光榮的人幹出來？詩人阿加頓的施愛者巴大山尼亞在替放蕩無節的人中辯時[123]，強調最勇猛的軍隊，會由愛侶和施愛者組成。因為他說他認為這些人對互相拋棄感到極大的羞恥。他說的挺特別：習慣彼此不理會責備和不顧羞恥的人正是恥於幹出可恥的事情的人。他引證提維人和伊里人便是有這樣的看法[124]。他說總而言之，一起睡覺，愛侶被編排在他們身旁作戰。不過這椿事[125]沒有相同的論點：因為這椿事對那些人來說是合法的[126]，對我們來說則屬卑鄙可責。我本人覺得那些被編排的人[127]似乎不相信隔離以後，愛侶幹出英勇人物的事蹟。相信如果貪求肉體，便再不能碰到任何美善事物的斯巴達人，把愛侶訓練得這般完美：就是被編排跟外地人在一起，就是沒有被編排跟施受者在相同的城邦之內，一樣對拋棄同袍感到羞恥；因為他們尊奉的女神，不是安聶荻婭，而是愛鐸[128]。

32

33

34

35

---

123 阿加頓，著名悲劇詩人。公元前 416 年參加戲劇比賽，獲得優勝，柏拉圖《會飲》的宴會就在他家舉行，作為慶祝勝利。他約在公元前 400 年逝世，享年四十七八歲，作品散佚殆盡。巴夫山尼亞在柏拉圖《會飲》180C–185C 發表對愛的看法，他雖也提及屬天的和屬人的愛，但對屬人的愛無貶意。蘇格拉底在本書不肯定屬人的愛，所以用上「放蕩無節」的評語。

124 柏拉圖在《會飲》182B 只提到提維人和伊里人接納「孩子之愛」，但沒有說兩地的軍隊由施愛者和愛侶組成。不過色諾芬在《斯巴達人政體》2 章 12 節中倒是這樣提及，而柏拉圖《費鐸羅》178E 也明言兩地有這種現象。

125 指「孩子之愛」。

126 所謂「合法」，不是指用法律條文肯定下來，而是指為一般習俗觀念所接納。

127 指施愛者。

128 「安聶荻婭」一字義為無恥；「愛鐸」一字義為羞恥或尊崇。因為是女神之名，所以採用音譯。

36 　　「倘使我們這麼考慮，我相信所有人會同意我的話：一個人會更信賴哪一類的愛侶去料理金錢、孩子和恩惠？我相信就是看重愛侶外貌的人也會把所有這些託付給一個有可愛的靈魂的人的。

37 　　「至於你，加里阿，我認為你值得感謝神祇；他們向你注入阿夫里哥的情愛。十分明顯，他是個熱愛榮譽的人。為了達到在混鬥比賽中被宣布為勝利者的目的，他忍受許多肉體的痛苦和心靈的折磨。

38 如果他認為不單尊敬自己和父親；同時還由於男兒的剛勇而變得有能力幫忙朋友，有能力豎立擊敗敵人的紀念碑，從而擴張自己的家邦，而因為這些緣故，在希臘人和外族人當中成為矚目和知名的人物；你怎不認為他會懷著最大的敬意對那個他覺得在這些方面[129]是個

39 最強有力的合作者的人？要是你想取悅他，必須思索帖米西多克里[130]擁有哪種知識，所以能夠解放希臘；必須思索貝利克里[131]知道哪些東西，所以被認為是家邦中最好的顧問；必須考慮從事哲學的梭倫[132]究怎樣給城邦制定最好的法律；必須找出斯巴達人經過哪些訓練[133]，

---

129 指上面所說的幫助朋友、擴張邦國之類。

130 帖米西多克里（公元前 528–462）是公元前 480 年領導雅典人擊退波斯入侵軍隊的主要人物。戰後他重建雅典城牆，發展軍事力量，使得雅典能和斯巴達抗衡。他後來逃亡到波斯，在那裏逝世。

131 貝利克里（公元前 5 世紀初–429），雅典卓越政治家。雅典在他統治時期——約在公元前 460 年以後至他逝世，文治武功都有輝煌成就，後人稱為貝利克里時代。

132 梭倫（約公元前 640–559），雅典著名政治家。當時雅典貧富懸殊，黨派鬥爭，社會開始分化，情況很不穩定。梭倫在公元前 593 年前後當選為城邦行政主席，立意進行政治和社會改革，制定法律，為日後雅典的民主政治奠下基礎。梭倫又是古代的七智者之一，所以說他從事哲學。

133 斯巴達人接受的訓練，一言以蔽之，是軍事性的訓練。城邦有一個十分明確的教育目標：訓練男子成為理想的重武器步兵。一個理想的重武器步兵，一方面要體格壯健，一方面也要具備和士兵相適應的德性——以城邦為主的意識、具有紀律觀念、個人表現謙順。所以在具體訓練時，主要從體格和德性兩方面著手。

所以被看成最好的領導者 —— 你是他們的代表[134]，他們當中最傑出的人，你經常在家裏招待。你知道清楚：如果你願意，城邦很快會託付給你嘗治，因為你最具資格．你是個愛家邦的人；你是自埃列克帖夫[135]以來諸神的主祭者，他們和伊雅克賀[136]一起前往攻擊外族人；你現在在節日裏被認為比你的先人更神聖莊重；在城邦裏你有最值得瞻仰而又能夠忍受折磨的身體。

「如果大家覺得我喝酒時說得過分嚴肅，超過必須的程度，不要驚奇；因為我經常跟天生美善和為了聲名而追求德行的人，都對城邦具有愛意。」

其他人談論所有講過的話，而阿夫多里哥則盯著加里阿。加里阿斜望著他，說：「蘇格拉底，你拉攏我面向城邦，從事政治活動，永遠受城邦所喜愛？」

蘇格拉底說：「對，如果人們見你注意德行，不是表面裝樣子，而是實實在在的話。因為虛偽的名聲很快會被實驗查察出來，而真正的男子漢美德，如果神祇不加阻撓[137]，永遠在行動中帶來光輝的榮譽。」

40

41

42

43

---

134 加里阿屬親斯巴達派，所以蘇格拉底說他是斯巴達的代表，但這不表示他是官方正式任命的代表。

135 埃列克帖夫，傳說中的雅典王，曾擊敗鄰近城邦埃列夫司的軍隊；加里阿被認為是他的後裔。

136 伊雅克賀，埃列夫司人信奉的神祇。

137 神祇也可能嫉妒人類的德行的。

〔九〕

本章大意 ┃ 討論完畢，黎剛、阿夫多里哥父子離開，接著由兩個青年男女用舞蹈的形式表演兩情相悅的情景，在場的人很受感染，而會飲也就在這時結束。

討論在這裏結束。阿夫多里哥站起來要走，因為時間已經到了。他父親黎剛跟他一起走，轉身説：「蘇格拉底，我覺得你真是個內外完美的人[138]。」

2　然後屋子裏先擺放一張椅子，跟著西拉古謝人進來説：「各位，阿里雅得妮會進入她和第昂尼梭[139]的寢室。第昂尼梭跟眾神喝過一點酒以後也進來，向她接近，然後互相嬉玩。」

3　於是阿里雅得妮首先裝扮得像新娘子一樣，進來坐在椅子上。這時第昂尼梭還未出現，笛子奏起瓦克賀的旋律[140]來了。人們稱讚舞蹈教師，因為阿里雅得妮一聽到音樂，便做出一種動作，使得所有人都明白她高高興興的聆聽。她既不上前迎接，也不站起，只是明顯地難

4　以靜止下來。第昂尼梭一見她，跳著舞過來，好像任何人一樣，懷著最大的愛意，坐在她膝上，同時抱著她親吻。她好像害羞，卻也反過來熱烈擁抱。會飲諸人見了，一方面拍掌，一方面呼叫「再來一次」。

---

138 雖是讚美的話，但黎剛日後成為蘇格拉底三名控告者之一，則這兩句好像又含有嘲弄甚至譴責的味道。

139 阿里雅得妮和第昂尼梭是兩名男女舞蹈員模擬的形象。阿里雅得妮是克里地王米諾的女兒，她愛上來自雅典的英雄提謝弗。提謝弗陷入迷宮，阿里雅得妮把他救出。提謝弗帶她離開克里地，然而到了納克梭島時，卻拋棄了她。幸而她在納克梭島又碰上第昂尼梭，第昂尼梭對她有好感，和她結了婚。

140 瓦克賀，酒神第昂尼梭的別稱。瓦克賀旋律指嘈吵狂熱的旋律。

　　第昂尼梭站起來，同時摻扶阿里雅得妮和他一同起立。這時人們　　5
可以見到兩人互相親吻和擁抱的各種舞姿。人們看到第昂尼梭事實上
很漂亮，阿里雅得妮事實上很美麗，看到兩人不是嬉戲搞笑，而是真
真正正嘴唇親吻的時候，全部興奮起來。因為人們聽到第昂尼梭問她　　6
愛不愛自己，她是這般的發誓，使得不但第昂尼梭，就是所有在場的
人都一起指誓：兩個孩子真正的互相愛悅。因為他們不像受過舞姿訓
練，而是像任從心意幹出長久以來渴望的事情。

　　最後，會飲者見到他們互相擁抱、像是到牀上去的樣子，未婚的　　7
人誓言要成親；結了婚的人即時上馬跑去他們的妻子那裏，一如兩人
那樣。蘇格拉底和其他留下來的人連同加里阿離開，步行到黎剛和他
的兒子家去。

　　會飲就在這個時候結束。

4 蘇格拉底辯詞

前　言

　　《蘇格拉底辯詞》是色諾芬四種以蘇格拉底為主角的著作之一——其他三種為《追思錄》、《治家之道》和《會飲》——譯成中文，不過四千多字，比起其他三種，篇幅遠遠不如。

　　前輩學者對這本小書有過這樣流行的看法：(一) 本書不是獨立性的著作，只是《追思錄》最後一章。甚至是色諾芬另外一本歷史著作《希臘史》其中的一章；(二) 體味書中文字風格，本書可能不是出於色諾芬之手。不過上述兩種意見，大抵已為近世學者所否定。

　　蘇格拉底死後，追錄他在審訊期間所說辯詞的人不少，流傳至今而又享名最盛的，自推柏拉圖的《蘇格拉底辯詞》。拿本書跟柏拉圖的《辯詞》相比，記載的詳明和內容的充實兩方面，顯然有所不及。事實上色諾芬並沒有要把蘇格拉底的話全部記下來的打算，他在書中已表示明白。他只是想把蘇格拉底故意大言炎炎和從容面對死亡的理由說清楚。據他看來，其他各家「辯詞」的交代是不明晰的。

　　此書分三部分：(一) 審訊前蘇格拉底和埃爾摩演尼的對話；(二) 審訊時蘇格拉底在法庭上所作的申辯；(三) 案子判決後蘇格拉底的講話。

蘇格拉底辯詞

　　蘇格拉底被傳召審訊時對於申辯和生命終結的看法，我覺得還是值得追念的。別的人寫過他，所有人都提及他大言炎炎；顯然他真個是這樣說的。不過他相信對他來說死亡要比生存是更好的選擇這一點，人們沒有交代明白；使得他的大言顯得理性比較不足。

　　邑波尼哥的兒子埃爾摩演尼是他的同伴，講述過關於他這樣的事情，表明他的大言正跟他的心意相應：埃爾摩演尼說他見到蘇格拉底除了審訊[1]，甚麼都談，便道：「蘇格拉底，你不應該考慮怎樣辯答麼？」

　　他開始的時候回答：「你不覺得我一輩子過活，都準備著辯答嗎？」

　　因為埃爾摩演尼問：「甚麼？」

　　蘇格拉底說：「我整輩子沒有幹過不正當的事，我認為這便是最好的辯答準備了。」

　　因為埃爾摩演尼再說：「你沒見到雅典人的法庭許多時候受言詞所誤引而處死一無過失的人；許多時候由於聽了講話激起憐憫之心，或者由於言詞悅耳中聽，而省釋作為不當的人嗎？」

　　公元前399年，蘇格拉底被三個雅典公民控告。三個控告人是：梅利多、安尼多、黎剛。控詞大概這樣：「蘇格拉底作為不當，他不信奉城邦所信奉的神祇，而引進其他新的神靈；另外他帶壞了青年，也是作為不當的。」（《追思錄》1.1.1）

蘇格拉底説：「可是有兩回我試圖辯答時，神靈反對呀。」

5　　埃爾摩演尼説：「你説的可使人驚奇。」

蘇格拉底再次回答：「如果神認為我最好死亡，你也覺得驚奇嗎？你不知道直到現在，我始終不向任何人讓步，認為他生活得比我好？我知道我整輩子活得虔誠而合義：這是可喜的事。所以我特別敬愛自己，也發覺跟我在一起的人同樣對的。現在如果年齡繼續增

6　長，我知道無可避免纏上老年的諸般毛病：視覺衰退了，聽覺差了，學習困難了，學過的東西忘記了。如果我覺得差勁了，自怨自艾了，這樣怎麼還能夠依然活得快樂？」

7　他繼續説：「也許神祇出於好意，安排我不單在適當的年歲、而且還用最輕鬆的方式結束生命。因為倘使我現在被判有罪，顯然我會被允許使用那種為曾經關注的人士所斷定的最輕鬆的死亡。這種死亡對朋友最沒有痛苦，而將死的人最為企望。一個人在現存的人心中不留下任何醜惡可厭的印象，而又在身體健康、心靈能感受善意的情況下安然辭世，這樣的死亡不是必然的企望麼？」

8　他繼續説：「各位認為我必須找出各種方法擺脱的時候，神祇們反對我準備辯詞，那是正確的。因為如果我這樣做，顯然我不準備現在結束生命，而是準備將來受疾病和衰老的折磨才死亡；在那種情況下，諸苦匯集，歡樂不存。」

9　他繼續説：「埃爾摩演尼，這些我從不希企。如果我要煩擾各位審判人，展示我以為從神和人那裏得到的好處，同時表明對自己抱有怎樣的意見，我會寧願死亡，不願像奴隸般乞求活下來，賺取一條比死亡更糟的性命。」

10　蘇格拉底作過這樣的解釋後，埃爾摩演尼提到因為反對的人指控他不信奉城邦所信奉的神祇，而引進其他新的神靈，還帶壞了青年，

他上庭時於是說:「各位,梅利多居然知道,說我不信奉城邦所信奉 11
的神祇,我首先對此感到驚異;因為其他在場的人,甚至梅利多本
人,如果他願意的話,都見到我在公眾節日裏和在公共祭壇上獻祭。
我又怎會引進新的神靈,說神祇的聲音出現,向我提示應當做的事 12
情?可是使用鳥兒聲音和人類口中念念之詞的人,已經是憑藉聲音求
取結論了。誰能爭辯轟雷不是聲音不是最大的徵兆?在比托[2]的女祭司 13
不是在三足神桌前利用聲音傳達神祇的意向麼?正如我所說的,神祇
預知未來,隨意向某人作出預示;所有人也都這麼相信的。一些人稱
具有預示性質的事物為鳥兒、念念之詞、碰見的東西和占卜,我則稱
為神靈。我認為這樣叫法,比那些把神祇的能力放在雀鳥身上的人,
叫得更近事實,更為虔敬。我不欺騙神祇,還有一個證明,那就是:
我向許多朋友報告神祇的勸誡時,從來不曾表現出是個說謊者。」

審判員聽了這番話,喧動起來,有些人不相信他的話,有些人妒 14
忌他蒙受神祇的眷顧居然比他們蒙受的為大。於是蘇格拉底再說:
「諸位聽聽別的,好使諸位之中不想相信我受神祇眷顧的人,益發的
不相信。赫列方有一回在得歐斐[3]當著許多人面前提出關於我的問
題,阿波羅回答說沒有一個人比我更自由、更公道和更理智性。」

審判員聽了這番話,自然越發喧動了。於是蘇格拉底又說:「諸 15
位,神祇在示諭裏提及斯巴達的立法者黎古爾哥比我多。據說黎古爾
哥進入神殿的時候,神對他說:『我考慮要說你是那一類:神還是
人。』神祇可沒有把我比擬為神,只是判斷我遠居眾人之上。

2　比托,神諭所得歐斐的別稱。
3　得歐斐,城名,這裏有名聞全希臘的神諭所,神祇阿波羅在此降諭。

16 「可是你們不會隨便相信神祇，而是檢驗神祇所說事情的每一項。你們認識那一個人比起我更加不是肉體需求的奴隸？那一個人更加自由，不接受任何人的禮物和薪酬？你們會理智地認為那一個人更公道，安於目下的情況，絕無額外的要求？像我這樣的人，由懂話的時候開始，從沒有停止過尋求和學習能力所及的每一樁美好事情；別

17 人怎麼不會順理成章地說我這個人是智者？我付出辛勞，不是徒勞無功，你們不認為以下就是證明：許多企求德行的市民和外地人頂喜歡跟我作伴？另外所有人都知道我極少用金錢作回報，許多人還是盼望送點甚麼給我；這件事的原因，我們怎樣解說？沒有人向我索求服

18 務，許多人卻承認欠了我的情；圍城[4]的時候，其他人自悲自歎，我倒沒有比城邦全盛之時活得更壞；其他人以極高的價錢由市場裏買來享受，我則不用花費從靈魂中製造出更甜美的享受；這都怎樣解說？

「我的關於自己的表白，倘使沒有人能夠檢驗出是謊言，那麼怎

19 會不受到神人的公正稱許？可是梅利多，你說我用這些方法帶壞了青年？我們其實十分清楚青年的腐化是哪些方面；你說你可認識誰在我的影響之下，由虔誠變得褻瀆了？由謹慎變得狂妄了？由儉樸變得揮霍了？由喝酒有節制變得酗酒了？由勤勞變得懶散了？或者成為其他邪僻的逸樂的奴隸了？」

20 梅利多說：「不錯，我認識有些人，你勸說你們聽信你的程度，超過了聽信他們的父母親。」

蘇格拉底說：「在教育方面，我承認。因為大家知道我在這方面用心，有關健康問題，人們聽信醫生多於父母；而在民眾大會中，全

---

4 可能指公元前403年帖拉士烏羅等主張民主政體人物所率領的軍隊圍攻雅典一役。

體雅典人肯定聽信說話最有見地的人多於他們的親戚；選舉將領時，諸位難道不排除父親、兄弟、甚至諸位本人，而選舉那些諸位認為最擅長軍事的人？」

梅利多說：「蘇格拉底，這樣有好處，也是習慣做法。」

蘇格拉底說：「在其他行為上，有本事的人不但獲得跟別人平等的待遇，而且更受歡迎；在對人們最大好處——教育——方面，我被一些人看成為頂尖的人物，卻因此被你指控要求處死；這，你不覺得奇怪麼？」　21

顯然他本人和給他辯護的朋友說的話更多，但我不急於把審訊過程中全部的話說出來，只要表明蘇格拉底極力做到不會對神祇不虔敬和對世人不公正的形象，便已足夠。他不以為非要乞求免死不可，特別是他認為該是完結生命的時候。他這種見解，在案件票決之後[5]更加清楚。因為最初法庭要求他提出一點罰款數額，他本人不提出，也不讓朋友們提出。他說定出罰款等於承認做錯了事。後來他的朋友計劃帶他秘密逃亡[6]，他也執意不肯，還像開玩笑似的，問他們是否真個知道除阿提基[7]之外，還有甚麼地方是死亡不到的。　22　23

審訊結束時，他說：「諸位，那些教導證人背棄誓言、必須徹底對我作胡亂指證的人，那些聽信這些人的人，心裏一定有極度的不虔敬和不正義的感受。至於我，既然檢舉不到我曾經幹過他們寫狀告發我的事情，幹嗎現在要比判決前看輕自己？我本人除了宙斯、伊拉和跟他們一起的神祇外，從來沒有對別的新神靈獻祭過，也沒有現身向　24

5　審判人在第一輪投票中裁定蘇格拉底罪名成立。第二輪投票時，接納梅利多的提議，判處蘇格拉底死刑。

6　此事發生在蘇格拉底因在牢中等候處決時，柏拉圖《克里頓》一書有詳盡記述。

7　阿提基，雅典城外整個半島的名字。

25　別的神祇起誓和呼喚神祇名字。説到青年人，我使他們習慣於忍耐和
節儉，怎麼會帶壞他們了？其他招致死刑的行為：盜竊神廟聖物、鑿
牆偷東西、販人為奴、出賣城邦，就是控告人也沒有指責我幹過其中
甚麼。所以我覺得奇怪，怎麼我的所作所為，大家以為值得判處死

26　刑。我自然不會因受屈而死便看輕了自己，因為這對控告人是一回可
恥的事，可不是對我。另外，跟我差不多樣子死亡的巴拉米第[8]給我
安慰。直到現在，他仍舊比陷害他性命的奧第謝大感發起更多美好的
頌歌。我知道將來和過去都會證明我絕不誣枉任何一人，也絕不言詭
譎行事，只是施惠給跟我談論的人免費教導我能夠教導的好處。

27　　　説完這番話，他便離開，眼神、儀態和步伐喜悅輕鬆，跟他説過
的話完全吻合。當他察覺到跟隨的人哭了起來，便説：「怎麼？現在
大家哭啦？你們長久以來不是曉得：我從出生那時開始，便給自然判
決死亡了嗎？如果我死得早，流失掉生命的美好部分，顯然我和對我
懷有善意的人必須悲傷；要是我在等待苦難的時刻結束生命，我認為
你們大家必須為我的幸運而高興。」

28　　　在場有一個叫阿波羅鐸羅的，是個對蘇格拉底極端傾慕而頭腦單
純的人，説道：「蘇格拉底，看到你受屈而死，我難過極了。」

　　　據説蘇格拉底撫摩他的頭説：「親愛的阿波羅鐸羅，你可是想見
到我死得合情合理而不是含冤受屈麼？」同時他笑了。

29　　　另外據説他見到安尼多經過，便説：「這個人神情驕傲，好像如
果置我死地，便是幹了些甚麼偉大而美好的事情那樣。因為看到他享

8　巴拉米第是圍攻特洛城的希臘英雄之一，聰慧多智，曾揭破奧第謝夫的詐
　謀，奧第謝夫懷恨在心，誣告他變節通敵，希臘人不察，用石頭把他擲死。

受自城邦而來的最大榮譽，我說他不必教兒子製革[9]了。他多麼可憐，竟然似乎不知道我們兩人之中，誰做出更有益更美好的事，永垂後世，誰就是勝利者。」他繼續說：「還有，荷馬賦與一些垂死的人有知道將來的能力，我也想說些預言。有一回我跟安尼多的兒子作過短暫的會面。我覺得他心靈沒有毛病，我肯定他不會停留在他父親給他準備的奴性生活方式，只是由於沒有一個認真照顧的人，他會陷入某些可恥的欲望之中，而自然趨向可悲的境地。」

蘇格拉底說這番話沒有騙人。這個年青人沉迷飲酒，不分日夜喝個不停，最後成為一個對自己城邦、朋友和自己本身都毫無用處的人。安尼多則由於給兒子不良的教育和本人的無知，死後聲名掃地。蘇格拉底則由於在法庭上抬舉自己，招來嫉妒，使得審判人裁定他罪名成立。

我認為他的死亡是神祇的福賜，因為他擺脫了生命中最痛苦的部分，獲得比較輕鬆的死亡。他顯示出靈魂的勇毅；當他了解到死亡要比活著更好的時候，就像面對其他的好處不加拒絕那樣，面對死亡也不顯得軟弱，而是高高興興的接待和解脫。

我深切了解這個人的智慧和高貴品質，沒法子不懷念他，沒法子在懷念之際不讚美他。倘使在追求德行的人當中，誰碰到一個比蘇格拉底更有益處的人，這個人我看是最最幸運不過的了。

30

31

32

33

34

9　安尼多本是製革匠出身。

附錄一
專有名詞中希英文對照表

三畫

士塔第昂	Stadium	Στάδιον
大流士	Darius	Δαρείος
小亞細亞	Asia Minor	Μικρά Ασία

四畫

厄希列夫	Achilles	Αχιλλεύς
巴夫山尼亞	Pausanias	Παυσανίας
巴多羅柯羅	Patroclus	Πάτροκλος
巴拉米第	Palamedes	Παλαμήδης
巴拉西奧	Parrasios	Παρράσιος
巴拉迪士	Paradeisoi	Παράδεισοι
比山鐸羅	Pisandros	Πείσανδρος
比列埃塢	Piraeus	Πειραιεύς
比托	Pytho	Πείθω
比西底亞	Pistias	Πίστις
比西第亞	Pisidia	Πισιδία
比拉第	Pylades	Πυλάδης
比里阿摩	Priam	Πρίαμος
比提亞	Pythia	Πυθία
比銳圖	Pirithous	Πειρίθους

五畫

加士托爾	Castor	Κάστωρ
加立比底	Callippides	Καλλιππίδης
加里阿	Callias	Καλλίας
加拉梭緬涅	Clazomenae	Κλαζομεναί
加爾希頓	Carchedon	Καρχηδών
加爾坡	Carpo	Καρπώ
古拿克薩	Cunaxa	Κούναξα
尼柯士特拉多	Nicostratus	Νικόστρατος
尼哥馬希第	Nichomachides	Νικομαχίδης
尼基亞	Nicias	Νικίας
尼基拉多	Niceratus	Νικήρατος
布斯	Bous	Πούς
布魯塔爾賀	Plutarch	Πλούταρχος
打蘭頓	Talent	Τάλαντον
瓦克賀	Bacchus	Βαχός

六畫

伊士賀麥賀	Ischomachus	Ισχόμαχος
伊西歐鐸	Hesiod	Ησίοδος
伊里	Elis	Ηλις
伊拉	Hera	Ηρα
伊拉克里	Heracles	Ηρακλής
伊拉克里亞	Heracleia	Ηρακλειά
伊昂尼亞	Ionia	Ιωνία
伊梭格拉底	Isocrates	Ισοκράτης
伊雅克賀	Iacchus	Ιακχος
全雅典涅亞節	The Panathenaea	Παναθήναια
列夫克特拉	Leuctra	Λεύκτρα
列瓦第亞	Lebadia	Λεβάδεια
列西窩	Lesbus	Λέσβος
列昂	Leon	Λέων
安尼多	Anytus	Άνυτος
安姆非波利	Amphipolis	Αμφίπολη

安納希曼鐸羅	Anaximandrus	Αναξίμανδρος
安堤方	Antiphon	Αντιφών
安堤西典尼	Antisthenes	Αντισθένης
安堤渥熙	Antiochis	Αντιοχίς
安矗荻婭	Anaidia	Αναιδεια
托爾米第	Tolmides	Τολμίδης
米西亞	Mysia	Μυσία
米里多	Miletus	Μίλητος
米堅涅	Mycenae	Μυκήναι
米提里斯	Mithres	Μίθρας
米諾	Minos	Μίνως
米諾牛神	Minotaur	Μινώταυρος
米羅	Melos	Μήλος
西西里	Sicily	Σικελία
西伶	Siren	Σειρήν
西里娜	Silenus	Σειληνός
西拉古謝	Syracuse	Συράκουσαι
西狄希姆窩羅多	Stesimbrotus	Στησίμβροτος
西基安	Sicyon	Σικυών
西基里	Scylla	Σκύλλα
西基堤亞	Scythia	Σκυθία
西基隆	Sciron	Σκίρων
西基露	Scillus	Σκιλλοῦς
西摩尼第	Simonides	Σιμωνίδης
色諾芬	Xenophon	Ξενοφών

七畫

克山堤邑比	Xanthippe	Ξανθίππη
克立頓	Cleito	Κλειτώ
克里尼亞	Clinias	Κλεινίας
克里地	Crete	Κρήτη
克里多戶羅	Critobulus	Κριτόβουλος
克里底亞	Critias	Κριτίας
克里頓	Crito	Κρίτων

克維	Cebes	Κέβης
希隆	Chiron	Χείρων
希奧	Chios	Χίος
希臘	Hellas	Ελλάς
沙拉美	Salamis	Σαλαμίς
沙爾地	Sardis	Σάρδεις
貝利克里	Pericles	Περικλῆς
貝爾卡摩	Pergamus	Πέργαμος
貝羅坡尼梭	Peloponnesus	Πελοπόννησος
辛尼	Sinis	Σίνις
辛米亞	Simias	Σιμμίας
辛蒙	Simon	Σίμων
邑比亞	Hippias	Ἱππίας
邑波尼哥	Hipponicus	Ἱππόνικος
邑波格拉底	Hippocrates	Ἱπποκράτης

八畫

亞里斯多德	Aristotle	Αριστοτέλης
坦塔羅斯	Tantalus	Τάνταλος
宙斯	Zeus	Ζεύς
帖米西多克里	Themistocles	Θεμιστοκλῆς
帖拉士烏羅	Thrasybulus	Θρασύβουλος
帖拉士羅	Thrasyllus	Θράσυλλος
帖鄂尼	Theognis	Θέογνις
帖塔利亞	Thessaly	Θετταλία
帖奧鐸蒂	Theodote	Θεοδότη
帖奧鐸羅	Theodorus	Θεόδωρος
拉比帖	Lapithae	Λαπίθαι
拉烏銳昂	Laurion	Λαύρειον
法里朗	Phaleron	Φάληρον
波希頓	Poseidon	Ποσειδῶν
波里克黎多	Polykleitos	Πολύκλειτος
波里迭夫基	Polydeuces	Πολῠδεύκης
波里格拉底	Polycrates	Πολυκράτης

波迪迭亞	Potidaia	Ποτίδαια
波斯	Persia	Περσία
波羅古魯斯底	Procrustes	Προκρούστης
波羅迪柯	Prodicus	Πρόδικος
波羅塔哥拉	Protagoras	Πρωταγόρας
阿士芭絲亞	Aspasia	Ασπασία
阿夫多里哥	Autolycus	Αυτόλυκος
阿加頓	Agathon	Αγαθών
阿加緬農	Agamemnon	Αγαμέμνων
阿古緬挪	Acumenus	Ἀκουμενός
阿伊西拉奧	Agesilaos	Αγησίλαος
阿地	Hades	Ἅδης
阿西克立比俄	Asclepius	Ασκληπιός
阿里士多芬尼	Aristophanes	Αριστοφάνης
阿里士多第摩	Aristodemus	Αριστόδημος
阿里士底邑波	Aristippus	Αρίστιππος
阿里士塔爾賀	Aristarchus	Αρίσταρχος
阿里士頓	Ariston	Αρίστων
阿里埃奧	Ariaeus	Αριαίος
阿里雅得妮	Ariadne	Αριάδνη
阿里奧山	Areopagus	Ἄρειος Πάγος
阿姆非阿拉奧	Amphiaraus	Αμφιάραος
阿波羅	Apollo	Απόλλων
阿波羅鐸羅	Apollodorus	Απολλόδωρος
阿芙克梭	Auxo	Αυξω
阿芙羅荻蒂	Aphrodite	Αφροδίτη
阿格賴綺亞	Aglaia	Ἀγλαΐα
阿馬遜	Amazon	Ἀμαζών
阿拿薩哥拉	Anaxagoras	Αναξαγόρας
阿堤基	Attica	Αττική
阿奧基維阿第	Alcibiades	Αλκιβιάδης
阿爾亥第摩	Archedemus	Αρχέδημος
阿爾蝶米	Artemis	Ἄρτεμις
阿歷山鐸羅	Alexander	Αλέξανδρος

阿歷山德里亞	Alexandria	Ἀλεξάνδρεια
阿羅白基	Alopece	Ἀλωπεκή
居魯士	Cyrus	Κῦρος

九畫

柏拉圖	Plato	Πλάτων
哈莉迪斯	Charites	Χάριτες
哈爾米第	Charmides	Χαρμίδης
哈銳克里	Charicles	Χαρικλῆς
柯別特	Cobet	/

十畫

哥里多	Collytus	Κολλυτός
哥林多	Corinth	Κόρινθος
哥爾以亞	Gorgias	Γοργίας
哥爾歌	Gorgon	Γοργώ
哥羅尼亞	Koroneia	Κορώνεια
埃士希羅	Aeschylus	Αἰσχύλος
埃及	Egypt	Αἴγυπτος
埃夫克斯挪	Euxeinus	Εὔξεινος
埃夫提第摩	Euthydemus	Εὐθύδημος
埃夫提羅	Eutherus	Εὐθηρος
埃比哈爾摩	Epicharmus	Ἐπίχαρμος
埃比演尼	Epigenes	Ἐπιγένης
埃列夫司	Eleusis	Ἐλευσίς
埃列夫帖里奧斯	Eleutherius	Ἐλευθέριος
埃列克帖夫	Erechtheus	Ἐρεχθεύς
埃克陀爾	Hector	Ἕκτορας
埃芙立阿莉	Euryale	Εὐρυάλη
埃芙弗羅仙尼	Euphrosyne	Εὐφροσύνη
埃非梭	Ephesus	Ἔφεσος
埃拉西尼第	Erasinides	Ἐρασινιδης
埃亞	Ajax	Αἴας
埃斯軒尼	Aeschines	Αἰσχίνης

埃爾米	Hermes	Ἑρμῆς
埃爾希亞	Erchia	Ἑρχία
埃爾摩溍尼	Hermogenes	Ἑρμογένης
格尼米第	Ganymede	Γανυμήδης
格里羅	Gryllus	Γρύλλος
格拉夫孔	Glaucon	Γλαύκων
烏西里	Busiris	Βούσιρις
特拉孔	Drakon	Δρᾱ´κων
特洛城	Troy	Τροία
特洛斯	Tros	Τρως
納夫西基第	Nausicydes	Ναυσικύδης
納以亞	Naiad	Ναϊάς
納克梭	Naxos	Νάξος
馬其頓	Macedonia	Μακεδονία
修昔底德	Thucydides	Θουκυδίδης

十一畫

基令尼	Cyrene	Κυρήνη
基里窩	Cyrebus	Κυρηβος
基奧	Ceos	Κέως
基爾姬	Circe	Κίρκη
得勒米	Drachma	Δραχμή
得歐斐	Delphi	Δελφοί
敍利亞	Syria	Συρία
梅利多	Meletus	Μέλητος
梭弗羅尼士哥	Sophroniscus	Σωφρονίσκος
梭孚克里	Sophocles	Σοφοκλῆς
梭倫	Solon	Σόλων
第利安	Delium	Δήλιον
第利亞節	Delia Festival	Τα Δήλια
第昂尼梭	Dionysus	Διόνυσος
第昂尼梭鐸羅	Dionysodoros	Διονυσόδωρος
第提蘭姆窩	Dithyramb	Διθύραμβος
第鄂湼尼·拉耳底奧	Diogenes Laertius	Διογένης Λαέρτιος

第奧士古銳	Dioscuri	Διόσκουροι
第奧多羅	Diodorus	Διόδωρος
第蔑亞	Demeas	Δημέας
第羅	Delos	Δήλος
荷馬	Homer	Ὅμηρος
莉達	Leda	Λήδα

十二畫

博茲普魯斯	Bosporus	Βόσπορος
提列亞	Thyrea	Θυρέα
提維	Thebes	Θῆβαι
提窩倫	Thibron	Θίβρων
提謝弗	Theseus	Θησεύς
斯巴達	Sparta	Σπάρτη
斯帖諾	Stheno	Σθενώ
普羅米帖夫	Prometheus	Προμηθεύς
腓尼基	Phoenicia	Φοινίκη
費拿萊蒂	Phaenarete	Φαιναρέτη
費頓	Phaedo	Φαίδων
費頓達	Phaedondas	Φαιδωνδας
雅典	Athens	Ἀθῆναι
雅典娜	Athena	Ἀθηνᾶ

十三畫

塔拉奇	Thrace	Θράκη
塔梭	Thasos	Θάσος
塔莉亞	Thalia	Θάλεια
塔蘿	Thallo	θάλλω
塞夫克息	Zeuxis	Ζεῦξις
塞夫克息波	Zeuxippus	Ζεύξιππος
奧列士底	Oreste	Ὀρέστης
奧林匹亞	Olympia	Ολυμπία
奧林坡	Olympus	Φοινίκη
奧第謝夫	Odysseus	Φαιναρέτη

奧萊	Horai	ὁρᾷι
奧窩羅	Obol	ὀβολός
微奧底亞	Boeotia	Βοιωτία
意大利	Italy	Ιταλία
愛洛斯	Eros	ἔρως
愛琴海	Aegaean Sea	Αιγαιον πελαγος
愛蓮妮（海倫）	Helen	Ελένη
愛鐸	Aidos	Αιδώς
達蒙	Damon	Δάμων

十四畫

哥島	Kos	Κως
蓋拉蒙	Ceramon	Κεράμων
蓋哥羅甫斯	Cecrops	Κέκροψ
赫列方	Chaerephon	Χαιρεφῶν
赫列克拉底	Chaerecrates	Χαιρεκρατης

十五畫

摩那	Mina	Μνα
歐羅巴	Europe	Ευρώπη
緬涅克舍諾	Menexenus	Μενέξενος
緬農	Menon	Μένων
蔑杜莎	Medusa	Μέδουσα
蔑奧底	Maeotis	Μαιῶτις
蔑蘭尼皮第	Melanippides	Μελανιππάδης
黎古爾哥	Lycurgus	Λυκούργος
黎加維多斯	Lycabettus	Λυκαβηττός
黎多	Leto	Λητώ
黎哈	Lichas	Λίχας
黎珊鐸羅	Lysandrus	Λύσανδρος
黎剛	Lycon	Λύκων
黎第亞	Lydia	Λυδία
黎微以	Libya	Λιβύη

十六畫

默加拉　　　　　　　Megara　　　　　　　Μέγαρα

十七畫

戴達羅　　　　　　　Daedalus　　　　　　Δαίδαλος

十八畫

藍波羅克里　　　　　Lamprocles　　　　　Λαμπροκλής
藍灑哥　　　　　　　Lampsacus　　　　　Λάμψακος
聶西多爾　　　　　　Nestor　　　　　　　Νέστωρ
聶音菲　　　　　　　Nymphai　　　　　　Νυμφαι

二十畫

蘇格拉底　　　　　　Socrates　　　　　　Σωκράτης

附錄二
作者、作品名稱中希英文對照表

中文	英文	希臘文
色諾芬	Xenophon	Ξενοφών
希臘史	Hellenica	Ἑλληνικά
斯巴達人政體	The Constitutions of The Spartans	Λακεδαιμονίων Πολιτεία
蘇格拉底辯詞	Apology of Socrates	Ἀπολογία Σωκράτους
追思錄	Memorabilia	Ἀπομνημονεύματα
會飲	Symposium	Συμπόσιον
治家之道	Oeconomicus	Οἰκονομικός
阿里士多芬尼	Aristophanes	Ἀριστοφάνης
鳥	The Birds	Ὄρνιθες
蛙	Frogs	Βάτραχοι
騎士	Knights	Ἱππείς
雲	Clouds	Νεφέλαι
財神	Plutus	Πλοῦτος
亞里斯多德	Aristotle	Ἀριστοτέλης
詩學	Poetics	Περί Ποιητικῆς
柏拉圖	Plato	Πλάτων
蘇格拉底辯詞	Apology of Socrates	Ἀπολογία Σωκράτους
克里頓	Crito	Κρίτων
小邑比亞	Lesser Hippias	Ἱππίας Ἐλάττων

中文	英文	希臘文
波羅塔哥拉	Protagoras	Πρωταγόρας
政治家	Politicus	Πολιτικός
哈爾米第	Charmides	Χαρμίδης
理想國	Republic	Πολιτεία
費頓	Phaedo	Φαίδων
費鐸羅	Phaedrus	Φαιδρός
會飲	Symposium	Συμπόσιον